CROCHÊ

PASSO A PASSO

CROCHÊ
PASSO A PASSO

Mais de 200 técnicas essenciais para iniciantes

Sally Harding

PUBLIFOLHA

Um livro da Dorling Kindersley
www.dk.com

Título original: *The little book of crochet*

COORDENAÇÃO DO PROJETO: PUBLIFOLHA
Editor assistente: Thiago Barbalho
Coordenadora de produção gráfica: Mariana Metidieri

PRODUÇÃO EDITORIAL: ESTÚDIO SABIÁ
Edição: Valéria Sanalios
Tradução e consultoria: Sonia Augusto
Preparação: Rosane Albert
Revisão: Valéria Braga, Célia Regina Rodrigues de Lima, Hebe Lucas
Editoração eletrônica: Carochinha Editorial

EDIÇÃO ORIGINAL: DORLING KINDERSLEY
Designer sênior: Glenda Fisher
Editora do projeto: Laura Palosuo
Consultora técnica: Catherine Hirst
Assistente de design: Charlotte Johnson
Gerente editorial: Penny Smith
Gerente de arte: Marianne Markham
Capista: Nicola Powling
Pré-produtor: George Nimmo
Diretor de produção: Seyhan Esen
Suporte técnico de criação: Sonia Charbonnier
Fotografias adicionais: Ruth Jenkinson
Projetos e receitas de crochê: Catherine Hirst,
Claire Montgomerie, Erin McCarthy
Diretora de arte para fotografia: Glenda Fisher
Diretora de arte: Jane Bull

Editora: Mary Ling
DK ÍNDIA
Editora sênior: Chitra Subramanyam
Editoras assistentes: Aditi Batra, Neha Ruth Samuel
Editora de arte sênior: Anchal Kaushal
Editora de arte: Vandna Sonkariya
Editores assistentes de arte: Karan Chaudhary, Ishita Gautam,
Nikita Sodhi, Pooja Verma
Gerente de arte: Navidita Thapa
Gerente de produção gráfica: Sunil Sharma
Diagramação: Rajdeep Singh

Dados Internacionais de Catalogação na Publicação (CIP)
(Câmara Brasileira do Livro, SP, Brasil)

Harding, Sally
Crochê passo a passo : mais de 200 técnicas essenciais para iniciantes / Sally Harding ; [tradução e revisão técnica Sonia Augusto]. – São Paulo : Publifolha, 2013.

Título original: The little book of crochet
ISBN 978-85-7914-511-7

1. Atividades criativas 2. Crochê 3. Trabalhos manuais I. Título.
13-07937 13-13436

Índices para catálogo sistemático:
1. Crochê : Artesanato : Trabalhos manuais : Artes 746.434

A grafia deste livro segue as regras do Novo Acordo Ortográfico da Língua Portuguesa.

Impresso na Hung Hing, China.

PUBLIFOLHA
Divisão de Publicações do Grupo Folha
Al. Barão de Limeira, 401, 6º andar
CEP 01202-900, São Paulo, SP
Tel.: (11) 3224-2186/ 2187/ 2197
www.publifolha.com.br

SUMÁRIO

Introdução

Este livro é adequado para quem não tem nenhuma experiência anterior com crochê e também para quem deseja aperfeiçoar seus métodos, além de ser uma referência excelente para os que conhecem técnicas mais avançadas. *Crochê passo a passo* traz técnicas e pontos básicos e *abreviaturas e símbolos relevantes*, todos explicados nas pp. 68-9. Uma seção com belos projetos serve de inspiração para usar suas novas habilidades, enquanto o último capítulo ensina diversos acabamentos, como prender colchetes de gancho e botões. As linhas citadas nas receitas são importadas e sua composição vem entre parênteses.

Se você é iniciante no crochê, comece se familiarizando com os materiais. As próximas páginas abordam as habilidades essenciais. Por exemplo, na seção "Técnicas", você aprenderá a segurar o fio e a agulha, a fazer um nó corrediço e a criar correntinhas. Depois, conhecerá os pontos mais comuns do crochê e como ler as receitas. Após dominar essa base, terá liberdade para percorrer as seções, refinando suas capacidades e praticando as técnicas de que mais gostar. Por fim, poderá experimentar um dos projetos completos. Comece pelos "Fáceis" e depois vá para os "Médios" – há muitos à sua escolha!

Materiais

 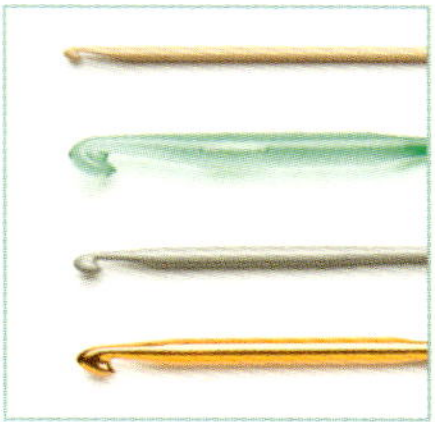 

Fios

O fio é uma fibra longa fiada e trançada que se usa para crochetar. Existem muitos tipos de fios para produzir diferentes efeitos. Eles podem ser feitos de diversas fibras (pp. 10-3) e texturas (pp. 14-5). As possibilidades são empolgantes: é possível usar quase tudo para crochetar – de uma meada de fio flexível para meias à sacola de plástico do supermercado. As cores disponíveis vão dos tons mais sutis aos mais brilhantes e chamativos.

Fibras

Como os tecidos, os fios são feitos de fibras, sejam elas pelos de animais, ou produzidas pelo homem (sintéticos), ou extraídas de plantas. Para formar o fio, as fibras são processadas e torcidas. O fio pode ser feito de uma só fibra, como a lã, ou misto, para melhorar sua durabilidade ou maciez. Os fios também podem ser misturados por razões estéticas, como a combinação do cashmere macio com outra lã mais rústica. Assim, os fios têm propriedades diferentes e é importante escolher o mais apropriado ao seu projeto.

Algodão

Linhas finas de algodão para crochê ↑
O crochê era feito com linhas finas de algodão, boas para renda. Hoje, as linhas de algodão ainda são usadas para bordas rendadas e crochê filé (pp. 127-35 e pp. 78-83).

← Fios leves de algodão
Esse fio mais grosso tem um bom caimento para roupas e acessórios e mostra claramente a textura dos pontos.

← Algodão fosco
Algodão é o floco fofo que cresce em volta das sementes do algodoeiro. Fiado, torna-se uma fibra arejada, própria para o verão. Os fios de algodão em geral são muito laváveis e incrivelmente resistentes. São utilizados para fazer itens para casa, carteiras e bolsas a tiracolo. O algodão cru é ideal para ser tingido à mão.

Algodão mercerizado →
É a fibra de algodão tratada com um processo mecânico e químico, para comprimi-la e transformá-la em um fio forte e com brilho. Indicado para peças que precisam ser resistentes e manter a forma, como uma carteira (pp. 206-7), malhas longas e mantas.

Lã

Lã merino ↑
Produzida com o pelo da ovelha merino, um dos pelos mais macios que existem. Sua fibra é resistente, suave e tão quente quanto uma lã mais dura e rústica. Pode ser usada diretamente sobre a pele e ser tratada para suportar lavagens à máquina. É boa para cachecóis macios, luvas longas e malhas de criança.

Lã ↑
O pelo de algumas raças de ovelha é transformado em fios de pura lã ou misturado a outras fibras. A lã agasalha bem e é própria para malhas, casacos, gorros e luvas. Algumas são ásperas, mas amaciam com o uso e a lavagem. As "orgânicas" contêm uma proporção maior de lanolina, que torna o fio forte e impermeável à água.

Sofisticação

Seda ↑
O bicho-da-seda, uma lagarta que se alimenta de folhas de amoreira, fabrica um casulo para se transformar em mariposa. É das fibras do casulo que se faz a seda. A seda é brilhante e polida, delicada e, por sua origem fora do comum, é muito cara. A textura luxuosa do tecido a torna ideal para roupas soltas.

← Cashmere
A fibra que produz esse fio sofisticado, aveludado e macio é o pelo da cabra angorá. Leve e muito resistente, pesa pouco por metro e, muitas vezes, rende mais do que lã pura ou algodão. Sua produção é dispendiosa, e o fio é misturado a outras fibras para aumentar a maciez. Pode ser usado junto à pele em cachecóis, faixas para prender o cabelo ou malhas. Exige cuidados especiais e lavagem a seco.

Outras fibras naturais

← Cânhamo
O cânhamo é uma planta versátil, e o uso de suas fibras para fios têxteis é uma de suas aplicações menos comuns. O cânhamo tem uma rusticidade que é suavizada com o tempo e o uso. Geralmente é produzido de modo não agressivo ao ambiente (produção sustentável), e a fibra forte é boa para crochetar sacolas de compras e itens domésticos, como jogos americanos e porta-copos.

← Rami
Uma planta da família da urtiga fornece a fibra chamada rami. A casca da planta é seca em fibras que, depois de fiadas, são transformadas em fios. Como outras fibras vegetais, esse fio não é isolante térmico; ele é forte e ventilado. Frequentemente misturado a outras fibras, produz um fio arejado e veste bem.

Fibras sintéticas

Náilon →
A poliamida ou náilon é uma fibra muito forte e leve, confere elasticidade ao crochê e é usada para reforçar combinações de fios para peças sujeitas a muito desgaste, como meias, e para cerzir. O náilon melhora a capacidade de lavagem das fibras com as quais é misturado, evitando o encolhimento e a feltragem.

Microfibra ↑
Por sua maciez aveludada, a microfibra é cada vez mais comum em fios de fibras múltiplas, pois une as outras fibras em um só fio. Fibras sintéticas não agradam a todos, mas elas entram na composição do fio para reduzir a densidade, acrescentar textura ou evitar que o excesso da fibra fiada se acumule na superfície da peça crochetada.

← Acrílico
As fibras acrílicas são produzidas a partir do etileno, derivado do petróleo, e sua produção é muito barata. O fio acrílico tem um toque mais áspero que os outros sintéticos e tons muito brilhantes e luminosos, difíceis de conseguir com fibras naturais. Forte e resistente a traças, o fio acrílico é ideal para brinquedos, itens sazonais e projetos econômicos. Este fio tende a acumular eletricidade estática.

Fios mistos

Misturas de fibras naturais e sintéticas →
Fibras produzidas artificialmente são misturadas com fibras naturais para ganhar estrutura, força e condição de lavagem ou para alterar sua aparência. Ajudam a unir outras fibras, como mohair e lã, além de evitar que soltem pelos; impedem também o encolhimento de fibras animais. São indicadas para meias e luvas.

Misturas de lã com algodão ↑
A força e a maciez do algodão aumentam a suavidade, o arejamento e a condição de lavagem das lãs muito quentes. A mistura é boa para peles sensíveis. O algodão e a lã absorvem o tingimento de forma diferente, produzindo variação na cor do tecido tricotado ou crochetado com o fio misto. A lã solta menos pelos quando combinada com fibra vegetal.

← Misturas de fibras sintéticas
Os fabricantes misturam fibras industriais para criar uma variedade de texturas, como fios felpudos, macios e suaves para roupas de bebê e substitutos para os mais ásperos. Embora não conservem tanto calor como as fibras animais, muitos fios mistos sintéticos podem ser lavados a altas temperaturas e colocados em secadoras.

Fios multicoloridos

Fios de lã matizados ↑
Dois fios de cores diferentes são torcidos um ao redor do outro nesse fio supervolumoso. Cada fio vai de escuro a claro e de claro a escuro ao longo do comprimento.

Fios de algodão matizados ↑
Fios finos de cores diferentes são torcidos ao redor de um fio central para criar esse fio multicolorido muito macio.

Fios especiais e efeitos de textura

← Fio fita
O formato plano é sua principal característica. Mas pode ser tubular e ficar achatado ao ser enrolado para formar uma bola.

Metalizados ↑
Embora não sejam fibras, os fios metalizados são parte da gama de fios disponíveis para crochê. Lurex e outros fios metálicos são indicados para remates e enfeites. Eles podem ser desconfortáveis se usados sozinhos, mas, misturados a outros fios, criam combinações interessantes e são divertidos de usar.

← Fio buclê
Sua aparência crespa se deve às voltas de fibra presas a um núcleo de fio sólido. Ao serem crochetadas, as laçadas de fibra ressaltam e criam um crochê semelhante ao carpete. (Um tecido fabricado com fio fiado de forma semelhante chama-se buclê.) Os fios buclê muitas vezes trazem uma especificação enganosa de tensão em função de sua espessura total. É uma opção adorável para roupas de modelagem simples.

← Mohair
Fio feito com pelo de cabra angorá, resulta numa textura fofa e peluda quando crochetado. Trabalhar com ele é um desafio porque é difícil enxergar a estrutura do crochê e perceber um erro. Indicado para malhas grandes ou acessórios. Não é aconselhável para roupas de bebê porque solta pelo quando novo, o que pode ser perigoso se o pelo for inalado.

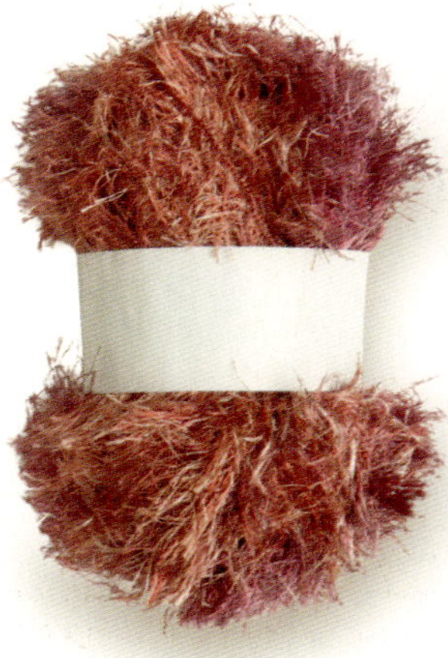

Fios especiais ↑
Os fios especiais mudam com a moda. Este fio **peludo** cria um tecido de crochê com aparência de pele **de animal**.

Fios incomuns

Tecido ↑
Tradicionalmente, o tecido de roupas velhas e de outros têxteis era cortado em tiras e transformado em capachos. Use tiras de tecido para fazer crochê. O tamanho da agulha dependerá da espessura das tiras.

Fio de metal ↑
Esse material incomum é usado para crochetar bijuterias: compre fio para bijuterias, disponível em diversas cores, e faça colares, gargantilhas e braceletes. Enfie contas no fio antes de trabalhar e coloque-as no crochê enquanto tece (pp. 124-5). Para um projeto realmente incomum, trabalhe o fio de metal com outro fio, crochete um tecido maleável que mantenha a forma e faça esculturas tridimensionais.

Barbante ↑
Ideal para crochetar itens domésticos práticos, como tigelas e caixas, o barbante está disponível em muitas cores e pesos. Utilize agulhas relativamente finas, como as de 5 mm, para criar um tecido firme que mantenha a forma. Revista as peças com cola branca (de PVA) diluída para torná-las impermeáveis e facilitar a limpeza: é só passar um pano úmido.

Sacolas plásticas ↑
Recicle sacolas plásticas, cortando-as em tiras e unindo estas com nós firmes para formar um fio. Crie texturas interessantes, misturando sacolas coloridas e transparentes; os nós darão mais textura. Use agulhas grossas, dependendo da largura das tiras que cortou; recomendam-se as de 10 mm ou maiores; escolha o tamanho pensando no que deseja: um tecido bem firme ou mais maleável? Faça bolsas, tapetes e itens impermeáveis, como nécessaires ou capas para móveis de jardim.

COBERTOR PARA BEBÊ
Miniquadrados muito macios rodeados por tiras de quadrados tradicionais formam este cobertor perfeito para um bebê (pp. 214-5). A confecção sem costuras garante muita suavidade para a pele delicada do bebê.

Como comprar fios

Os fios são embalados para venda em quantidades específicas. As formas mais comuns para crochê são bolas, meadas e novelos, que geralmente contêm 25 g, 50 g ou 100 g.

Meada →

É um círculo torcido de fio que precisa ser enrolado em uma bola antes de ser usado. Isso pode ser feito à mão ou num enrolador de fio, possibilitando verificar se há falhas ou nós no fio. Alguns fios em meadas consistem de fibras macias e delicadas que não podem ser enroladas em máquinas industriais.

Bola →

O estoque das lojas especializadas consiste principalmente de bolas de fio. Elas estão prontas para usar; é só puxar o fio do centro e começar a crochetar.

← Novelo

O novelo de forma oblonga vem pronto para usar. Mantenha o rótulo no lugar enquanto trabalha para que o novelo não se desmanche.

← Cone

Costuma ser pesado demais para ser levado na sacola de trabalho, o melhor é enrolar o fio em bolas antes de crochetar.

Pesos de fio

O "peso" do fio se refere a sua espessura. Alguns fios são fiados pelos fabricantes de modo a corresponder a padrões de fios, como o *sport* ou *worsted* nos EUA e o *double-knitting* e *aran* no Reino Unido. Esses pesos padronizados têm longa história e devem continuar a ser usados. Porém, mesmo dentro dessa padronização, existe uma leve variação de espessura, e os novos fios com textura não são fáceis de classificar apenas pelo peso.

SISTEMA PADRÃO DE PESO DE FIOS

Símbolo do peso de fio e nome da categoria	0 Renda	1 Superfino	2 Fino	3 Fino médio	4 Médio	5 Volumoso	6 Supervolumoso
Amplitude de tensão do crochê em **p.b. em 10 cm**	32-42*** pa	21-32 pts	16-20 pts	12-17 pts	11-14 pts	8-11 pts	5-9 pts
Agulha recomendada (sistema métrico)	1,6-2,25 mm	2,25-3,5 mm	3,5-4,5 mm	4,5-5,5 mm	5,5-6,5 mm	6,5-9 mm	9 mm e maior
Agulha recomendada (sistema EUA)	6 aço, 7 aço, 8 aço, B-1	B-1 a E-4	E-4 a 7	7 a I-9	I-9 a K-10½	K-10½ a M-13	M-13 e maior

OBSERVAÇÃO

A tabela acima reflete as tensões e tamanhos de agulha mais usados para cada categoria de fio. As categorias de fios, variações de tensão e tamanhos recomendados foram definidos pelo Craft Yarn Council of America (YarnStandards.com).

*** É muito difícil determinar tensão para fios finíssimos de renda; para esses fios, sempre siga a tensão indicada no modelo.

DEFINIÇÃO DO PESO DO FIO

A espessura visual é apenas um indicador da categoria do peso de um fio. Um fio pode parecer mais grosso do que outro só por causa do ar contido entre as fibras e da elasticidade dos fios. Ao puxar um fio entre as mãos, você pode ver quanto ar ele contém pela diminuição da espessura quando ele é esticado. O número de fios que compõem um fio indica a sua espessura. Cada fio é formado por vários fios fiados juntos. Um fio com quatro fios pode ser muito grosso ou muito fino, conforme a espessura de cada fio.

Rótulos de novelos

Tudo o que é preciso saber sobre o fio está no rótulo. Ele traz símbolos que vão dizer como crochetá-lo e como limpá-lo. Abaixo, uma seleção dos símbolos mais comuns. Conserve sempre os rótulos: eles servem para identificar o fio caso seja preciso comprar mais, e o fio novo deve ter o mesmo número de lote do original, para evitar diferenças de cor na peça pronta.

← Rótulo
O rótulo traz informações sobre o peso e a espessura do fio, assim como instruções de lavagem. Os fios variam de muito finos e leves a grossos, espessos e pesados.

Símbolos
Os fabricantes costumam usar um sistema de símbolos para dar detalhes do produto, como a descrição da agulha apropriada e a tensão requerida.

Espessura e peso do fio

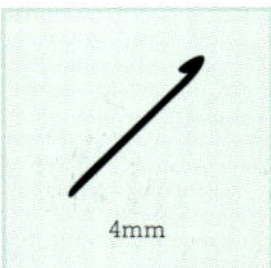

Tamanho da agulha

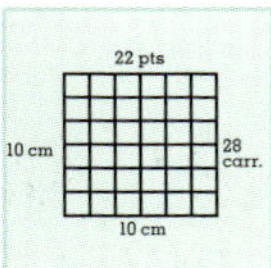

Tensão em amostra de 10 cm de lado

Número da tonalidade/cor

Número do lote de tingimento

Peso da bola ou novelo

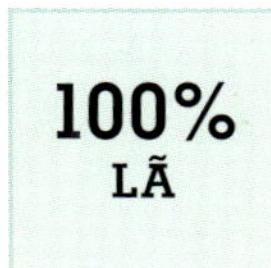

Teor da fibra

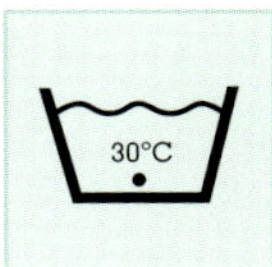

Lavar à máquina a no máx. 30°C

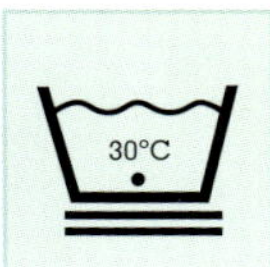

Lavar à máq., máx. 30°C, ciclo delicado

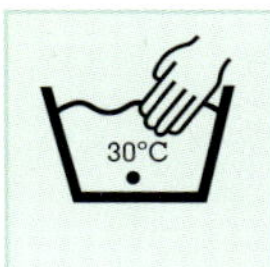

Lavar à mão a no máx. 30°C

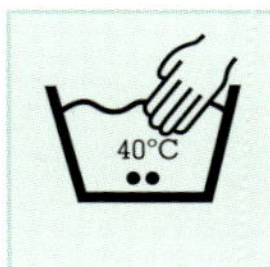

Lavar à mão a no máx. 40°C

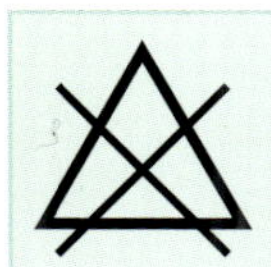

Não usar alvejante

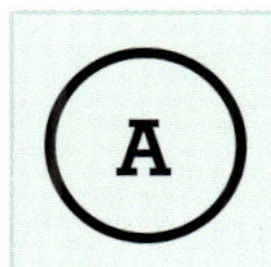

Lavar a seco com qualquer solvente

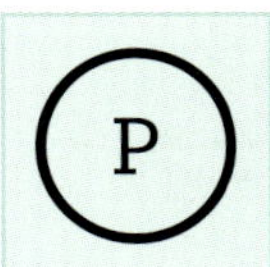

Lavar a seco com certos solventes

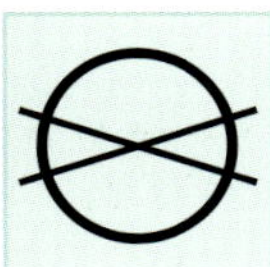

Não lavar a seco

Não colocar na secadora

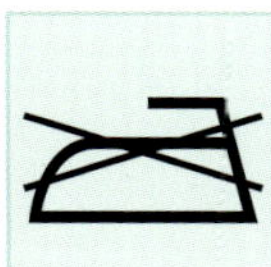

Não passar a ferro

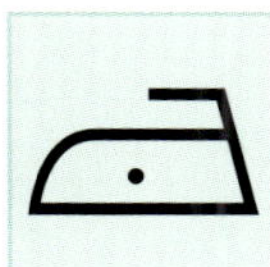

Passar a ferro em temperatura baixa

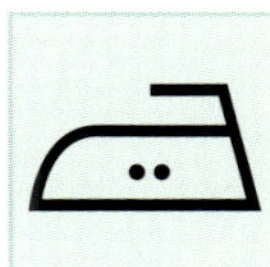

Passar a ferro em temperatura média

A escolha da cor

Ao embarcar num novo projeto, a escolha da cor é uma decisão importante. Até um projeto simples ganha impacto com boa escolha. A roda de cores é um instrumento útil de introdução à teoria da cor.

A roda de cores: As três cores primárias – vermelho, amarelo e azul – formam a base da roda de cores. Quando duas cores primárias são combinadas, elas criam as "secundárias". Vermelho e amarelo fazem laranja, amarelo e azul fazem verde, e azul e vermelho fazem roxo. As cores intermediárias, chamadas de terciárias, se formam quando uma secundária é combinada com a primária mais próxima.

Matiz, nuance, tom e cor diluída: Cada segmento mostra o matiz, a nuance, o tom e a cor diluída. O matiz é a cor pura, brilhante; a nuance é a cor misturada com preto; o tom é a cor misturada com cinza; e a cor diluída é a cor misturada com branco (pastel). O uso da cor pode afetar drasticamente a aparência de um projeto.

Cores complementares: Cores que estão opostas na roda, como verde e vermelho, ou amarelo e violeta, são chamadas de complementares. Elas criam contrastes que acentuam os elementos do projeto e destacam as duas cores. Não se esqueça do preto e branco, os opostos definitivos.

Projetos monocromáticos: Esses projetos usam versões diferentes da mesma cor. Assim, um projeto baseado em verdes não incluirá a seção vermelha da roda de cores, mas pode ter nuances e diluições de amarelo e azul, que podem se tornar combinações harmoniosas de cores que estão próximas na roda de cores. Essas cores adjacentes também podem ser combinadas com muito efeito, desde que haja diferenças de valor entre elas.

Temperatura da cor: A cor tem uma "temperatura" visual; algumas cores são percebidas como quentes e outras como frias. Muitas pessoas tendem a pensar no azul e nas cores adjacentes como frias, enquanto vermelhos e amarelos são quentes, mas existem versões mais quentes e mais frias de todas as primárias; pense em um azul-celeste intenso e em um azul claro e frio. A temperatura da cor é um elemento importante para fazer a cor sobressair ou se afastar, isto é, se destacar ou se misturar com as cores de fundo que a rodeiam.

Cores quentes →
A extremidade quente do espectro de cores consiste principalmente de tons de vermelho e amarelo; marrom, laranja e púrpura fazem parte do grupo. Use as cores para enriquecer e dar profundidade ao crochê. Uma mistura de tons quentes pode ser muito bonita; segure cada novelo perto do rosto para ver qual cor combina mais com sua pele.

← Cores frias
Azul, verde e violeta estão na extremidade fria do espectro e ficam muito bem usadas juntas. Cores frias são geralmente de tom mais escuro que as quentes. Se usadas com tons quentes, têm menos impacto; se precisar equilibrar uma mistura quente, você vai precisar de uma proporção maior de cores frias do que quentes.

← Tons pastel

As variações tênues e frias de cores mais profundas e escuras são populares para peças de bebês e crianças; por isso, há diversos fios sintéticos e mistos disponíveis. Os tons pastel também são usados em roupas de primavera/verão para adultos. Procure tons de creme em fios leves e aproveite a paleta de cores delicadas.

Brilhantes →

Nuances vivas e fluorescentes são divertidas e particularmente atrativas em acessórios ou motivos coloridos. Para dar vida a um projeto de cores sutis, adicione uma borda ou uma carreira de botões brilhantes, o que vai aumentar o impacto da peça.

← Combinações sazonais

A natureza pode ser uma grande fonte de inspiração. Pense no pôr do sol, nas folhas de outono, em frutinhas variadas ou flores primaveris vibrantes. Registre essas cores em um bloco de esboços ou tire fotos e observe a proporção de cada cor que você vê. Muitos revendedores de fios mudam a gama de cores de acordo com a estação: na primavera, por exemplo, há mais tons pastel e cores brilhantes.

PRETO E BRANCO

O preto e o branco não estão incluídos na roda de cores porque não são classificados como cor. O preto é a ausência de cor, e o branco é a combinação de todas as cores do espectro. Ao usar o preto, não só fica difícil enxergar o trabalho, como o trabalho com texturas não apresentará seu melhor efeito no projeto pronto. O branco garante que cada ponto e detalhe fiquem visíveis; em compensação, a sujeira aparece mais e a peça deverá ser lavada com frequência.

Agulhas e outros materiais

O crochê é um dos trabalhos com agulha mais econômicos, pois requer muito pouco equipamento. Você precisará de fio, agulha de crochê de tamanho adequado e de uma agulha de ponta cega para arrematar as pontas, além de alguns itens essenciais que provavelmente já estão em sua cesta de costura.

Agulhas de crochê

Se for iniciante, aprenda a crochetar com uma agulha de crochê de metal de boa qualidade. Depois que souber trabalhar os pontos básicos com um fio de lã leve e uma agulha de 4 mm ou 4,5 mm, experimente outros tipos de agulha para encontrar sua preferida.

AGULHA DE CROCHÊ

Partes de uma agulha de crochê →
A ponta do gancho segura o fio para formar as laçadas, e o corpo determina o tamanho da laçada. O cabo dá peso à agulha e permite segurá-la com firmeza.

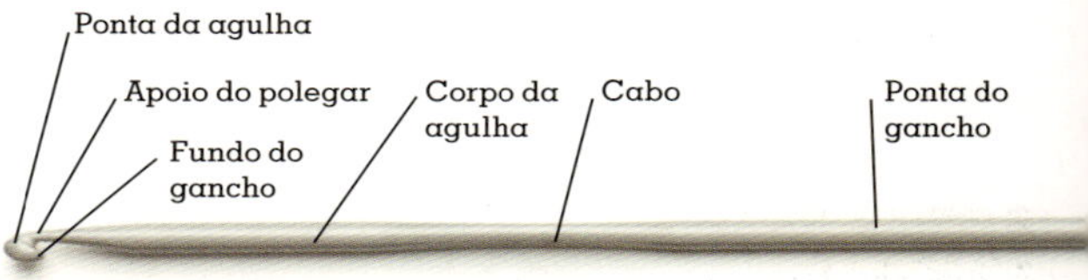

OUTROS CABOS DE AGULHA

Cabo de conforto →
Os cabos das agulhas têm formatos diferentes. Se achar a agulha padrão desconfortável porque é muito fina, experimente agulhas com cabos diferentes. Esta é uma agulha japonesa de alta qualidade, projetada para dar firmeza ao segurar.

TIPOS DE AGULHA

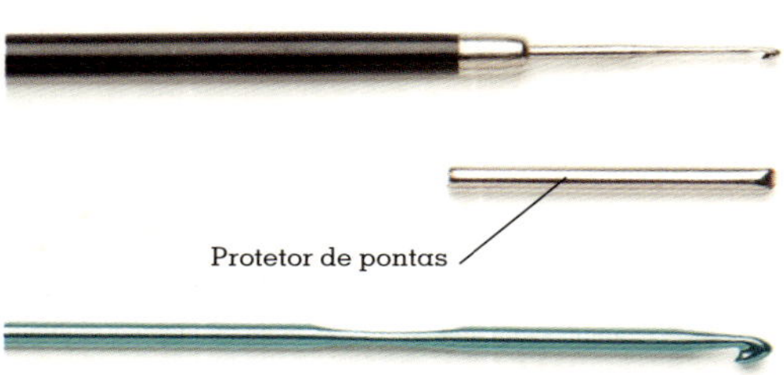

← Agulhas de renda
Como as agulhas de renda de crochê são muito finas, de 0,6 mm a 1,75 mm, elas são sempre de metal. Guarde-as com os protetores de ponta de metal para evitar acidentes.

← Agulhas de metal
Há algumas agulhas de alumínio em cores brilhantes, uma cor para cada tamanho, práticas para você achar o tamanho certo apenas com um olhar.

Agulhas de madeira ↑
Agulhas de madeira e bambu são muito atraentes e mais leves do que as de metal. Elas dão firmeza e impedem que os dedos escorreguem ao crochetar.

Agulhas plásticas ↑
Agulhas plásticas não são tão precisas quanto as de metal ou madeira, mas têm cores lindas e são agradáveis de usar.

Agulhas jumbo ↑
As maiores agulhas de crochê, de 10 mm a 20 mm, são feitas de plástico. Elas são usadas para produzir tecidos grossos rapidamente.

TAMANHOS DE AGULHAS

As agulhas de crochê são fabricadas em vários tamanhos (diâmetros), listados na tabela de conversão à direita. O tamanho em milímetros é o diâmetro do corpo da agulha, que determina o tamanho dos pontos de crochê.

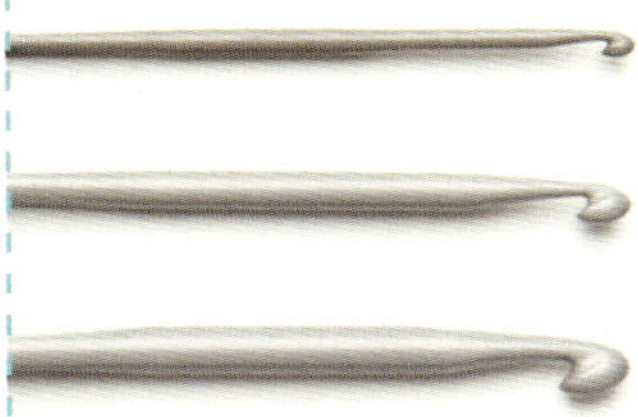

Embora os tamanhos médios de agulha, de 2 mm a 9 mm, sejam os de uso mais comum, as agulhas mais finas e as mais grossas também são muito usadas para renda e crochê grosso. Veja na p. 18 qual tamanho de agulha usar com os diferentes pesos de fio.

TABELA DE CONVERSÃO

Esta tabela traz a conversão entre os diversos sistemas de tamanho de agulha. Onde não houver conversão exata, use o equivalente mais próximo.

SISTEMA MÉTRICO	EUA	BRITÂNICO ANTIGO
0,6 mm	14 aço	
0,75 mm	12 aço	
1 mm	11 aço	
1,25 mm	7 aço	
1,5 mm	6 aço	
1,75 mm	5 aço	
2 mm		14
2,25 mm	B-1	
2,5 mm		12
2,75 mm	C-2	
3 mm		10
3,25 mm	D-3	
3,5 mm	E-4	9
3,75 mm	F-5	
4 mm	G-6	8
4,5 mm	7	7
5 mm	H-8	6
5,5 mm	I-9	5
6 mm	J-10	4
6,5 mm	K-101/2	3
7 mm		2
8 mm	L-11	
9 mm	M-13	
10 mm	N-15	
12 mm	P	
15 mm	Q (16 mm)	
20 mm	S (19 mm)	

Outros materiais

Você também precisará de uma agulha de ponta cega para arrematar as pontas de fio. Outros itens essenciais são tesoura, alfinetes e fita métrica. Marcadores de pontos e contadores de carreira também ajudarão a acompanhar os pontos.

ITENS ESSENCIAIS

Alfinetes →
Use modelos com cabeça de vidro ou cabeça grande (como os de tricô) para costurar e blocar (p. 117).

← Fita métrica
Tenha uma fita métrica à mão para verificar a tensão do ponto e medir o crochê.

← Agulhas de ponta cega
Use-as para costurar e arrematar pontas de fios (o buraco da agulha deve ser grande o bastante para o fio escolhido).

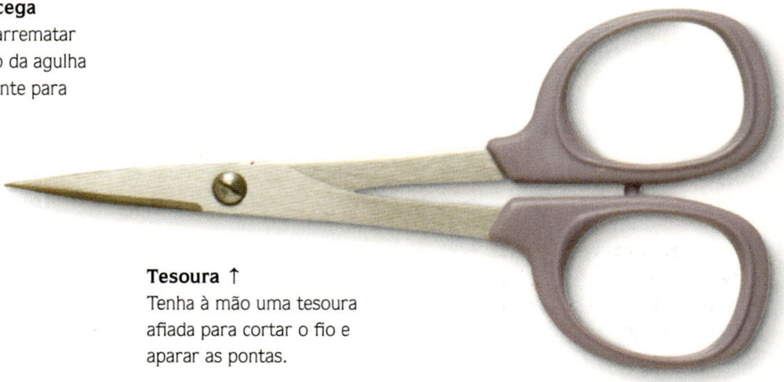

Tesoura ↑
Tenha à mão uma tesoura afiada para cortar o fio e aparar as pontas.

← Bobinas de fio
Úteis para enrolar pedaços de fio para crochê em jacquard (p. 92).

Contador de carreiras ↑
São úteis para acompanhar em que ponto do crochê você está. Pendure em um fio de algodão e coloque-o no pescoço; mude o número cada vez que completar uma carreira.

Marcadores de pontos ↑
Podem ser presos ao crochê para marcar uma carreira ou um ponto específico na carreira, ou para marcar o lado direito do crochê.

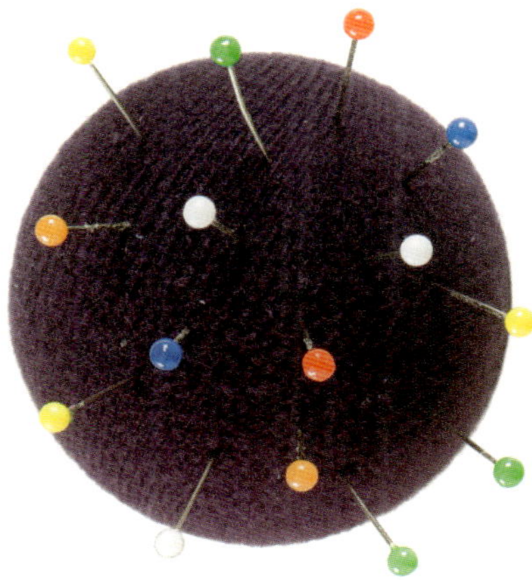

Alfineteiro ↑
Útil para ter ao alcance da mão ao trabalhar.

Técnicas

Pontos básicos

Aprender crochê pode levar algum tempo porque há vários pontos básicos a dominar. Mas não é preciso aprender todos eles de uma vez. É possível fazer mantas listadas atraentes e capas de almofadas em fios agradáveis empregando apenas correntinhas e pontos baixos.

Como começar

Antes de fazer a primeira laçada, o nó corrediço (p. 32), aprenda a segurar a agulha. Primeiro, reveja a explicação das partes da agulha na p. 24. Depois, para aprender como fazer correntinhas, experimente várias agulhas e técnicas para segurar o fio apresentadas nesta e na próxima página. Se já aprendeu crochê antes, segure a agulha do modo que aprendeu, quer seja a posição do lápis ou da faca.

COMO SEGURAR A AGULHA

Crocheteiros canhotos seguram a agulha em espelho exato ao dos crocheteiros destros

Posição do lápis: Segure a agulha como se fosse um lápis. Se a agulha tiver um apoio de polegar, coloque-o entre o polegar e o indicador. O centro do polegar estará a cerca de 5 cm da ponta da agulha se houver um apoio de polegar e é aí também que uma agulha sem apoio de polegar deve ser segurada.

Crocheteiros canhotos seguram a agulha em espelho exato ao dos crocheteiros destros

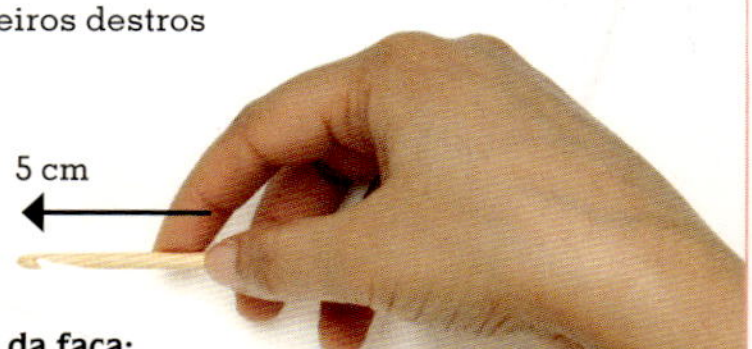

Posição da faca: Segure a agulha como se usasse uma faca para cortar um alimento. Como na posição do lápis, se a agulha tiver um apoio de polegar, coloque o polegar e o indicador nesta parte, com o centro do polegar a cerca de 5 cm da ponta da agulha. Segure uma agulha sem apoio de polegar à mesma distância da ponta.

COMO SEGURAR O FIO

Para controlar o fluxo do fio na agulha, é preciso enrolá-lo entre os dedos da mão livre (chamada de mão do fio). As duas técnicas mostradas aqui são apenas sugestões; você pode criar a sua.

Método um: Comece enrolando o fio no dedo mínimo, depois passe-o sob o anular e o médio e sobre o indicador. Nesse método, o indicador é usado para posicionar o fio.

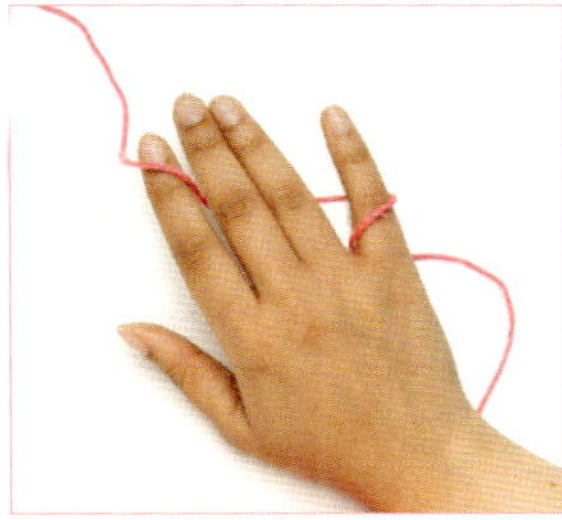

Crocheteiros canhotos passam o fio pela mão direita

Método dois: Enrole o fio no dedo mínimo, depois passe-o atrás do anular e sobre o dedo médio e o indicador. Esse método permite posicionar o fio com o indicador ou o dedo médio, o que for mais confortável e lhe der mais controle (ver p. 33, Como tensionar o fio).

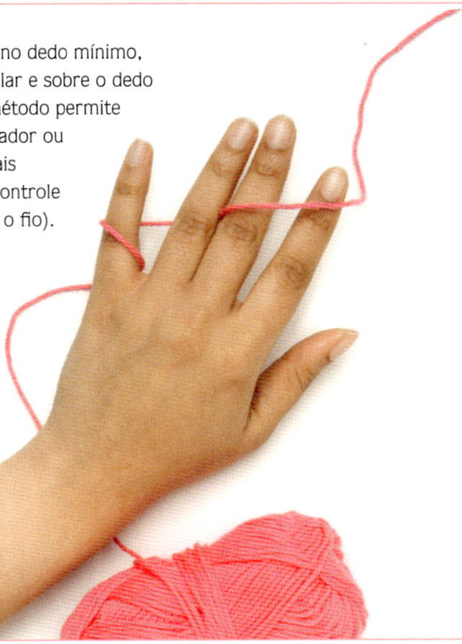

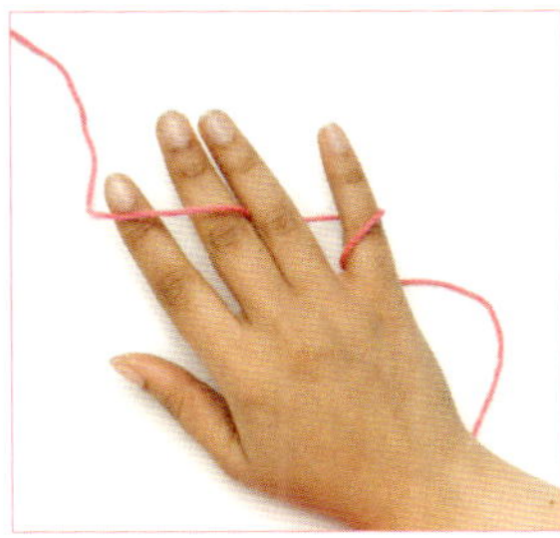

Crocheteiros canhotos passam o fio pela mão direita

COMO FAZER UM NÓ CORREDIÇO

1 Para fazer o primeiro ponto (chamado de nó corrediço) na agulha, comece cruzando o fio que sai do novelo sobre a ponta do fio para formar um círculo.

2 Passe a ponta da agulha através do círculo do fio.

3 Depois, use o gancho para pegar o fio que sai do novelo e puxe o fio através do círculo.

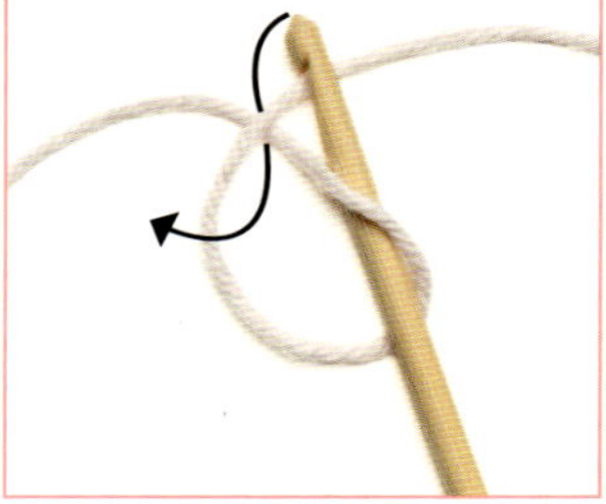

4 Isso forma 1 laçada na agulha e 1 nó frouxo e aberto abaixo da laçada.

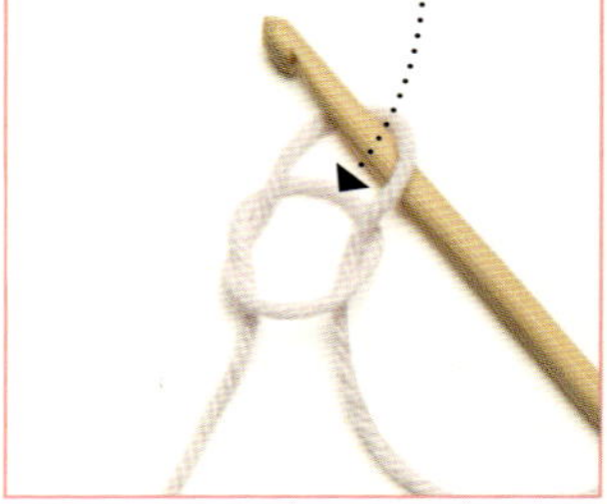

5 Puxe as 2 pontas do fio firmemente para apertar o nó e a laçada ao redor do corpo da agulha.

6 Verifique se o nó corrediço está suficientemente firme para não cair da agulha e não tão apertado que não possa ser deslizado no corpo da agulha.

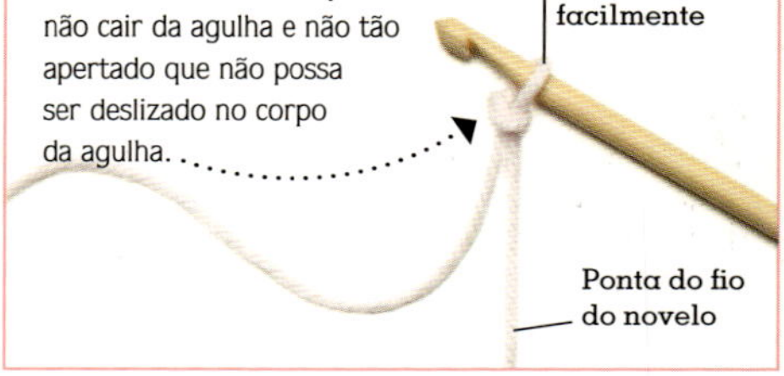

7 A ponta solta do fio do nó corrediço deve ter no mínimo 10 cm para poder ser enfiada em agulha de ponta cega e entremeada mais tarde. Dependendo das instruções, será pedido um comprimento mais longo para usar na costura ou com outras finalidades.

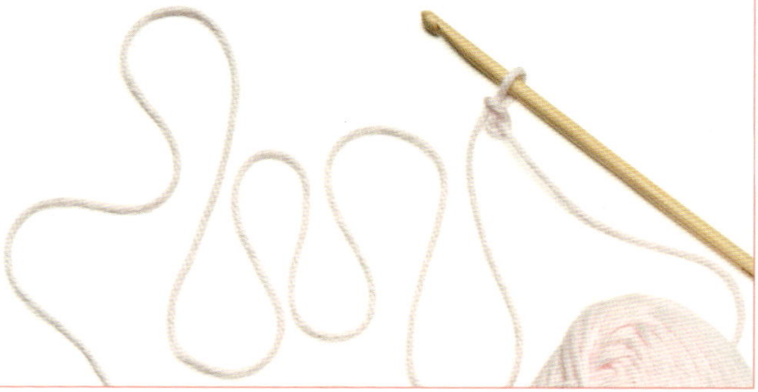

COMO TENSIONAR O FIO

1 Com o nó corrediço na agulha, experimente as técnicas de segurar o fio. Enrole o fio no dedo mínimo, depois passe-o nos outros dedos como desejar, de modo que ele fique sobre a ponta do indicador (ou do indicador e do dedo médio).

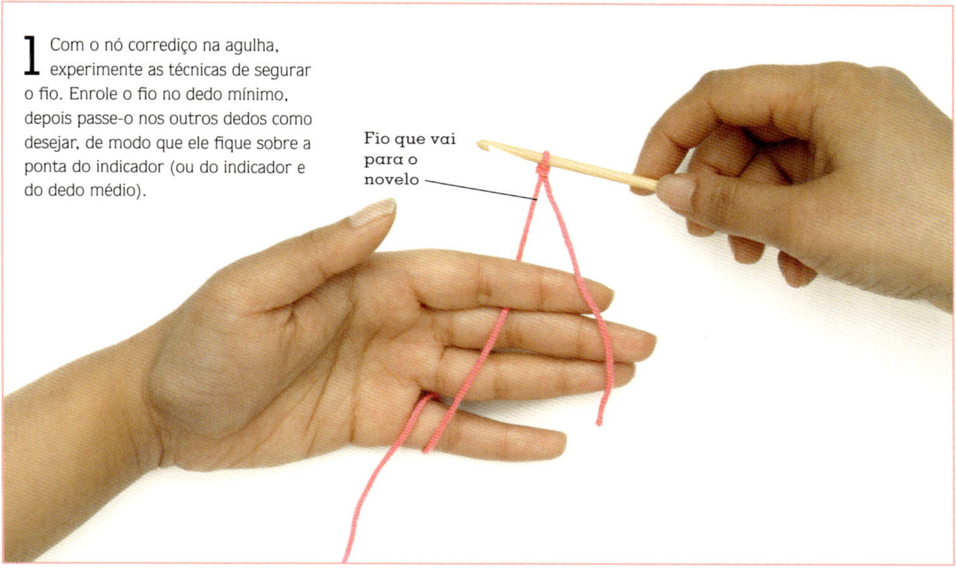

2 Ao crochetar, segure o fio firmemente com o dedo mínimo e o anular e solte-o ligeiramente ao formar as laçadas. Use o indicador ou o dedo médio para posicionar o fio e manter a base do crochê perto da agulha enquanto o gancho é puxado através das laçadas.

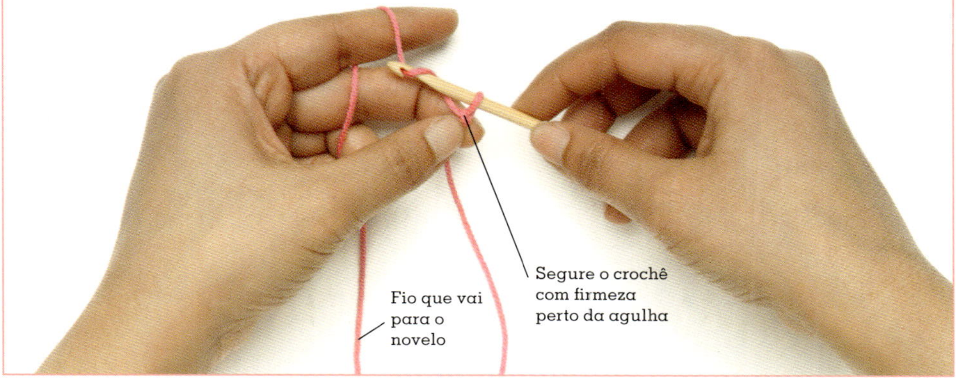

Correntinhas *(corr.)*

As correntinhas são o primeiro ponto de crochê que se aprende, pois formam a base para os outros pontos – chamada correntinha de base – e para correntinhas de virada (p. 55). São usadas junto com outros pontos básicos para criar uma ampla variedade de pontos de crochê, rendados ou com texturas densas. Pratique as correntinhas até se sentir à vontade segurando a agulha, soltando e tensionando o fio.

COMO FAZER AS CORRENTINHAS DE BASE

1 Comece com 1 nó corrediço (p. 32).

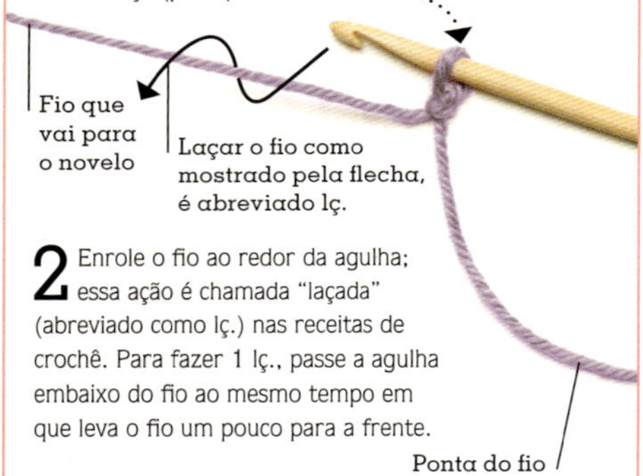

2 Enrole o fio ao redor da agulha; essa ação é chamada "laçada" (abreviado como lç.) nas receitas de crochê. Para fazer 1 lç., passe a agulha embaixo do fio ao mesmo tempo em que leva o fio um pouco para a frente.

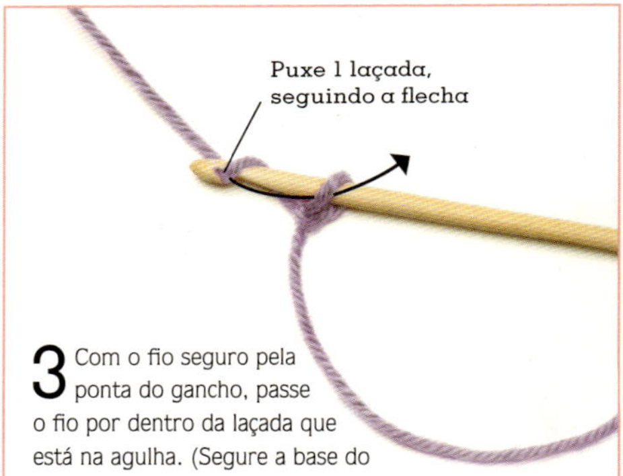

3 Com o fio seguro pela ponta do gancho, passe o fio por dentro da laçada que está na agulha. (Segure a base do nó corrediço com os dedos livres da mão do fio enquanto passa o fio por dentro da laçada.)

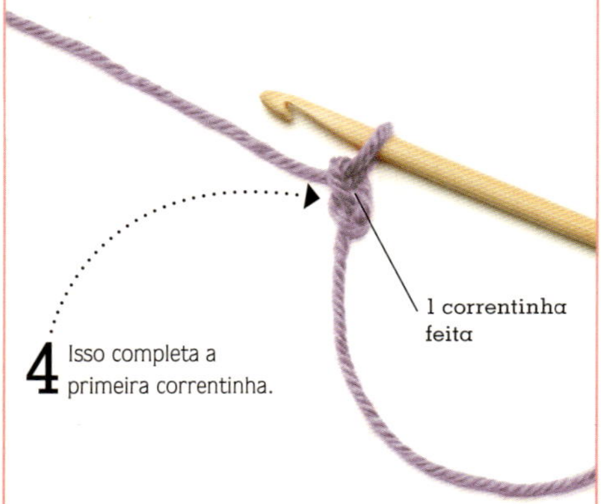

4 Isso completa a primeira correntinha.

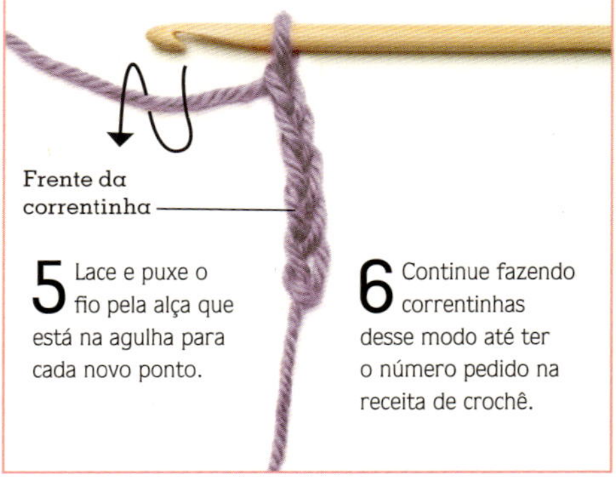

5 Lace e puxe o fio pela alça que está na agulha para cada novo ponto.

6 Continue fazendo correntinhas desse modo até ter o número pedido na receita de crochê.

7 A parte de trás das correntinhas de base tem nozinhos, como se vê aqui.

COMO CONTAR CORRENTINHAS

Ao fazer correntinhas para as correntinhas de base, conte cada ponto até atingir o número necessário. Então, antes de começar o crochê, reconte as correntinhas para garantir que o número esteja certo. Com a frente das correntinhas voltada para você, conte os pontos a partir da base da agulha para a esquerda.

COLAR SIMPLES DE CORRENTINHAS

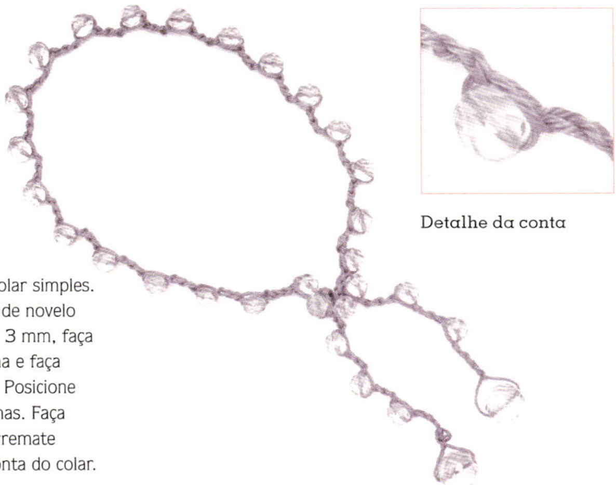

Detalhe da conta

Pratique as correntinhas fazendo este colar simples. Enfie contas de vidro de 8 mm em um fio de novelo de algodão superfino. Com uma agulha de 3 mm, faça 8 correntinhas, deslize 1 conta até a agulha e faça 1 correntinha firme para prender a conta. Posicione 1 conta desse modo, de 3 em 3 correntinhas. Faça 8 correntinhas depois da última conta e arremate (p. 52). Prenda 1 conta maior em cada ponta do colar.

Ponto baixo *(p.b.)*

O ponto baixo é o ponto de crochê mais fácil de aprender e é usado frequentemente, sozinho ou em combinação com outros pontos. Aprenda com calma e pratique este ponto porque, depois de dominá-lo, os pontos mais altos ficarão muito mais fáceis. O ponto baixo forma um tecido denso, adequado a muitos tipos de peças e acessórios. Esse ponto também é usado para brinquedos e recipientes, pois, se trabalhado apertado, forma um tecido firme e duro.

Se o ponto baixo for trabalhado em carreiras de ida e volta, ele fica igual dos 2 lados. Se for trabalhado em círculo, fica diferente do lado direito e do avesso, como se vê na p. 137.

1 Faça correntinhas de base no comprimento necessário (p. 34).

2 Insira a agulha no segundo ponto a partir da agulha e enrole o fio na agulha (lç.) seguindo a flecha. (Pode inserir a agulha sob 1 ou 2 fios da correntinha, mas é mais fácil trabalhar sob 1 fio, como mostrado aqui.)

3 Segurando a base da correntinha firme com a mão esquerda e tensionando o fio (p. 33), puxe 1 alça pela correntinha, como mostrado pela flecha.

4 Agora existem 2 alças na agulha. Depois, faça uma lç. como mostra a flecha.

5 Puxe 1 alça pelas outras 2 alças na agulha em um só movimento. Ao usar o fio, deixe que ele passe pelos dedos da mão esquerda, mantendo a tensão suavemente.

6 Isso conclui o primeiro ponto baixo. A correntinha pulada no início da primeira carreira NÃO vale como ponto (em outras palavras, ela não é contada quando você for contar quantos pontos estão na carreira e não é trabalhada na próxima carreira).

7 Continue em todas as correntinhas de base, trabalhando do mesmo modo um ponto baixo em cada correntinha.

8 No fim da carreira, vire o crochê para deixar o fio do lado direito da peça de crochê, pronto para começar a segunda carreira.

9 Para começar a segunda carreira, faça 1 correntinha. Esta correntinha é chamada correntinha de virada e leva o trabalho até a altura dos pontos baixos que vêm depois.

10 Trabalhe o primeiro ponto baixo no alto do primeiro ponto da carreira abaixo. Insira a agulha sob as 2 pernas do "V" do ponto. Faça 1 ponto baixo no alto de cada um dos pontos altos da carreira abaixo.

11 No final da carreira, trabalhe o último ponto no alto do último ponto baixo da carreira abaixo. Trabalhe do mesmo modo as carreiras seguintes.

12 Quando tiver concluído o crochê, corte o fio deixando 1 ponta solta de no mínimo 10 cm.

13 Tire a agulha da alça restante, passe a ponta do fio pela alça e puxe firme para fechar. O arremate é feito desse modo em todos os pontos de crochê.

Meio ponto alto *(m.p.a.)*

Depois do ponto baixo, o próximo ponto em ordem de altura é o meio ponto alto (p. 55). Ele é firme como o ponto baixo e bem denso, mas cria uma textura um pouco mais macia, o que o torna ideal para roupas de bebê. Só comece a praticar o meio ponto alto depois de se sentir confiante ao fazer o ponto baixo.

O meio ponto alto tecido em carreiras é igual dos 2 lados, criando um tecido reversível, como todos os pontos básicos feitos em carreiras.

1 Faça correntinhas de base do comprimento necessário (p. 34). Para o primeiro ponto, enrole o fio na agulha (lç.).

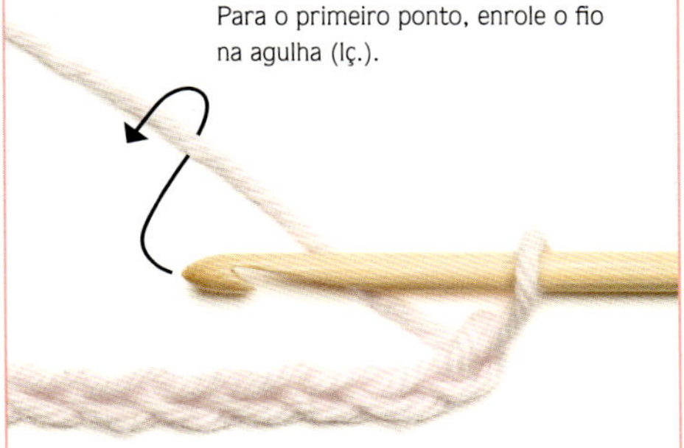

2 Enfie a agulha na terceira correntinha a partir da agulha, lç. de novo (como mostra a flecha) e puxe 1 alça pela correntinha.

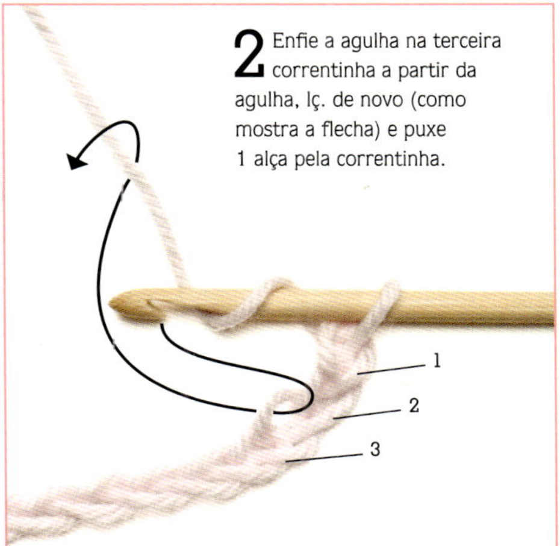

3 Agora há 3 alças na agulha.

4 Lç. e puxe 1 alça por todas as 3 alças na agulha, como mostra a flecha abaixo. (Esse movimento fica mais fluido com a prática.)

5 Isso completa o primeiro meio ponto alto.

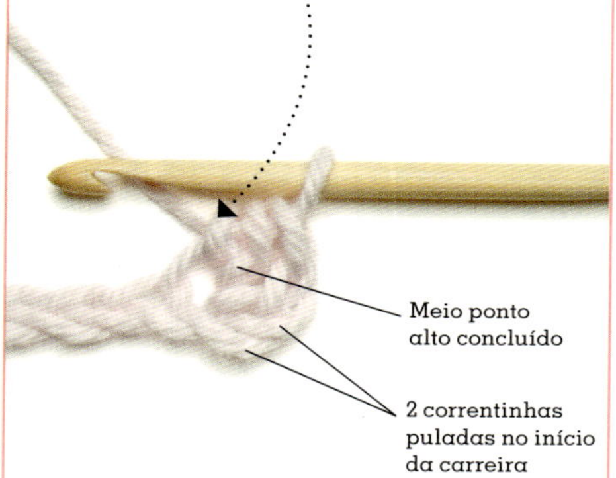

6 Trabalhe 1 meio ponto alto em cada correntinha do mesmo modo. Lembre-se de começar cada meio ponto alto enrolando o fio na agulha antes de enfiá-la na correntinha.

7 Depois de fazer 1 meio ponto alto na última correntinha, vire o crochê para deixar o fio do lado direito, pronto para começar a segunda carreira.

8 Comece a segunda carreira fazendo 2 correntinhas. Essas correntinhas de virada trazem o trabalho até a altura dos meios pontos altos.

9 Lç. e trabalhe o primeiro meio ponto alto no alto do segundo ponto da carreira abaixo.

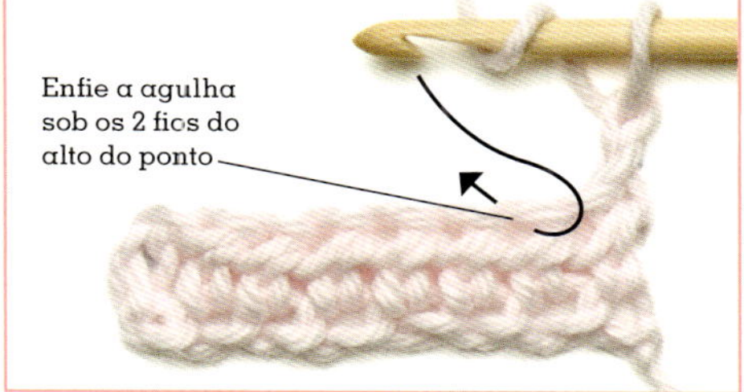

10 Teça 1 meio ponto alto em cada um dos meios pontos altos da carreira abaixo. Trabalhe do mesmo modo as carreiras seguintes.

11 Quando o crochê estiver terminado, corte o fio. Retire a agulha da alça que sobrou, passe a ponta do fio pela alça e puxe firme para fechar a alça e arrematar com segurança.

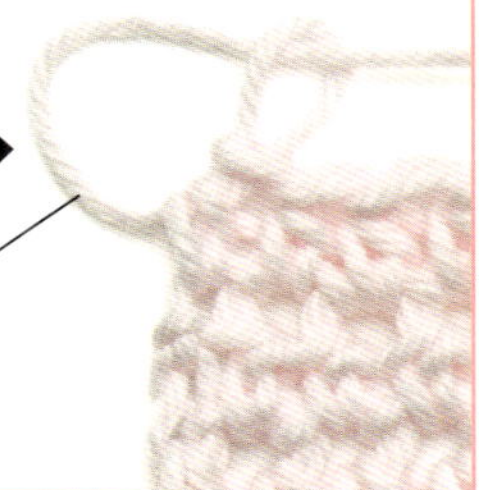

Ponto alto *(p.a.)*

O ponto alto produz um tecido mais aberto e macio do que o ponto baixo e o meio ponto alto. Como o ponto alto tem altura maior, o tecido cresce rapidamente, o que o torna o mais usado dentre os pontos de crochê.

Ao trabalhar o ponto alto em carreiras, verá que ele é idêntico no avesso e no direito.

1 Faça o número de correntinhas necessárias (p. 34). Para o primeiro ponto, enrole o fio na agulha (lç.).

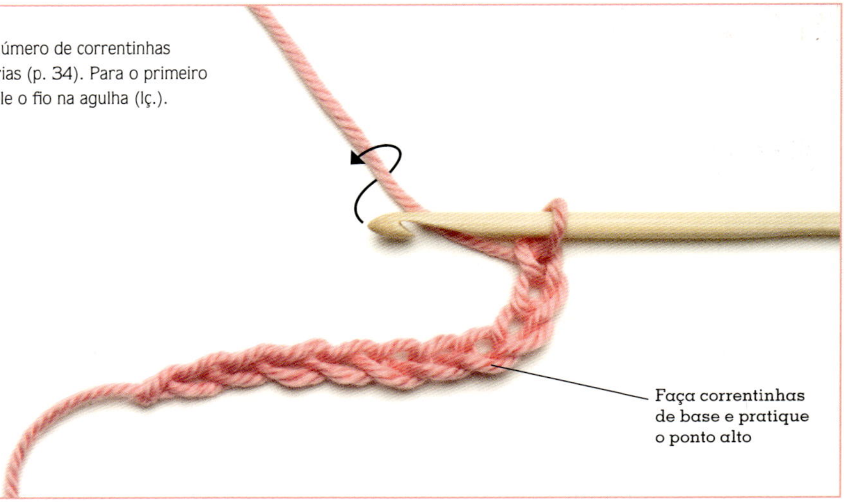

2 Enfie a agulha na quarta correntinha a partir da agulha, lç. de novo (como mostra a flecha) e puxe 1 alça pela correntinha.

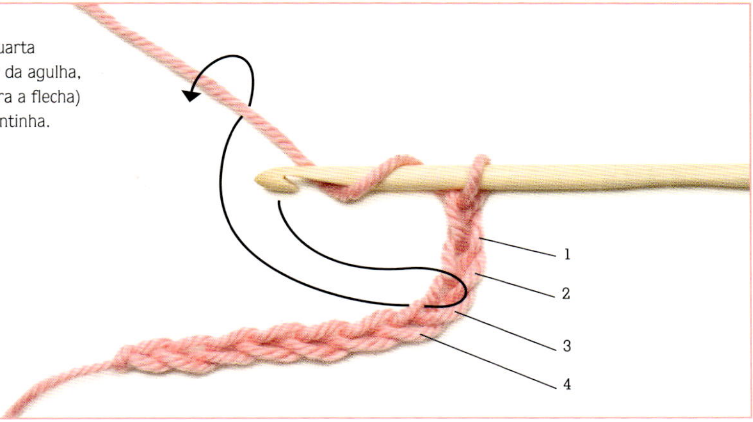

3 Agora há 3 alças na agulha.

4 Lç. e puxe 1 alça pelas 2 primeiras alças na agulha.

5 Agora sobraram 2 alças na agulha. Lç. e puxe 1 alça pelas 2 alças que sobraram.

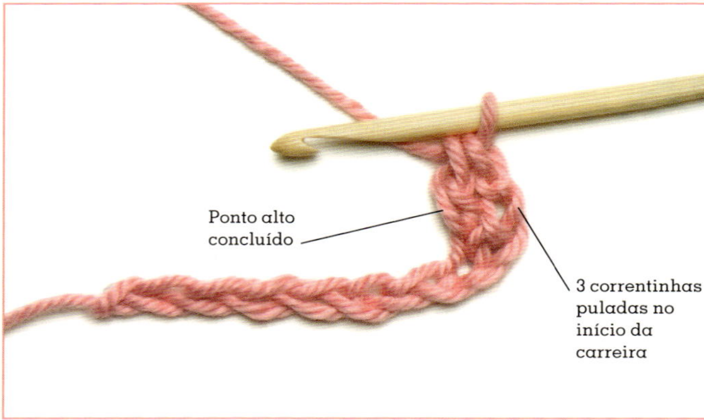

6 Isso completa o primeiro ponto alto. No ponto alto, as 3 correntinhas puladas no início contam como primeiro ponto da carreira de base.

7 Trabalhe 1 ponto alto em cada correntinha do mesmo modo. Lembre-se de começar cada ponto com 1 lç. antes de enfiar a agulha na correntinha.

8 Depois de completar o último ponto da carreira, vire o crochê para deixar o fio do lado direito, pronto para começar a segunda carreira.

9 Para começar a segunda carreira de ponto alto, faça 3 correntinhas. Isso leva o trabalho até a altura desses pontos altos.

10 Lç. e, depois, pulando o primeiro ponto alto da carreira abaixo, trabalhe o primeiro ponto alto no alto do segundo ponto.

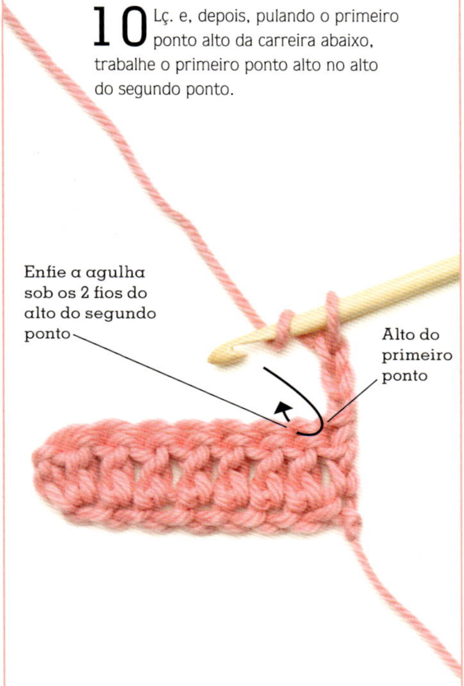

11 Faça 1 ponto alto em cada ponto, tecendo o último ponto no alto das 3 correntinhas. Trabalhe as carreiras seguintes do mesmo modo.

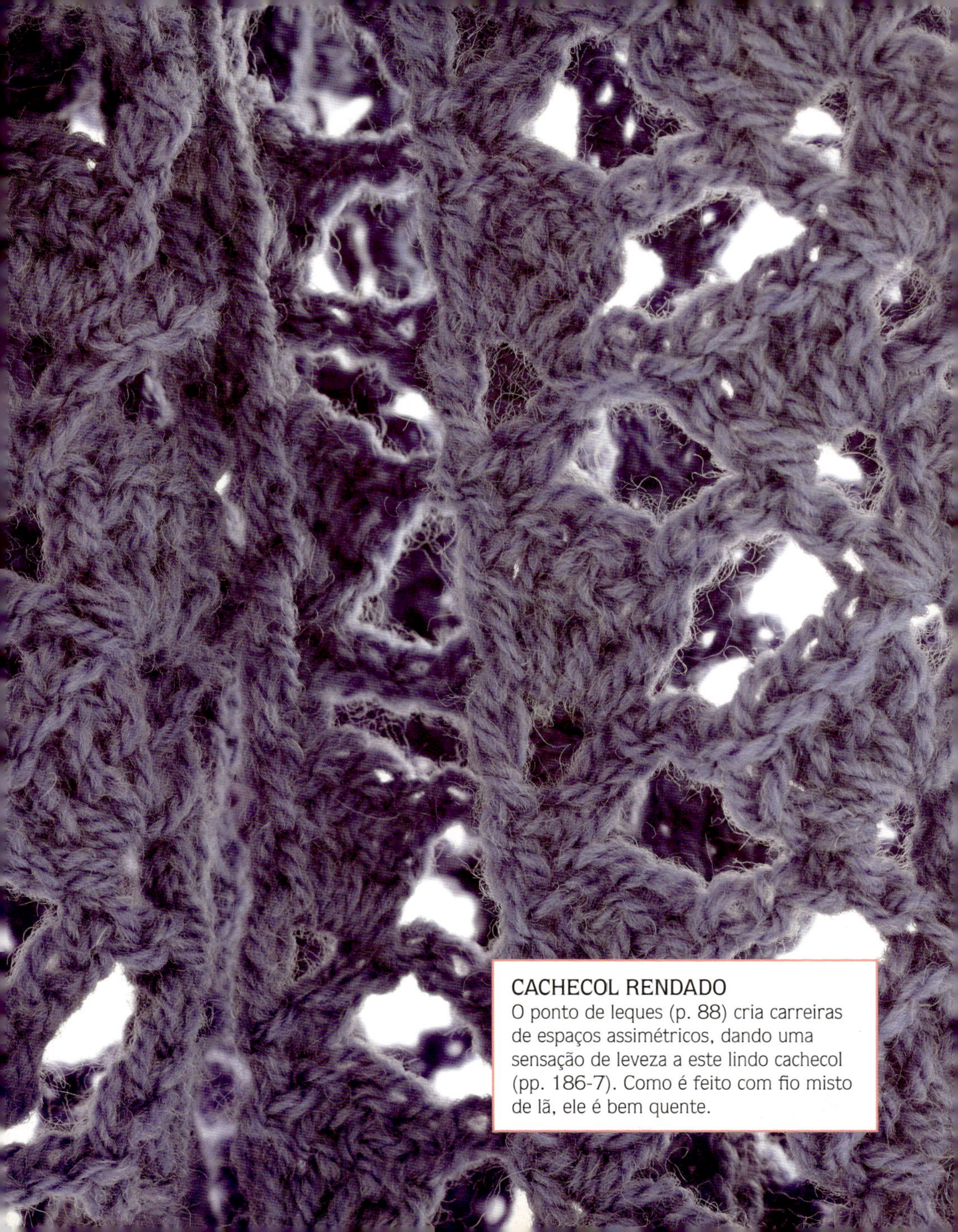

CACHECOL RENDADO

O ponto de leques (p. 88) cria carreiras de espaços assimétricos, dando uma sensação de leveza a este lindo cachecol (pp. 186-7). Como é feito com fio misto de lã, ele é bem quente.

Ponto alto duplo *(p.a.d.)*

Tecido de um modo muito similar ao do ponto alto, o ponto alto duplo tem aproximadamente 1 correntinha a mais de altura porque o ponto começa com 2 laçadas em vez de 1 (p. 55). O ponto alto duplo costuma ser usado no crochê rendado (pp. 84-8) e em medalhões de crochê (pp. 145-9).

Idêntico no direito e no avesso, o ponto alto duplo trabalhado em carreiras é mais macio do que o ponto alto. Ele também cresce mais depressa porque os pontos são mais altos, mas não muito mais lentos para ser feitos.

1 Faça correntinhas de base e, depois, enrole o fio 2 vezes na agulha (lç.) e enfie a agulha na quinta correntinha a partir da agulha.

2 Lç. e puxe 1 alça pela correntinha. Agora há 4 alças na agulha. Lç. e puxe 1 alça pelas 2 primeiras alças na agulha.

3 Sobraram 3 alças. Lç. e puxe 1 alça pelas 2 primeiras alças na agulha.

4 Sobraram 2 alças. Lç. e puxe 1 alça por essas 2 alças.

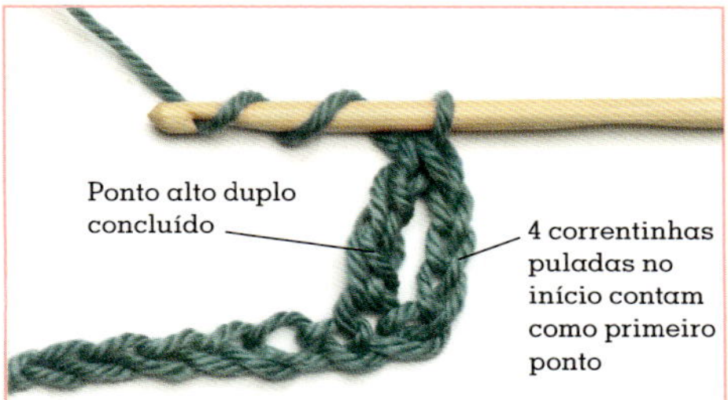

5 Isso completa o primeiro ponto alto duplo. Como em todos os pontos altos de crochê, as correntinhas puladas no início das correntinhas de base contam como o primeiro ponto da carreira de base.

6 Trabalhe 1 ponto alto duplo em cada correntinha do mesmo modo. Vire o crochê e comece a segunda carreira com 4 correntinhas de virada.

7 Pule o alto do primeiro ponto alto duplo na carreira abaixo e faça o primeiro ponto alto duplo no alto do segundo ponto.

8 Teça 1 ponto alto duplo em cada 1 dos pontos altos duplos da carreira abaixo.

9 Faça o último ponto da carreira no alto das 4 correntinhas. Trabalhe do mesmo modo as carreiras seguintes.

Ponto alto triplo *(p.a.t.)*

Pontos mais altos do que pontos altos duplos são trabalhados do mesmo modo que os pontos altos duplos, mas mais laçadas são feitas na agulha antes do início do ponto e as correntinhas de virada são mais altas. Depois de fazer os pontos altos triplos com facilidade, pode fazer quádruplos e quíntuplos sem dificuldade.

O ponto alto triplo feito em carreiras é igual dos 2 lados do tecido. Veja como a textura do crochê fica arejada conforme os pontos ficam mais altos.

1 Enrole o fio 3 vezes na agulha e enfie a agulha no sexto ponto a partir da agulha.

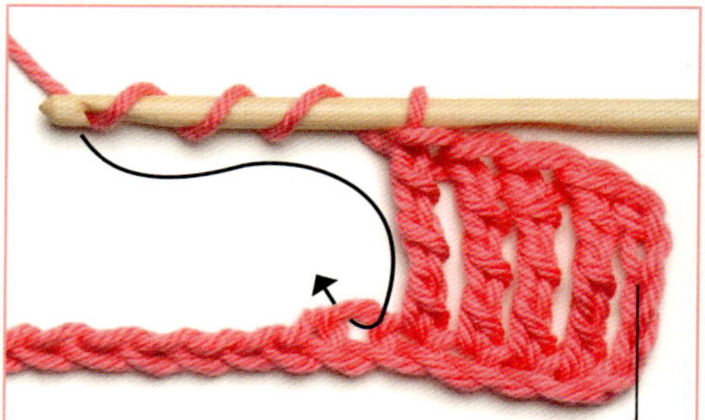

2 Puxe as alças da agulha de 2 em 2 como no ponto alto duplo. Enrole o fio 3 vezes na agulha antes de começar cada ponto. Comece as carreiras seguintes com 5 correntinhas.

Ponto baixíssimo *(p.bx.)*

O ponto baixíssimo é o mais baixo de todos os pontos de crochê. Embora possa ser trabalhado em carreiras, o tecido resultante é tão denso que só é adequado para alças de bolsas. Ele aparece também em instruções de crochê para unir um fio novo (p. 54), tecer de modo invisível no alto de uma carreira para ir até uma nova posição (p. 111) e para unir voltas no crochê circular.

COMO TECER O PONTO BAIXÍSSIMO

1 Faça correntinhas de base no comprimento necessário. Para começar o primeiro ponto, enfie a agulha na segunda correntinha a partir da agulha, passando-a sob um fio da correntinha. Enrole o fio ao redor da agulha (lç.).

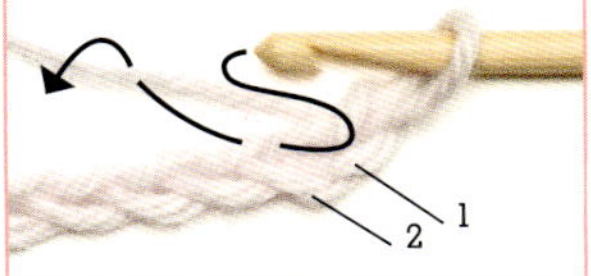

2 Segurando a base da correntinha firme com a mão esquerda e tensionando o fio (p. 33), puxe 1 alça pela correntinha e pela alça na agulha, como mostrado pela flecha.

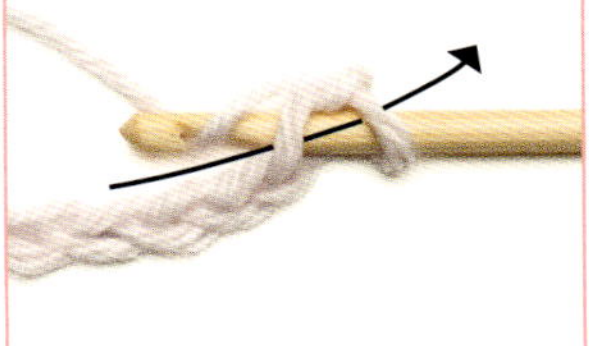

3 Continue, fazendo **1 ponto baixíssimo em cada correntinha.** Sempre teça os **pontos baixíssimos** bem frouxo, seja qual for o motivo para você usá-lo.

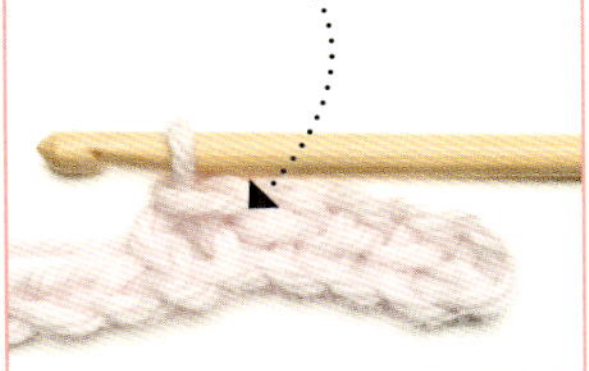

4 Depois de completar o último ponto da carreira, se quiser fazer outra, vire o crochê para deixar o fio do lado direito, pronto para começar a segunda carreira.

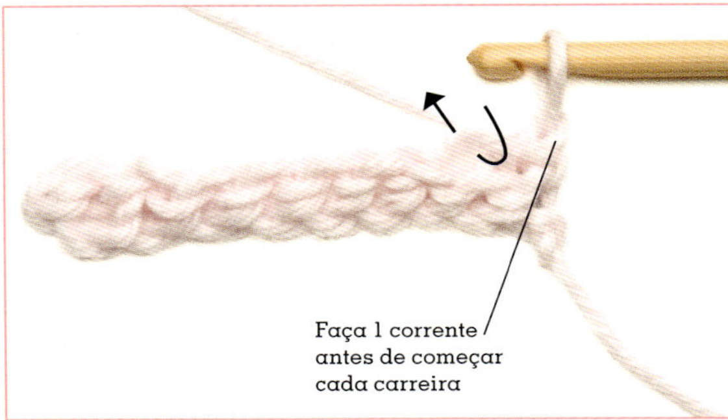

5 Para começar a segunda carreira, faça 1 correntinha. Essa é a correntinha de virada.

6 Para a segunda carreira e as seguintes, faça cada ponto apenas na alça de trás do alto dos pontos abaixo. (Não é essencial PRATICAR o PONTO BAIXÍSSIMO em carreiras, pois ele raramente é usado assim.)

COMO USAR O PB.X. PARA FORMAR UM ANEL DE BASE

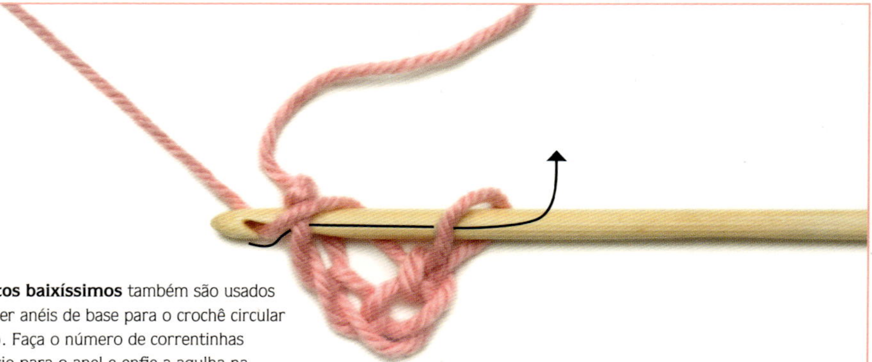

Os pontos baixíssimos também são usados para fazer anéis de base para o crochê circular (p. 136). Faça o número de correntinhas necessário para o anel e enfie a agulha na primeira correntinha, faça 1 laçada e puxe 1 alça pela correntinha e pela alça na agulha para fechar o anel.

Arremate de correntinhas e pontos baixíssimos

Arrematar é parar o crochê quando ele está terminado. Como só há 1 alça na agulha, o processo é extremamente simples. Aqui está uma ajuda visual para o arremate de correntinha ou de 1 carreira de ponto baixíssimo. O princípio é igual para todos os pontos.

ARREMATE DE CORRENTINHAS

1 Retire a alça de fio da agulha.

2 Puxe a alça para alargá-la para que ela não se desfaça.

3 Corte o fio, passe a ponta cortada do fio pela alça e puxe firme para fechar a alça. Tenha certeza de deixar uma ponta longa o bastante para entremear depois, se necessário.

ARREMATE DE PONTO BAIXÍSSIMO

Arremate da mesma maneira que nas correntinhas. Pode-se também usar a agulha para puxar a ponta cortada do fio pela alça restante, como mostra a flecha.

Dicas para iniciantes

É importante aprender como contar pontos para confirmar que é mantido o mesmo número de pontos enquanto você crocheta. Também é essencial aprender a unir outro novelo de fio e entremear as pontas de fio (p. 54) ao concluir a peça de crochê.

COMO CONTAR PONTOS DE CROCHÊ

Como contar pontos baixos: Com o lado direito da última carreira voltado para você, conte o alto de cada ponto. Se o número de pontos diminuiu ao crochetar, provavelmente você não está fazendo o último ponto da carreira abaixo; se os pontos aumentaram, talvez você tenha feito o mesmo ponto duas vezes.

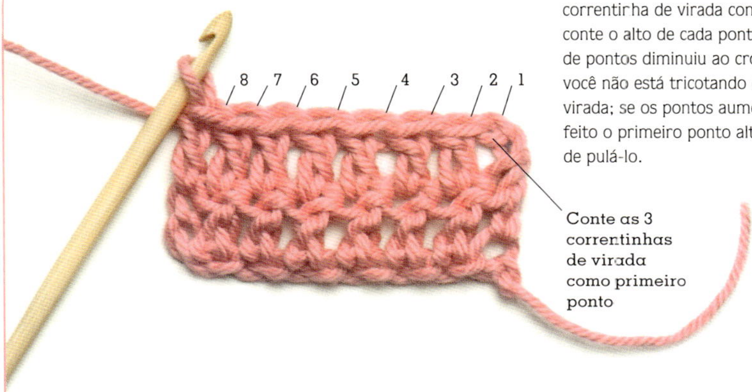

Como contar pontos altos: Com o lado direito da última carreira voltado para você, conte a correntinha de virada como primeiro ponto e conte o alto de cada ponto alto. Se o número de pontos diminuiu ao crochetar, provavelmente você não está tricotando o alto da corrente de virada; se os pontos aumentaram, talvez tenha feito o primeiro ponto alto da carreira, em vez de pulá-lo.

COMO EMENDAR UM NOVO FIO

Método um: Se possível, sempre emende o novo fio no início da carreira. Solte o fio antigo, puxe o novo fio pela alça da agulha e comece a carreira normalmente. Depois, entremeie as pontas de fio.

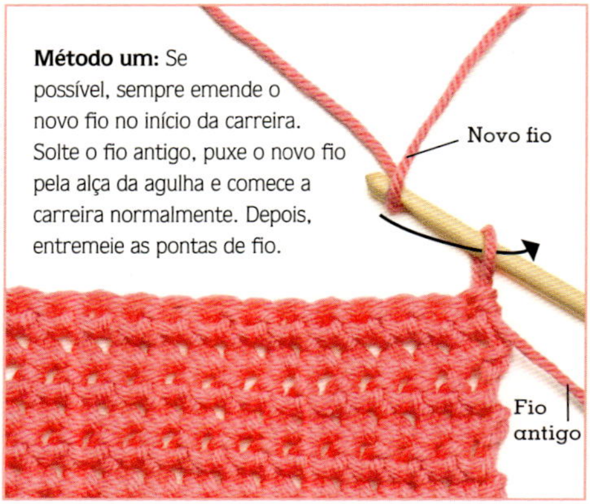

Método dois: Adequado para listas e para tecidos lisos de crochê. Primeiro, arremate o fio antigo. Depois, faça 1 nó corrediço na agulha, enfie a agulha no primeiro ponto da carreira e puxe 1 alça pelo alto do ponto e pelas alças que estão na agulha.

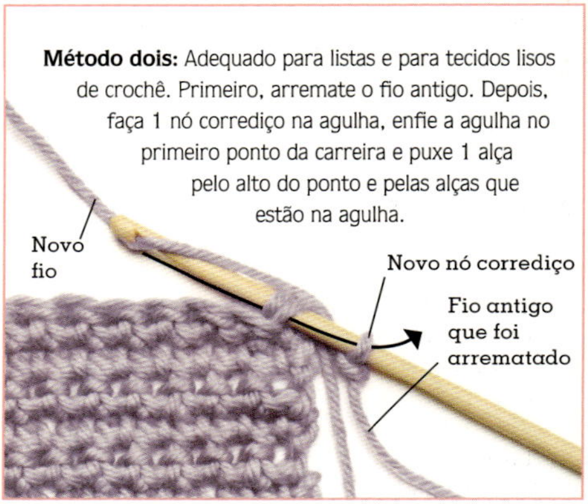

COMO ENTREMEAR O FIO

Entremear na carreira do alto: Com uma agulha de ponta cega, passe a ponta do fio pelo centro da base de 6 a 8 pontos da última carreira. Corte a ponta restante bem perto do tecido.

Entremear na primeira carreira: Usando uma agulha de ponta cega, passe a ponta do fio pelo centro da base de 6-8 pontos da primeira carreira. Corte a ponta restante bem perto do tecido.

Entremear no alto: Pode-se também entremear o fio no alto do crochê. Isso dá um acabamento um pouco mais firme e é bom para fios escorregadios.

Pontos básicos em símbolos e abreviações

As instruções de carreiras de crochê podem ser escritas com abreviações ou usando símbolos para os pontos. Há uma explicação mais detalhada para a leitura de receitas de pontos nas pp. 66-7, mas as instruções para os pontos básicos são dadas nessa seção com símbolos e abreviações. Isso fornece uma introdução às instruções de crochê e uma referência rápida para como tecer em crochê com pontos básicos. Os crocheteiros canhotos terão de seguir o gráfico no sentido inverso.

ALTURA DOS PONTOS

O gráfico ao lado mostra os símbolos dos pontos básicos e ilustra as alturas relativas aproximadas dos pontos quando estão lado a lado. Um ponto baixo tem a altura de 1 correntinha, 1 meio ponto alto tem a altura de 2 correntinhas, 1 ponto alto tem a altura de 3 correntinhas e assim por diante. Essas alturas determinam o número de correntinhas de virada necessárias no início de cada carreira para cada ponto básico. Também é fornecida uma referência quanto à correntinha a trabalhar para tecer o primeiro ponto na carreira de base.

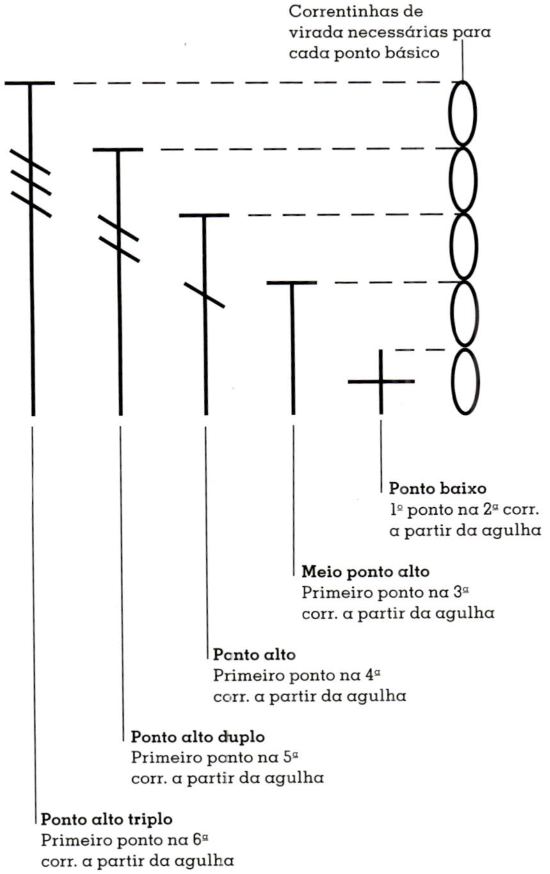

INSTRUÇÕES DO PONTO BAIXO

As instruções dos símbolos de crochê são fáceis de entender. Os símbolos imitam o tamanho e a forma do ponto e são lidos de baixo para cima no gráfico. Para se acostumar às instruções do crochê, faça o ponto baixo seguindo as orientações escritas e o gráfico ao mesmo tempo (lista de abreviações na p. 68), depois faça isso com os outros pontos básicos.

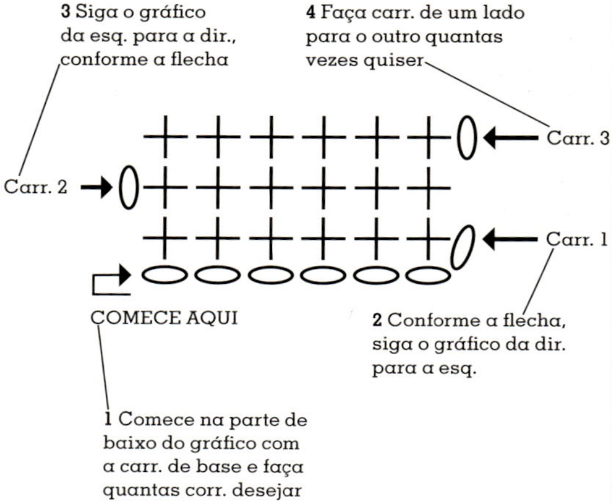

PONTO BAIXO EM ABREVIAÇÕES

Faça qualquer número de corr.
Carr. 1 1p.b. na 2ª corr. a partir da agulha, 1p.b. em cada corr. restante até o fim, vire.
Carr. 2 1corr. (NÃO conta como 1pt.), 1p.b. em cada p.b. até o fim, vire.
Repita a carr. 2 para tecer.

INSTRUÇÕES DO MEIO PONTO ALTO

O símbolo do meio ponto alto é uma linha vertical com um traço horizontal no alto, ele tem o dobro da altura do símbolo do ponto baixo. Leia as instruções para este ponto básico (abaixo) e olhe no gráfico ao mesmo tempo. A direção de cada flecha indica se é para ler o gráfico da esq. para a dir. ou da dir. para a esq.

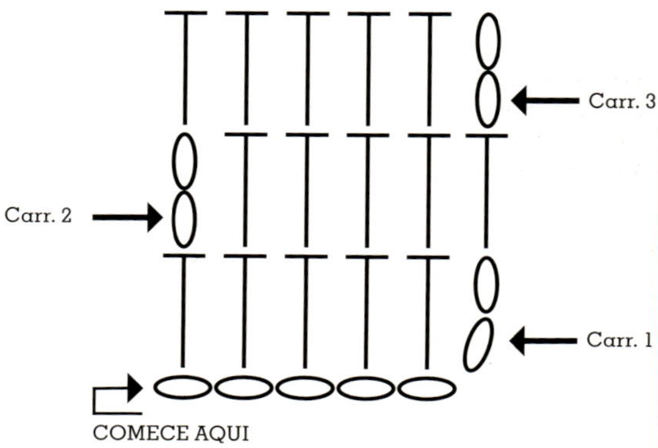

MEIO PONTO ALTO EM ABREVIAÇÕES

Faça qualquer número de corr.
Carr. 1 1m.p.a. na 3ª corr. a partir da agulha, 1m.p.a. em cada corr. restante até o fim, vire.
Carr. 2 2corr. (contam como o 1º pt.), pule o 1º m.p.a. da carr. abaixo, *1m.p.a. no próx. m.p.a.; repita de * até o fim; depois, faça 1m.p.a. no alto das 2corr. do fim, vire.
Repita a carr. 2 para tecer em m.p.a.

INSTRUÇÕES DO PONTO ALTO

O símbolo do ponto alto tem uma linha diagonal curta no meio. O gráfico mostra bem como as 3corr. de virada contam como o 1º ponto de cada carr.

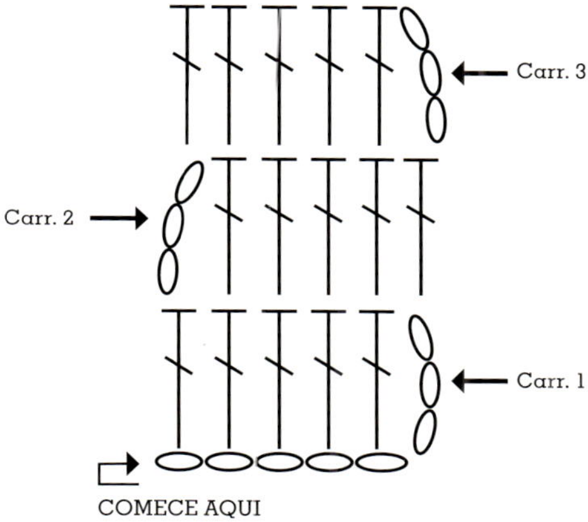

PONTO ALTO EM ABREVIAÇÕES

Faça qualquer número de corr.

Carr. 1 1p.a. na 4ª corr. a partir da agulha, 1p.a. em cada corr. restante até o fim, vire.

Carr. 2 3corr. (contam como o 1º pt.), pule o 1º p.a. da carr. abaixo, *1p.a. no próx. p.a.; repita de * até o fim e, depois, faça 1p.a. no alto das 3corr. do fim, vire.

Repita a carr. 2 para tecer em p.a.

INSTRUÇÕES DO PONTO ALTO DUPLO

Duas linhas diagonais curtas cruzam o meio do símbolo do ponto alto duplo, imitando os 2 fios diagonais do ponto tecido.

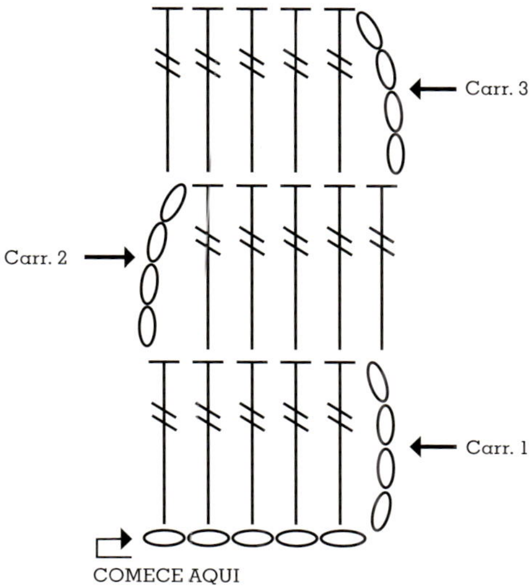

PONTO ALTO DUPLO EM ABREVIAÇÕES

Faça qualquer número de corr.

Carr. 1 1p.a.d. na 5ª corr. a partir da agulha, 1p.a.d. em cada corr. restante até o fim, vire.

Carr. 2 4corr. (são o 1º p.a.d.), pule o 1º p.a.d. da carr. abaixo, *1p.a.d. no próx. p.a.d.; repita de * até o fim e, depois, faça 1p.a.d. no alto das 4corr. do fim, vire.

Repita a carr. 2 para tecer em p.a.d.

Técnicas de pontos

Os pontos básicos do crochê podem ser combinados de várias formas para criar texturas e efeitos esculpidos. Não seria possível incluir neste capítulo toda a gama de técnicas de pontos de crochê, mas as mais comuns são explicadas detalhadamente aqui. Ao testar as receitas de pontos nas pp. 70-6, recorra às instruções passo a passo para ver como obter as texturas.

Texturas simples

As texturas mais simples e mais sutis de crochê são criadas ao tecer em partes diversificadas dos pontos ou entre os pontos da carreira abaixo. Antes de experimentar essas técnicas, estude as partes dos pontos para identificá-las com facilidade.

PARTES DOS PONTOS

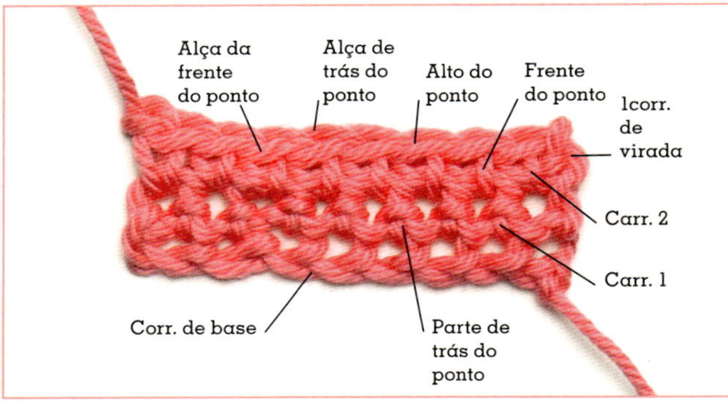

Pontos baixos: Faça 2 carr. de p.b. (pp. 36-8) e arremate. Examine atentamente a amostra e identifique todas as partes do ponto mostradas à esquerda. Se a receita de crochê disser para trabalhar no ponto abaixo, sempre enfie a agulha sob as DUAS alças (a da frente e a de trás) no alto do ponto, como explicado na p. 38 para o p.b., a menos que a receita diga outra coisa.

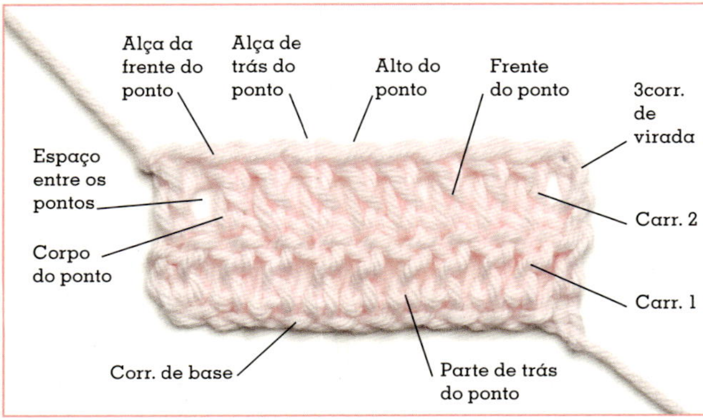

Pontos altos: Faça 2 carr. de p.a. (pp. 42-5) e arremate. Mais uma vez, identifique todas as partes do ponto mostradas à esquerda. Como no caso do p.b. e de todos os outros pontos de crochê, se a receita disser para trabalhar no ponto abaixo, sempre enfie a agulha sob as 2 alças no alto do ponto, a menos que a receita diga outra coisa.

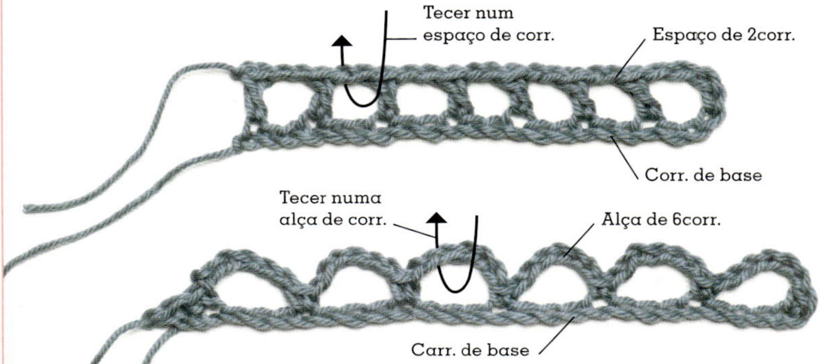

Espaços de corr. e alças de corr.: Em muitas receitas de pontos, corr. são feitas entre os pontos básicos para criar espaços no tecido. Os espaços feitos com corr. curtas são chamados espaços de corr. e os feitos com corr. longas são chamados alças de corr. Quando uma receita de crochê lhe diz para trabalhar em um espaço (ou alça) de corr., enfie a agulha da frente para trás no espaço e não nos pontos da corr.

TRABALHAR NA ALÇA DE TRÁS DE UM PONTO BAIXO

Trabalhar apenas as alças de trás dos pontos em todas as carr. de p.b. cria um efeito de sulcos profundos. Os sulcos são formados pelas alças não trabalhadas.

TRABALHAR NA ALÇA DA FRENTE DE UM PONTO BAIXO

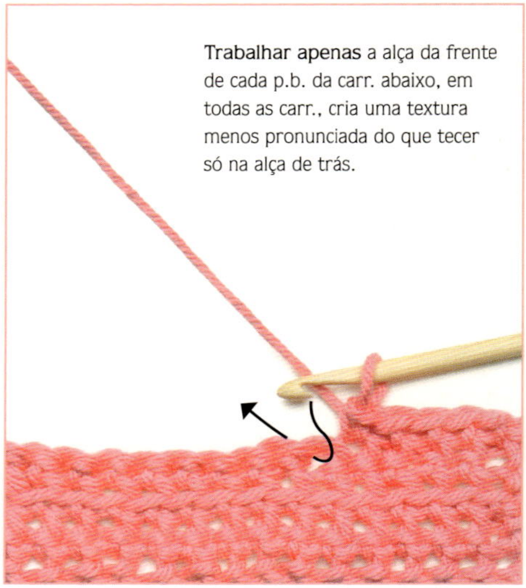

Trabalhar apenas a alça da frente de cada p.b. da carr. abaixo, em todas as carr., cria uma textura menos pronunciada do que tecer só na alça de trás.

TRABALHAR NA ALÇA DE TRÁS DE UM PONTO ALTO

As mesmas técnicas usadas para trabalhar a alça de trás ou da frente de 1p.b. podem ser usadas em todos os pontos para criar sulcos. O tecido fica igual no avesso e no direito.

TRABALHAR NOS ESPAÇOS ENTRE OS PONTOS

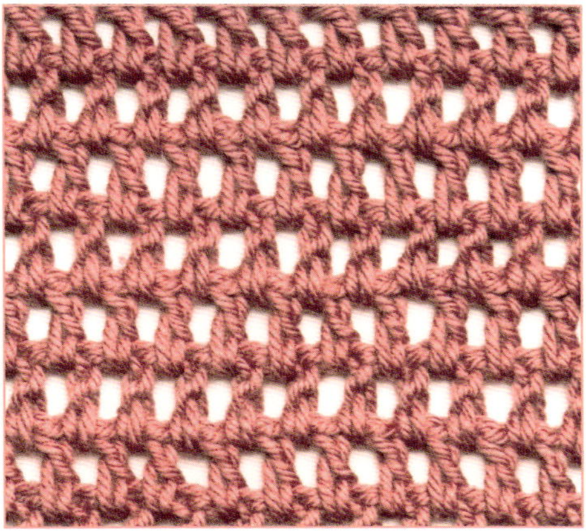

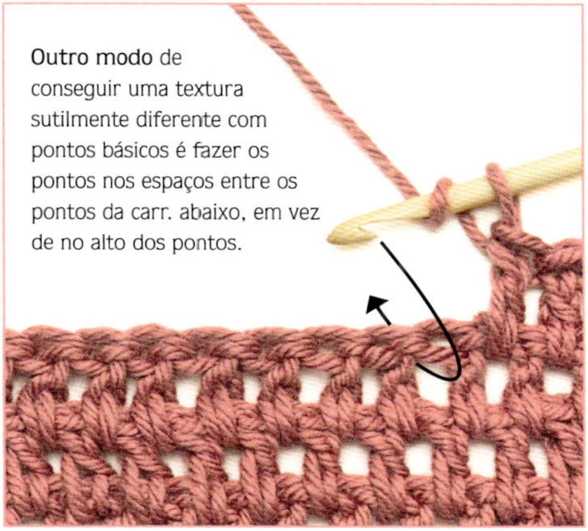

Outro modo de conseguir uma textura sutilmente diferente com pontos básicos é fazer os pontos nos espaços entre os pontos da carr. abaixo, em vez de no alto dos pontos.

TRABALHAR EM UM ESPAÇO DE CORR.

O ponto tweed ilustra a mais simples das texturas criadas ao trabalhar em um espaço de corr. Aqui, os p.b. são trabalhados nos espaços de 1corr. entre os pontos da carr. abaixo, em vez de no alto dos pontos.

Receita do ponto tweed

Como esse ponto é uma ótima alternativa ao p.b., a receita está aqui. (Veja as abreviações nas pp. 68-9.) Comece com um número par de corr.

Carr. 1 1p.b. na 2ª corr. a partir da agulha, *1corr., pule a próx. corr., 1p.b. na próx. corr.; repita de * até o fim, vire.

Carr. 2 1corr. (NÃO conta como 1pt.), 1p.b. no 1º p.b., 1p.b. no próx. esp. 1corr., *1corr., 1p.b. no próx. esp. 1corr.; repita de * até o últ. p.b., 1p.b. no últ. p.b., vire.

Carr. 3 1corr. (NÃO conta como 1pt.), 1p.b. no 1º p.b., *1corr., 1p.b. no próx. esp. 1corr.; repita de * até os últ. 2p.b., *1corr., pule o próx. p.b., 1p.b. no últ. p.b., vire.

Repita as carr. 2 e 3.

Texturas esculturais

Estas são técnicas de pontos de crochê fáceis, elevadas e agrupadas, para criar texturas esculturais. Embora possam ser usadas para criar pontos bastante densos (ver pp. 70-6), também são encontradas em pontos rendados (ver pp. 84-8).

PONTO ALTO PELA FRENTE DO CORPO DO PONTO

O trabalho ao redor do corpo do ponto é usado para fazer um tecido que imita a barra tricotada, mas também pode ser usado em carr. para criar efeito de sulcos.

1 Comece com 1 carr. de p.a. Nas carr. seg., faça 2corr., lç., e enfie a agulha pela frente, ao redor do corpo do ponto do 2º p.a.

2 Para completar o p.a., lç. e puxe 1 alça, depois [lç. e puxe pelas 2 primeiras alças na agulha] 2 vezes, como mostram as flechas.

3 Faça 1 p.a. ao redor de cada 1 dos p.a. seg. na carr. abaixo, do mesmo modo.

4 No final da carr., faça 1p.a. no alto da corr. de virada. Repita a 2ª carr. para formar uma textura sulcada.

PONTO ALTO POR TRÁS DO CORPO DO PONTO

1 Comece trabalhando 1 carr. de base de p.a. Para começar a 2ª carr., faça 2corr., lç. e enfie a agulha por trás, ao redor do corpo do ponto do 2º p.a.

2 Para completar o p.a., lç. e puxe 1 alça, depois [lç. e puxe pelas 2 primeiras alças na agulha] 2 vezes como mostram as flechas.

3 Faça 1p.a. ao redor de cada 1 dos pontos altos na carr. abaixo, do mesmo modo. Continue como no passo 4 do Ponto alto, pela frente do corpo do ponto (p. ao lado).

LEQUES

leque de 4p.a.: Os leques são a técnica mais usada de pontos de crochê. Geralmente feitos com p.a., eles são formados ao se tecer vários pontos no mesmo ponto ou espaço. Aqui, 4p.a. foram feitos na mesma corr. para formar 1 leque de 4p.a.

4p.a. na mesma corr.

leque de 5p.a.: Aqui, 5p.a. foram feitos na mesma corr. para formar 1 leque de 5p.a. Qualquer número de p.a. pode ser usado para fazer 1 leque, mas os leques mais usados têm 2, 3, 4, 5 ou 6 pontos. Os leques também podem ser feitos com m.p.a. e pontos básicos mais altos.

5p.a. na mesma corr.

BOLOTAS

As bolotas são feitas com a técnica de leques e a técnica de grupos, de modo que os pontos sejam unidos em cima e embaixo.

1 Para fazer 1 bolota de 5p.a., teça 5p.a. incompletos (como um grupo) no mesmo pt. (como um leque). Agora existem 6 alças na agulha.

2 Lç. e puxe 1 alça pelas 6 primeiras alças na agulha.

3 Isso completa todos os p.a. ao mesmo tempo e os une pelo alto. Algumas bolotas são completadas com 1corr. extra, como mostra a flecha. As bolotas geralmente são feitas com 3, 4 ou 5p.a. As bolotas feitas com m.p.a. são chamadas pontos pufe.

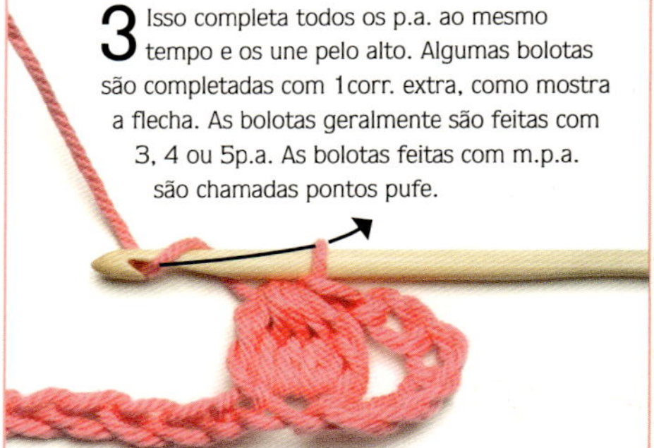

GRUPOS

Os grupos de crochê parecem leques de ponta-cabeça. Eles são feitos unindo-se o alto de vários pontos (cada 1 tecido em 1 ponto diferente abaixo) em 1 único alto.

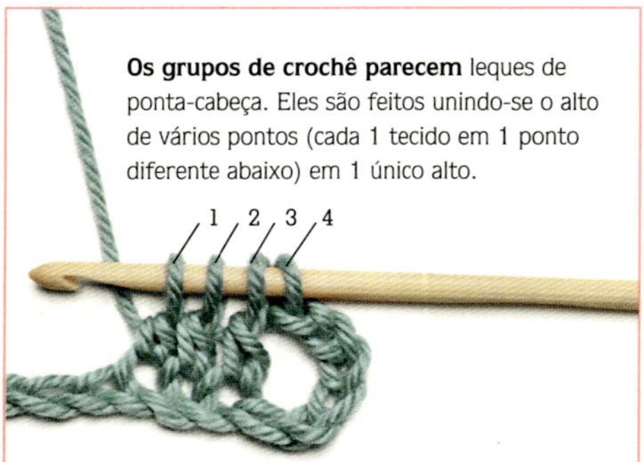

1 Para fazer 1 grupo de 3p.a., faça 1p.a. até a últ. lç. que conclui o p.a. Depois, teça 1p.a. incompleto em cada 1 dos próx. 2 pontos, do mesmo jeito. Agora existem 4 alças na agulha.

2 Lç. e puxe 1 alça pelas 4 primeiras alças na agulha.

3 Isso completa todos os p.a. ao mesmo tempo e os une pelo alto. Os grupos podem ser feitos com 2, 3, 4, 5, 6 ou mais p.a., e também com m.p.a. ou pontos básicos mais altos.

PIPOCAS

1 As pipocas começam como leques. Para fazer 1 pipoca de 5p.a., comece tecendo 5p.a. no mesmo pt.

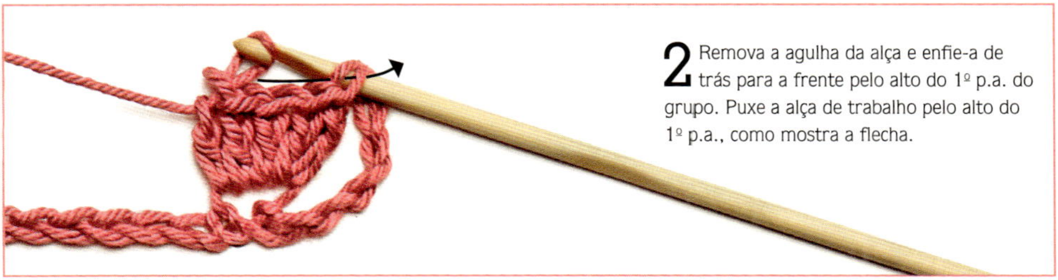

2 Remova a agulha da alça e enfie-a de trás para a frente pelo alto do 1º p.a. do grupo. Puxe a alça de trabalho pelo alto do 1º p.a., como mostra a flecha.

3 Isso une o alto dos leques para formar um tipo de bolota, só que o alto da pipoca se projeta para a frente, por causa do método de construção. As pipocas geralmente são feitas com 3, 4 ou 5p.a.

Como seguir receitas de pontos simples

Trabalhar em um projeto de crochê pela primeira vez pode parecer difícil, especialmente se não houver um crocheteiro experiente como guia. O melhor caminho é começar crochetando retângulos de vários pontos com as técnicas de pontos simples. Esse é um bom treino para seguir instruções de carreiras escritas abreviadas e gráficos de símbolos.

COMO ENTENDER INSTRUÇÕES ESCRITAS

Quando souber como trabalhar os pontos básicos e conseguir fazê-los pelas receitas simples das pp. 55-7 e tiver lido as técnicas de pontos especiais nas pp. 58-65, já poderá experimentar as receitas de pontos com texturas simples das pp. 70-3 e 76, consultando a lista nas pp. 68-9 com o significado das abreviações e seguindo as instruções um passo por vez.

Comece fazendo o número de corr. necessárias para a carr. de base, com o fio escolhido e um dos tamanhos de agulha recomendados para o fio nas pp. 18-9.

Faça uma amostra com algumas repetições do ponto para testá-lo. (Se decidir fazer uma manta ou uma capa de almofada, pode ajustar o tamanho da agulha para obter a flexibilidade desejada do tecido.)

Trabalhe cada carr. da receita lentamente e marque o lado direito do tecido (se houver) assim que começar, prendendo um fio de cor contrastante nele. Outra boa dica é ticar as carr. que forem concluídas ou colocar um post-it embaixo delas, para você não se perder na receita. Caso se perca, desmanche as carr. e recomece desde a carr. de base.

COMO ENTENDER OS GRÁFICOS DE SÍMBOLOS DE PONTOS

As receitas de pontos de crochê também podem estar em símbolos (p. 69). Esses gráficos geralmente são ainda mais fáceis de seguir do que as instruções com abreviações, pois criam uma referência visual da aparência aproximada do ponto. Cada ponto básico no gráfico é representado por um símbolo que se parece com ele. A posição da base de cada símbolo de ponto indica que o ponto ou o espaço de corr. é trabalhado na carr. abaixo. Se os símbolos estiverem unidos pela base, isso significa que são feitos no mesmo ponto da carr. abaixo.

O início da carr. de base é marcado como o ponto de partida no gráfico. Leia cada carr. no gráfico da direita para a esquerda ou da esquerda para a direita, seguindo a flecha. Embora possa consultar as instruções para saber quantas corr. fazer na carr. de base e quantas repetições do ponto fazer em uma carr. (ou a repetição de uma carr. no tecido), com a experiência é fácil descobrir isso no gráfico. No início, siga as instruções e use o gráfico como auxílio visual. Depois de ter feito as primeiras carr. do ponto, pode dispensar as instruções e continuar seguindo apenas o gráfico. Se o ponto for fácil, logo conseguirá trabalhar sem olhar nenhuma instrução.

O gráfico de símbolos para o ponto de leque aberto da p. 85 é uma boa introdução ao crochê com gráfico de símbolos. Comece embaixo no gráfico e siga-o carr. a carr. com a ajuda das dicas numeradas.

AMOSTRA DE RECEITA DE PONTO

PONTO DE LEQUE ABERTO

5 Continue seguindo o gráfico e repita as carr. como indicado nas instruções.

4 Consulte as instruções para confirmar se o ponto deve ser feito em 1corr. específica ou no espaço de corr.

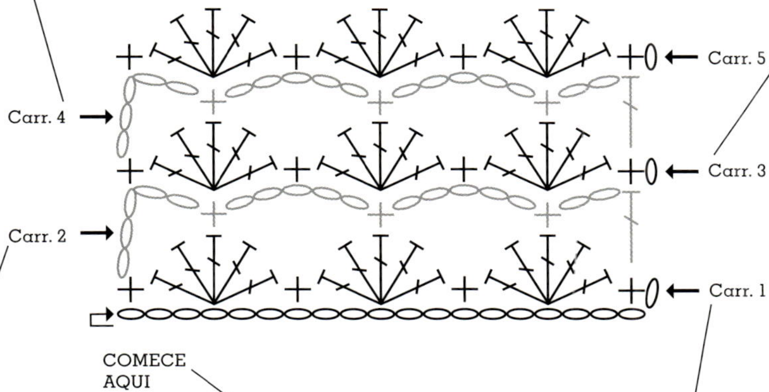

3 Siga o gráfico da esq. para a dir., dando atenção ao número de corr. do início e ponto de borda no fim da carr.

1 Consulte as instruções escritas sobre o número de corr. de base a fazer (ver abaixo).

2 Siga o gráfico da dir. para a esq., faça a repetição da receita quantas vezes for necessário para terminar a carr. de base.

INSTRUÇÕES DE CROCHÊ

Faça um número de corr. múltiplo de 6, + 2 extras.

Carr. 1 (LD.) 1p.b. na 2ª corr. a partir da agulha, *pule as próx. 2corr., 5p.a. na próx. corr., pule as próx. 2corr., 1p.b. na próx. corr.; repita de * até o fim, vire.

Carr. 2 5corr. (conta como o 1º p.a. e 1 esp. de 2 corr.), 1p.b. no p.a. central do 1º leque, *5corr., 1p.b. no p.a. central do próx. leque, repita do *, terminando com 2corr., 1p.a. no últ. p.b., vire.

Carr. 3 1corr. (NÃO conta como 1pt.), 1p.b. no 1º p.a., *5p.a. no próx. p.b., 1p.b. na próx. alça de 5corr.; repita do *, fazendo o últ. p.b. da última repetição na 3ª corr. a partir do últ. p.b., vire.

Repita as carr. 2 e 3.

TERMINOLOGIA DO CROCHÊ

Os termos a seguir são comuns nas receitas de crochê. Vá para as páginas indicadas para ver como tecer as diminuições, aumentos ou técnicas de pontos.

2m.p.a.jt. (trabalhe 2m.p.a. juntos): [Lç. e enfie a agulha no próx. pt., lç. e puxe 1 alça] 2 vezes, lç. e puxe por todas as 5 alças na agulha – diminuição de 1pt.
2p.a.jt. (trabalhe 2p.a. juntos): Ver pp. 109-111.
2p.b.jt. (trabalhe 2p.b. juntos): Ver pp. 108-9.
3m.p.a.jt. (trabalhe 3m.p.a. juntos): [Lç. e enfie a agulha no próx. pt., lç. e puxe 1 alça] 3 vezes, lç. e puxe por todas as 7 alças na agulha – diminuição de 2pt.
3p.a.jt. (trabalhe 3p.a. juntos): [Lç. e enfie a agulha no próx. pt., lç. e puxe uma alça, lç. e puxe pelas primeiras 2 alças na agulha] 3 vezes, lç. e puxe pelas 4 alças na agulha – diminuição de 2pt.
3p.b.jt. (trabalhe 3p.b. juntos): [Enfie a agulha no próx. pt., lç. e puxe 1 alça] 3 vezes, lç. e puxe pelas 4 alças na agulha – diminuição de 2pt.
arremate: Corte o fio e passe a ponta do fio pela alça que restou na agulha (p. 52).
avelã: Uma bolota feita com m.p.a., também chamada de ponto pufe.
bolota: Vários pontos tecidos no mesmo ponto na carr. abaixo e unidos no alto (p. 64).
carreira de base: A 1ª carr. da peça de crochê (a carr. trabalhada na carr. de corr.) é, às vezes, chamada de carreira de base.
correntinhas de base: A base de pontos de corr. em que a 1ª carr. de crochê é tecida.
corr. de virada: As corr. feitas no início da carr. (ou volta) para levar a agulha até a altura correta para tecer os pontos seguintes da carr. (p. 55).
grupo: Vários pontos tecidos em pontos diferentes na carr. abaixo, mas unidos no alto (p. 64).
leque: Vários pontos trabalhados no mesmo ponto na carr. anterior ou no mesmo espaço de corr. (p. 63).
pipoca: Um tipo de bolota (p. 65).
ponto pufe: Ver avelã.
pule 1 ponto: Não trabalhe o ponto e passe para o próx. ponto.
voltada: Voltada para você enquanto trabalha.

ABREVIAÇÕES DE CROCHÊ

Estas abreviações são as mais comuns nas receitas de crochê. As abreviações dos pontos básicos estão relacionadas no início e as outras abreviações de crochê vêm a seguir. Qualquer abreviação especial em uma receita será sempre explicada na própria receita.

Abreviações dos pontos básicos

corr.	correntinha
m.p.a.	meio ponto alto
p.a.	ponto alto
p.b.	ponto baixo
p.bx.	ponto baixíssimo
p.a.d.	ponto alto duplo
p.a.q.	ponto alto quádruplo
p.a.quin.	ponto alto quíntuplo
p.a.t.	ponto alto triplo

Outras abreviações

2m.p.a.jt.	ver Terminologia do Crochê
2p.a.jt.	ver Terminologia do Crochê
2p.b.jt.	ver Terminologia do Crochê
3m.p.a.jt.	ver Terminologia do Crochê
3p.a.jt.	ver Terminologia do Crochê
3p.b.jt.	ver Terminologia do Crochê

alt.	alterne, alternado(a) (os/as)
aum.	aumento
cm	centímetro(s)
cont.	continue, continuação
dim.	diminuir, diminuição
esp.	espaço(s)
g	grama(s)
iníc.	início
jt.	juntos
LA	lado avesso
lç.	laçada
LD	lado direito
m	metro(s)
mm	milímetro(s)
P.A.F.	pela alça da frente
P.A.T.	pela alça de trás
pt.	ponto(s)
rect.	receita(s)
rep.	repita; repetição
res.	restante(s)
seg.	seguinte(s)
últ.	último(a) (os/as)
x	vezes
*	Repita instruções depois de asterisco ou entre asteriscos pelo número de vezes indicado.
[ ]	Repita as instruções entre colchetes pelo número de vezes indicado.

SÍMBOLOS DE PONTOS DE CROCHÊ

Estes são os símbolos usados neste livro, mas não são universais, então sempre consulte a legenda da receita para saber quais são usados nela.

Pontos básicos | **Pontos especiais e combinações de pontos** | **Leques, grupos, bolotas, pipocas**

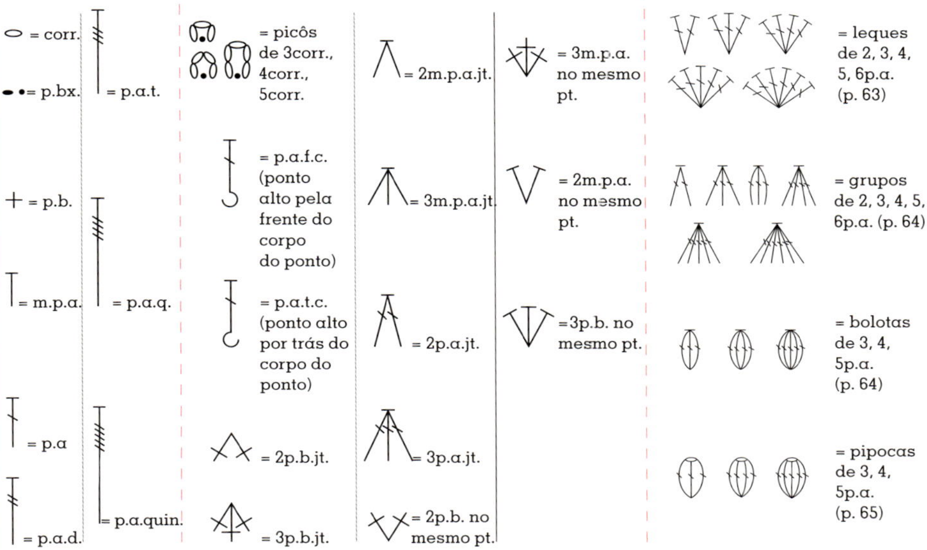

Receitas de pontos de texturas simples

Escolhidos pela facilidade de execução, esses pontos abrangem uma ampla gama de texturas, incluindo os feitos com as técnicas explicadas nas pp. 58-65. Embora o crochê seja identificado pelos trabalhos rendados, também existem muitas texturas fechadas, como as seguintes. Os pontos a seguir são rápidos e fáceis de memorizar depois das primeiras carr. e ficam ótimos em almofadas, cobertores de bebê e mantas. Bonitos dos dois lados, dois deles são completamente reversíveis (ver Observações Especiais, abaixo).

OBSERVAÇÕES ESPECIAIS

- São dadas instruções escritas e em símbolos para as receitas de pontos de textura simples. Os iniciantes devem seguir as instruções escritas nas 1as carr., consultando os símbolos para esclarecimento. Veja nas pp. 68-9 a lista das abreviações e símbolos de pontos básicos. As instruções escritas explicam com quantas corr. começar e quais carr. repetir para a receita. Se trabalhar com o gráfico, leia primeiro as instruções para se orientar. Se um símbolo especial for usado num gráfico, ele será explicado na legenda respectiva. A explicação completa de como ler um gráfico de símbolos de crochê está nas pp. 66-7.
- Se não houver lado direito e avesso marcados nas instruções do ponto, os 2 lados do tecido são exatamente iguais, como nos pontos de barra em crochê (abaixo) e de leque fechado (p. ao lado), que são completamente reversíveis.
- Faça uma amostra de teste do ponto escolhido antes de começar a fazer almofada, cobertor de bebê ou manta com qualquer ponto de textura. Experimente vários fios para ver qual fica melhor. Fios bem torcidos mostram mais o aspecto escultural dos pontos de textura. Lembre-se de que as texturas densas de crochê não devem ser duras e sem elasticidade. Se sua amostra não for macia e flexível, tente fazer outra amostra, com uma agulha maior, para soltar um pouco o tecido. Os melhores fios para cobertor de bebê são algodão superfino ou fios laváveis de lã.

PONTO DE BARRA EM CROCHÊ

GRÁFICO DE CROCHÊ

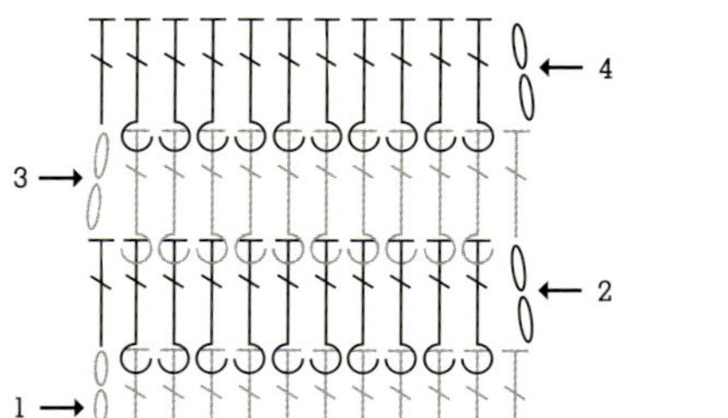

INSTRUÇÕES DE CROCHÊ

Faça um número par de corr. **Carr. 1** 1p.a. na 4ª corr. a partir da agulha, 1p.a. em cada corr. restante, vire. **Carr. 2** 2corr. (conta como 1º pt.), pule o 1º p.a., *1p.a. em volta do corpo do próx. p.a. pela frente, 1p.a. em volta do corpo do próx. p.a. por trás; rep. de * até o fim, 1p.a. no alto da corr. de virada no fim, vire. Rep. carr. 2.

PONTO CRUZADO SIMPLES

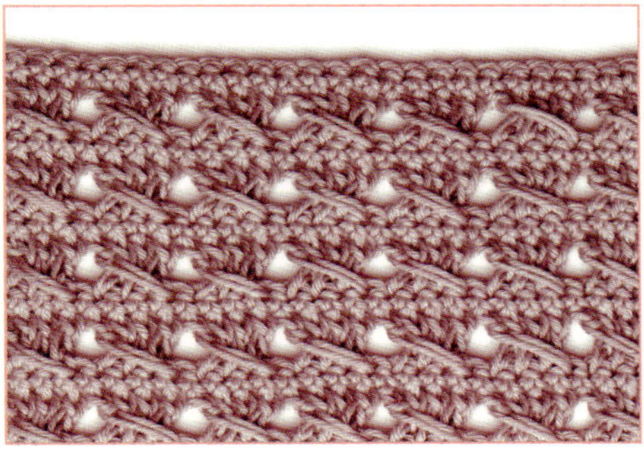

GRÁFICO DE CROCHÊ

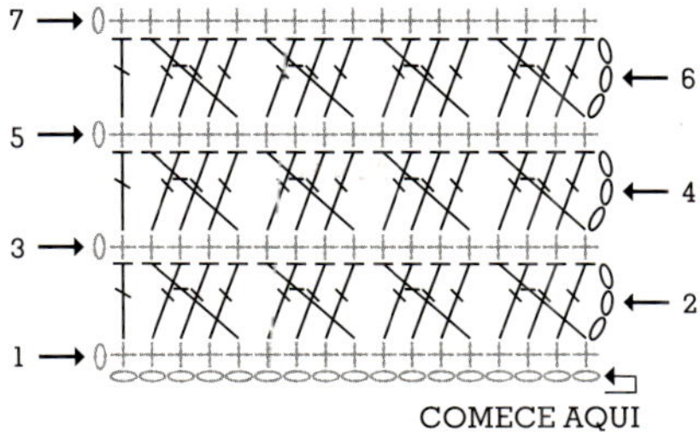

INSTRUÇÕES DE CROCHÊ

Faça um número de corr. múltiplo de 4, + 2 extras.
Carr. 1 1p.b. na 2ª corr. a partir da agulha, 1p.b. em cada corr. restante, vire.**Carr. 2 (LD)** 3corr. (conta como 1º p.a.), pule o 1º p.b., 1p.a. em cada dos próx. 3p.b., lç. e enfie a agulha de frente para trás no 1º p.b. (o p.b. pulado), lç. e puxe 1 alça longa (estendendo a alça para que ela volte à posição de trabalho e não achate o grupo de 3p.a. recém-feito), [lç. e puxe pelas 2 1ªs alças na agulha] 2 x (chamado de p.a. longo), *pule o próx. p.b., 1p.a. em cada 1 dos próx. 3p.b., 1p.a. longo no últ. p.b. pulado; rep. de * ao últ. p.b., 1p.a. no últ. p.b., vire.**Carr. 3** 1corr. (NÃO conta como 1pt.), 1p.b. em cada p.a. até o fim (NÃO faça 1p.b. nas 3corr. de virada), vire. Repita as carr. 2 e 3.

PONTO DE LEQUE FECHADO

GRÁFICO DE CROCHÊ

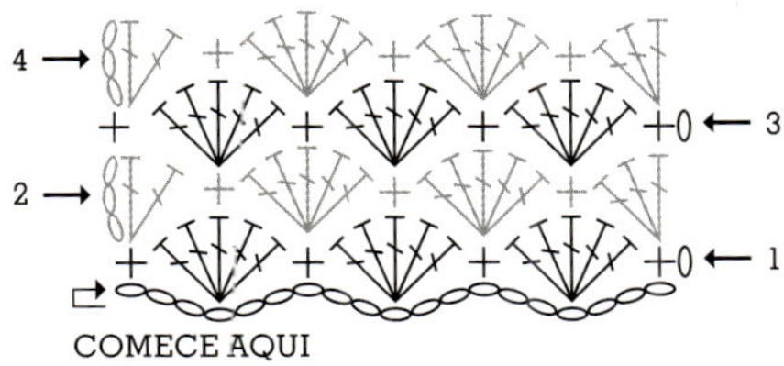

INSTRUÇÕES DE CROCHÊ

Faça um número de corr. múltiplo de 6, + 2 extras. **Carr. 1** 1p.b. na 2ª corr. a partir da agulha, *pule as próx. 2corr., 5p.a. na próx. corr., pule as próx. 2corr., 1p.b. na próx. corr.; repita de * até o fim, vire. **Carr. 2** 3corr. (conta como o 1º p.a.), 2p.a. no 1º p.b., *pule os próx. 2p.a., 1p.b. no próx. p.a., 5p.a. no próx. p.b. (entre os leques); rep. do *, termine a últ. rep. com 3p.a. no últ. p.b. (em vez de 5p.a.), vire. **Carr. 3** 1corr. (NÃO conta como 1pt.), 1p.b. no 1º p.a., *5p.a. no próx. p.b. (entre os leques), pule os próx. 2p.a., *1p.b. no próx. p.a.; rep. do *, faça o últ. p.a. no alto das 3corr. finais, vire. Repita as carr. 2 e 3.

PONTO DE GRUPOS E LEQUES

GRÁFICO DE CROCHÊ

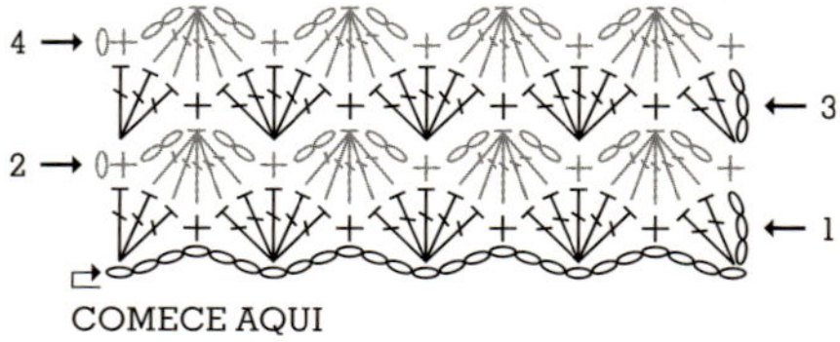

INSTRUÇÕES DE CROCHÊ

Observação: grupo (também chamado 5p.b.j.) = nos próx. 5pt. (que incluem 2p.a., 1p.b., 2p.a.), faça primeiro [lç. e enfie a agulha no próx. pt., lç. e puxe 1 alça, lç. e puxe pelas 1as 2 alças na agulha] 5 x (6 alças agora na agulha), lç. e puxe pelas 6 alças na agulha (pp. 64-5). Faça um número de corr. múltiplo de 6, + 4 extras.

Carr. 1 (LD) 2p.a. na 4ª corr. a partir da agulha, pule as próx. 2corr., 1p.b. na próx. corr., *pule as próx. 2corr., 5p.a. na próx. corr., pule as próx. 2corr., 1p.b. na próx. corr., rep. do * até as últimas 3corr., pule as próx. 2corr., 3p.a. na última corr., vire.

Carr. 2 1corr. (NÃO conta como 1pt.), 1p.b. no 1º p.a., *2corr., 1 grupo nos próx. 5pt., 2corr., 1p.b. no próx. p.a. (p.a. central do grupo de 5p.a.); rep. do *, faça o últ. p.b. da últ. rep. no alto das 3corr. finais, vire.

Carr. 3 3corr. (conta como o 1º p.a.), 2p.a. na 1º p.b., pule as próx. 2corr., 1p.b. no próx. pt. (alto do 1º grupo), *5p.a. no próx. p.b., pule as próx. 2corr., 1p.b. no próx. pt. (alto do próx. grupo); rep. do *, termine com 3p.a. no últ. p.b., vire. Repita as carr. 2 e 3.

PONTO DE BOLOTA SIMPLES

GRÁFICO DE CROCHÊ

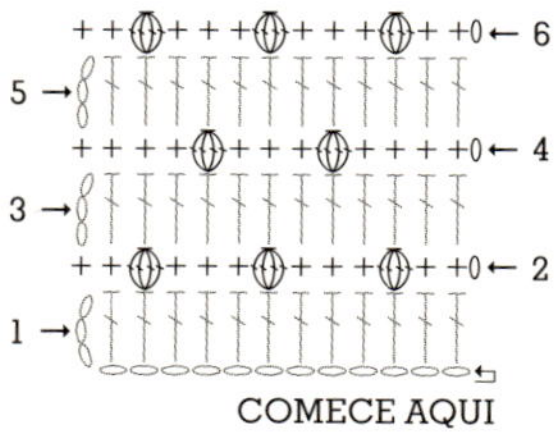

INSTRUÇÕES DE CROCHÊ

Observação: bolota = [lç. e enfie a agulha no próx. pt. especificado, lç. e puxe 1 alça, lç. e puxe pelas 1as 2 alças na agulha] 4 vezes no mesmo pt. (5 alças na agulha), lç. e puxe pelas 5 alças na agulha (p. 64).

Faça um múltiplo de 4corr., + 3 extras.

Carr. 1 (LA) 1p.a. na 4ª corr. a partir da agulha, 1p.a. em cada corr. restante, vire.

Carr. 2 (LD) 1corr. (NÃO conta como 1pt.), 1p.b. em cada 1 dos 1os 2p.a., *1 bolota no próx. p.a., 1p.b. em cada dos próx. 3p.a.; rep. do * até os últ. 2p.a., 1 bolota no próx. p.a., 1p.b. no próx. p.a., 1p.b. no alto das 3corr. finais, vire.

Carr. 3 3corr. (conta como 1º p.a.), pule o 1º p.b. e faça 1p.a. em cada pt. até o fim, vire.

Carr. 4 1corr. (NÃO conta como 1pt.), 1p.b. em cada 1 dos 1os 4p.a., *1 bolota no próx. p.a., 1p.b. em cada dos próx. 3p.a.; rep. do *, acabe com 1p.b. no alto das 3corr. finais, vire.

Carr. 5 Rep. carr. 3. Rep. carr. 2 a 5, acabando numa carr. 5.

LEQUES E CORRENTINHAS

GRÁFICO DE CROCHÊ

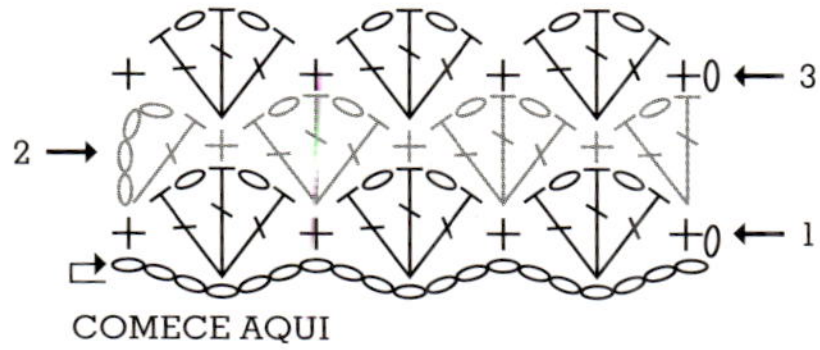

INSTRUÇÕES DE CROCHÊ

Faça um número de corr. múltiplo de 6, + 2 extras.
Carr. 1 (LD) 1p.b. na 2ª corr. a partir da agulha, *pule as próx. 2corr., faça [1p.a., 1corr., 1p.a., 1corr., 1p.a.] todos na próx. corr., pule as próx. 2corr., 1p.b. na próx. corr.; rep. do * até o fim, vire. **Carr. 2** 4corr. (conta como 1p.a. e 1 esp. de 1corr.), 1p.a. no 1º p.b., pule o próx. p.a., 1p.b. no próx. p.a. (p.a. central do leque), *faça [1p.a., 1corr., 1p.a., 1corr., 1p.a.] todos no próx. p.b. (entre os leques), pule o próx. p.a., 1p.b. no próx. p.a. (p.a. central do leque); repita do *, termine com [1p.a., 1corr., 1p.a.] no últ. p.b., vire. **Carr. 3** 1corr. (NÃO conta como 1pt.), 1p.b. no 1º p.a., *faça [1p.a., 1corr., 1p.a., 1corr., 1p.a.] todos no próx. p.b., pule o próx. p.a., 1p.b. no próx. p.a. (p.a. central do leque); rep. do *, faça o últ. p.b. da últ. rep. na 3ª das 4corr. do iníc. da carr. anterior, vire. Rep. carr. 2 e 3.

PONTO PIPOCA

GRÁFICO DE CROCHÊ

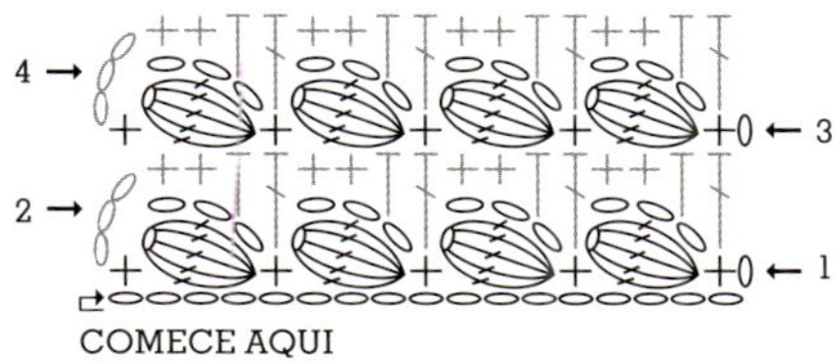

INSTRUÇÕES DE CROCHÊ

Observação: pipoca = 5p.a. todos no mesmo pt., tire cuidadosamente a agulha da alça e a enfie no alto do 1º p.a. deste grupo de 5p.a., puxe a alça (da qual tirou a agulha) pelo 1º p.a. (p. 65).
Faça um número múltiplo de 4corr., + 2 extras.
Carr. 1 (LD) 1p.b. na 2ª corr. a partir da agulha, *3corr., 1 pipoca no mesmo lugar do últ. p.b., pule as próx. 3corr., 1p.b. na próx. corr.; rep. do * até o fim, vire.
Carr. 2 3corr. (conta como o 1º p.a.), *faça [2p.b., 1m.p.a.] todos no próx. esp. de 3corr., 1p.a. no próx. p.b.; rep. do * até o fim, vire.
Carr. 3 1corr. (NÃO conta como 1pt.), 1p.b. no 1º p.a., *3corr., 1 pipoca no mesmo lugar do últ. p.b., pule os próx. 3pt., 1p.b. no próx. p.a.; rep. do *, faça o últ. p.b. da últ. rep. no alto das 3corr. finais, vire. Repita as carr. 2 e 3.

XALE

Leques belos e delicados (p. 131) e bordas em picô (p. 129) dão acabamento a este xale (pp. 190-1). O corpo do xale é feito em ponto de rede; rápido de fazer, ele cria um tecido leve e arejado.

PONTO PUFE SIMPLES

GRÁFICO DE CROCHÊ

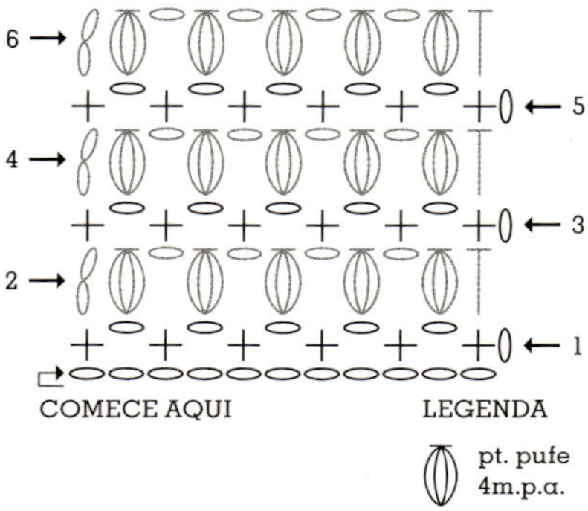

INSTRUÇÕES DE CROCHÊ

Observação: ponto pufe = [lç. e enfie a agulha no pt.] 4 x, todos no mesmo pt. (9 alças na agulha), lç. e puxe pelas 9 alças na agulha para fazer o ponto pufe de 4m.p.a.

Faça um número par de corr.

Carr. 1 (LD) 1p.b. na 2ª corr. a partir da agulha, *1corr., pule a próx. corr., 1p.b. na próx. corr.; rep. do * até o fim, vire.

Carr. 2 2corr. (conta como o 1º m.p.a.), 1pt. pufe no 1º esp. de corr., *1corr., 1pt. pufe no próx. esp. de 1corr.; rep. do *, termine com 1m.p.a. no últ. p.b., vire.

Carr. 3 1corr. (NÃO conta como 1pt.), 1p.b. no 1º m.p.a., *1corr., 1p.b. no próx. esp. de 1corr.; rep. do *, faça o últ. p.b. da últ. rep. no alto das 2corr. finais, vire.

Repita as carr. 2 e 3.

PONTO DE TEXTURA SIMPLES

GRÁFICO DE CROCHÊ

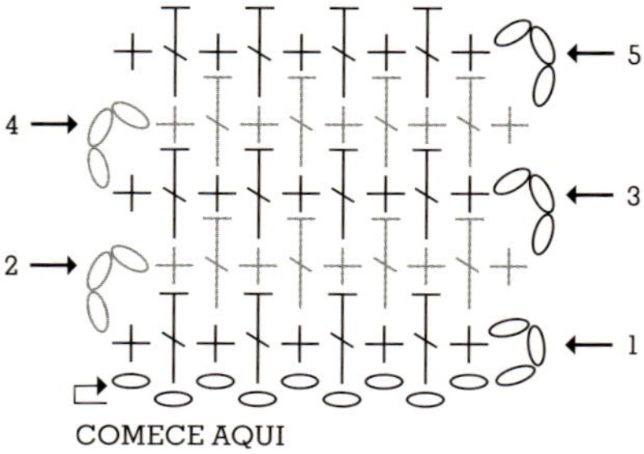

INSTRUÇÕES DE CROCHÊ

Faça um número par de corr.

Carr. 1 (LD) 1p.b. na 2ª corr. a partir da agulha, *1p.a. na próx. corr., 1p.b. na próx. corr.; rep. do * até o fim, vire.

Carr. 2 3corr. (conta como 1º p.a.), pule o 1º p.b., *1p.b. no próx. p.a., 1p.a. em cada p.b.; rep. do *, acabe com 1p.b. no alto das 3corr. finais, vire.

Rep. a carr. 2.

Trabalho rendado

Em fios finos para golas rendadas, bordas de toalhas ou com lãs macias para xales, mantas e cachecóis, o crochê rendado é muito atraente. Como ilustrado pelas técnicas fáceis apresentadas a seguir, as texturas arejadas são criadas ao trabalhar nos esp. de corr. e alças de corr. entre os pontos básicos.

Técnicas simples de rendados

Alguns dos pontos rendados das pp. 84-8 são explicados aqui para dar uma introdução a algumas técnicas comuns de crochê rendado: alças de corr., leques e picôs. Consulte as instruções dos pontos ao seguir os passos.

REDE DE ALÇAS DE CORRENTINHAS

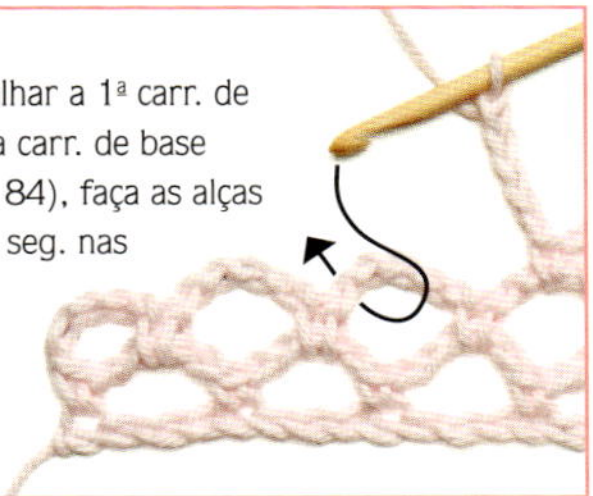

1 Depois de trabalhar a 1ª carr. de alças de corr. na carr. de base como explicado (p. 84), faça as alças de 5 corr. das carr. seg. nas alças abaixo, unindo-as com 1p.b., como mostrado aqui.

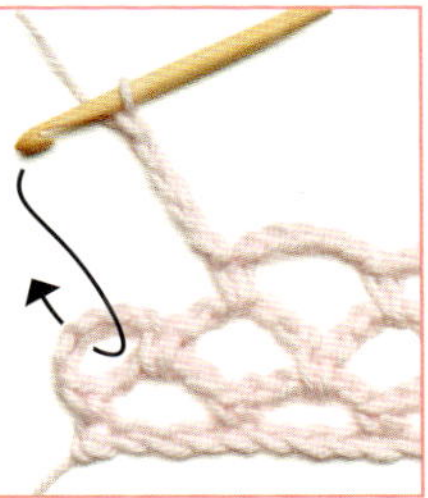

2 Lembre-se de fazer o últ. p.b. de cada carr. no esp. da corr. de virada do início da carr. anterior. Se não fizer isso, o crochê ficará mais estreito.

PONTO DE REDE DE LEQUES

1 Na carr. de leque deste ponto (p. 87), comece cada leque com 1p.b. em 1 alça de corr. Faça todos os p.a. do leque em 1 só p.b., como mostrado.

2 Complete o leque com 1p.b. trabalhado na alça de corr. seguinte. Faça 1 alça de corr. e a una à próx. alça de corr. com 1p.b., como mostrado.

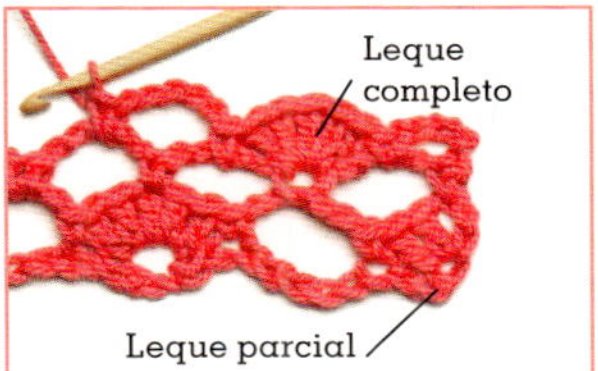

3 Continue alt. leques e alças de corr. até o fim da carr. de leques.

4 Alt. carr. de rede e de leques, com leques parciais nas pontas de carr. alt. de leques.

PONTO DE REDE DE PICÔ

1 Neste ponto (p. 85), faça 4corr. para cada picô. Feche o anel de picô com 1p.bx. na 4ª corr. a partir da agulha, como mostrado.

2 Faça 3p.b. entre cada picô, em cada carr. de picô, como mostrado.

3 Depois de cada carr. de picô, faça 1 esp. de 2corr. acima de cada picô e 1p.a. entre os picôs, como mostrado.

Crochê filé

O crochê filé é a mais fácil das técnicas de trabalho rendado. Depois de aprender como fazer a estrutura simples da rede aberta de filé e os blocos fechados de filé, só precisará seguir um gráfico simples para formar os motivos e repetir os padrões.

COMO FAZER A REDE BÁSICA DE FILÉ

Ao fazer as corr. de base para a rede básica de filé não é preciso começar com um número exato de corr.; faça 1 corrente bem longa e desmanche o excesso ao terminar o crochê.

Rede de filé em símbolos e palavras:
O gráfico dá a melhor explicação de como a rede de filé é trabalhada. Se tiver dúvidas, faça 1 rede pela receita a seguir: Faça um número de corr. múltiplo de 3 (3corr. para cada quadrado), + 5 extras (para formar o lado direito e o alto do 1º quadrado de rede da 1ª carr.).
Carr. 1 1p.a. na 8ª corr. a partir da agulha, *2corr., pule as próx. 2corr., 1p.a. na próx. corr.; rep. do * até o fim.
Carr. 2 5corr., pule o 1º p.a., 1p.a. no próx. p.a., *2corr., 1p.a. no próx. p.a.; rep. do * fazendo o últ. p.a. na 3ª corr. depois do últ. p.a. da carr. abaixo.

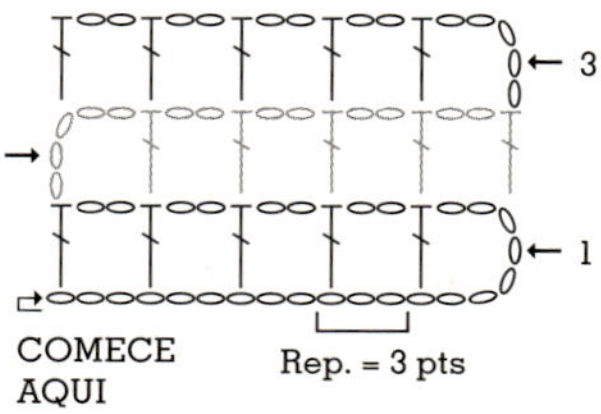

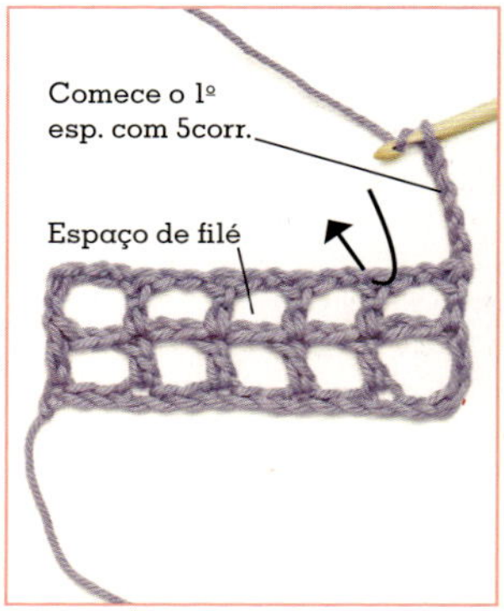

COMO FAZER BLOCOS DE FILÉ

Os motivos no crochê filé são criados ao se encher alguns quadrados e deixar outros vazios. Em outras palavras, os desenhos são construídos por quadrados cheios e por buracos. Depois de aprender como fazer a rede de filé, é fácil entender como preenchê-la para formar blocos.

Blocos de filé em símbolos: O gráfico ilustra como os blocos são feitos: em vez de fazer 2 corr. para formar 1 quadrado vazio, teça 2p.a. para encher o quadrado. Um bloco individual consiste de 1p.a. de cada lado e 2p.a. no centro. Para fazer um bloco acima de 1 esp. de filé, faça 2p.a. centrais no esp. de 2corr. Para fazer 1 bloco acima de outro bloco, faça 1p.a. em cada 1 dos p.a. abaixo.

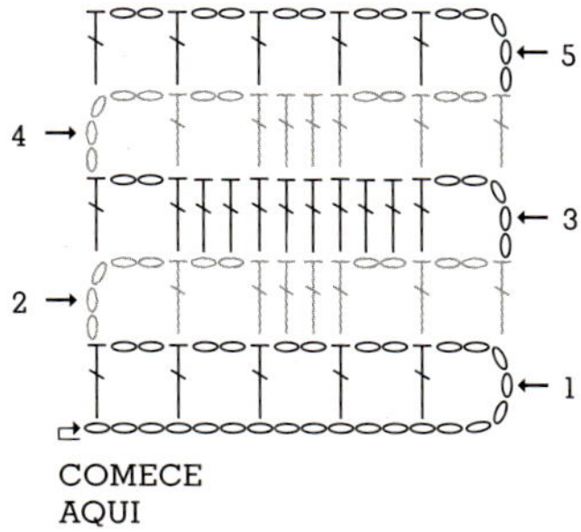

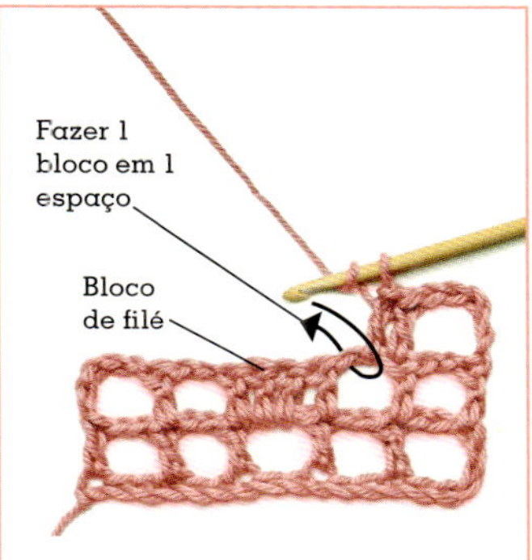

Como fazer 1 bloco em 1 esp. abaixo: Enfie a agulha no espaço sob as corr. quando fizer os 2p.a. centrais de 1 bloco trabalhado sobre 1 esp. de filé.

COMO LER GRÁFICOS DE FILÉ

O gráfico à direita mostra o motivo simples no gráfico de símbolos de bloco acima. Embora os gráficos de filé sejam maiores e tenham desenhos elaborados (pp. 80-3), o princípio é o mesmo deste pequeno gráfico. Cada quadrado no gráfico representa 1 esp. de filé ou 1 bloco de filé. Os crocheteiros canhotos terão de seguir o gráfico e as instruções no sentido inverso.

Para começar a tecer por gráfico, faça 3corr. para cada quadrado da carr. inferior do gráfico, + 5corr. extras. (Você pode fazer a repetição do pt. do gráfico quantas vezes quiser.) Siga o gráfico de baixo para cima, faça os blocos e esp. no gráfico, lendo a 1ª carr. e as ímpares da dir. para a esq., e as carr. pares da esq. para a dir.

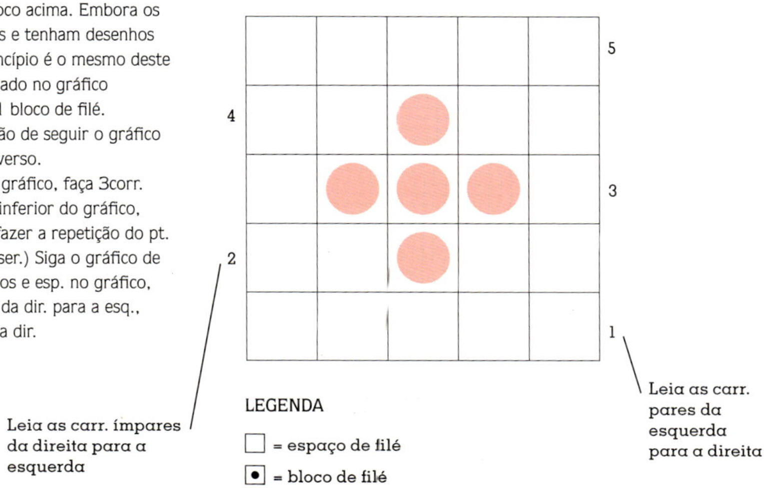

Receitas de pontos em filé

Siga as instruções nas pp. 78-9 para fazer o crochê filé desses gráficos. O melhor fio para a renda de filé é o de algodão superfino e uma agulha de crochê de espessura adequada (ver tamanhos de agulha recomendados na p. 18). O crochê filé é bom para cortinas por ser reversível. Ele também pode ser usado para barrados e entremeios em bordas de fronhas e toalhas de mão.

OBSERVAÇÃO ESPECIAL E LEGENDA DE SÍMBOLOS

• Repita os motivos dos gráficos quantas vezes quiser para a largura desejada e faça os pt. em carr. até o final do gráfico. Para continuar o desenho para cima, recomece na **Carr. 1**.

LEGENDA

☐ = espaço de filé

⊡ = bloco de filé

FLORES E CÍRCULOS

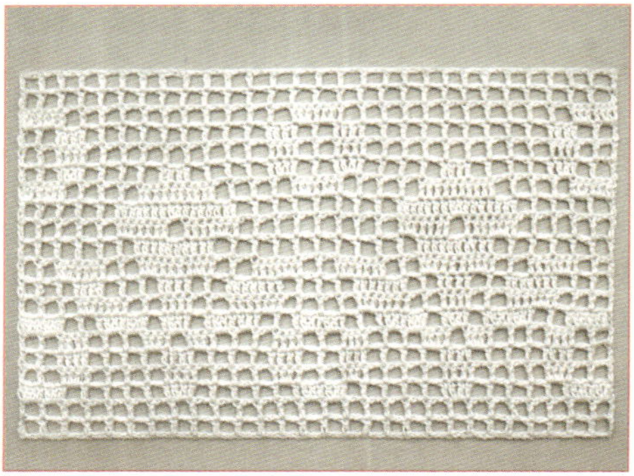

GRÁFICO DE CROCHÊ

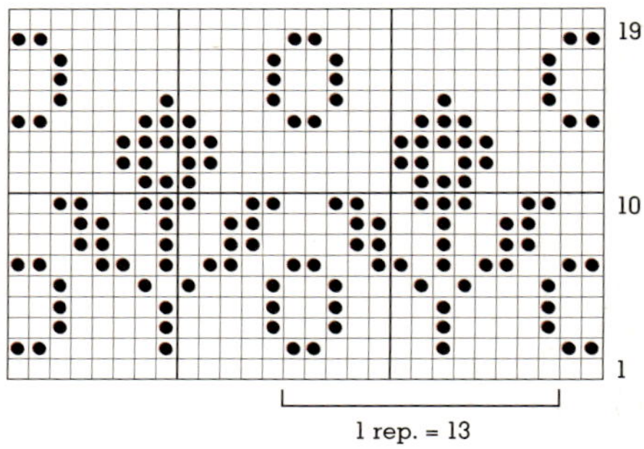

BORDA DE DIAMANTES

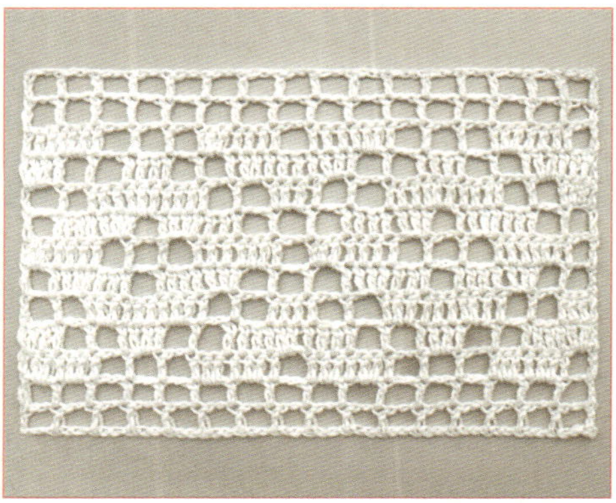

GRÁFICO DE CROCHÊ

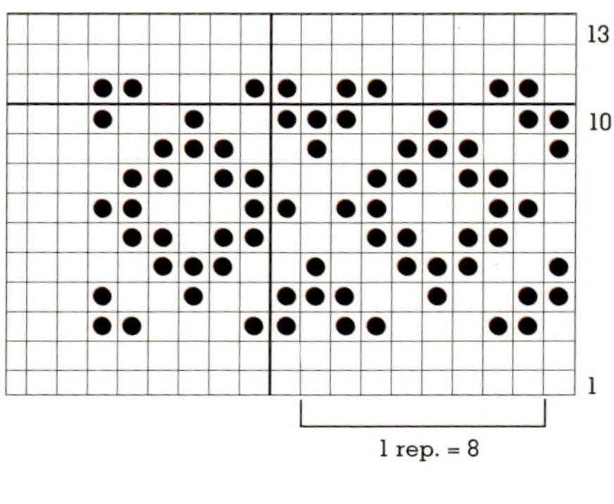

BORDA DE ZIGUE-ZAGUE

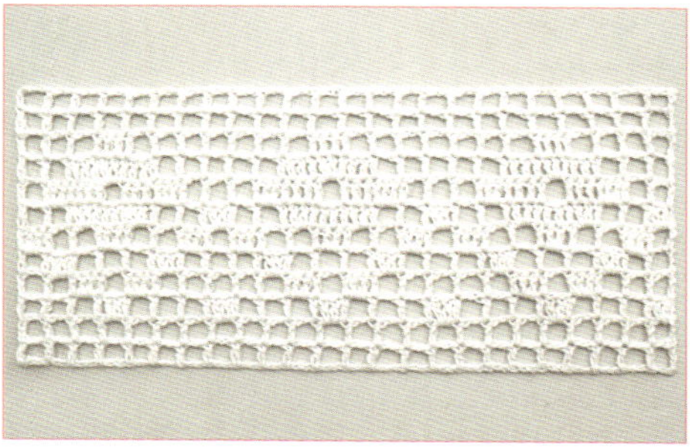

GRÁFICO DE CROCHÊ

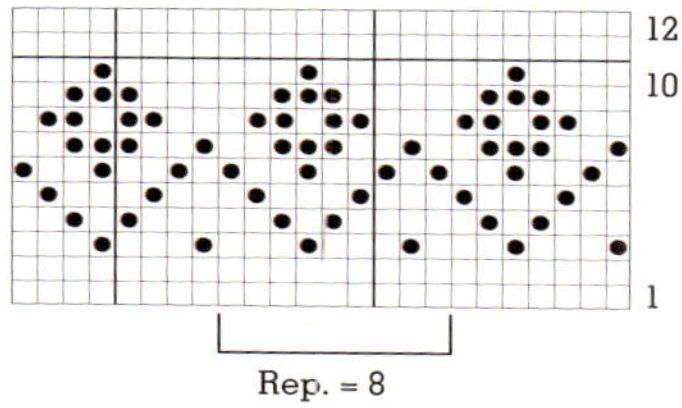

BORDA DE CRUZES

GRÁFICO DE CROCHÊ

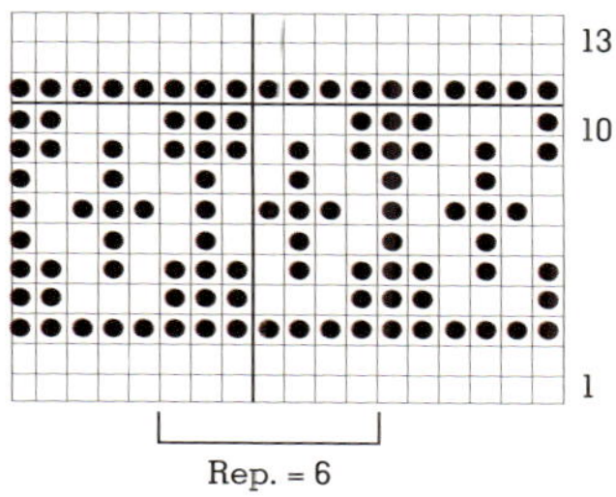

FLOR

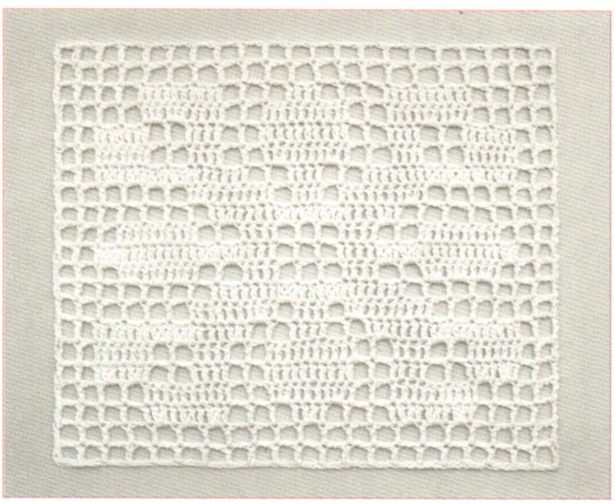

GRÁFICO DE CROCHÊ

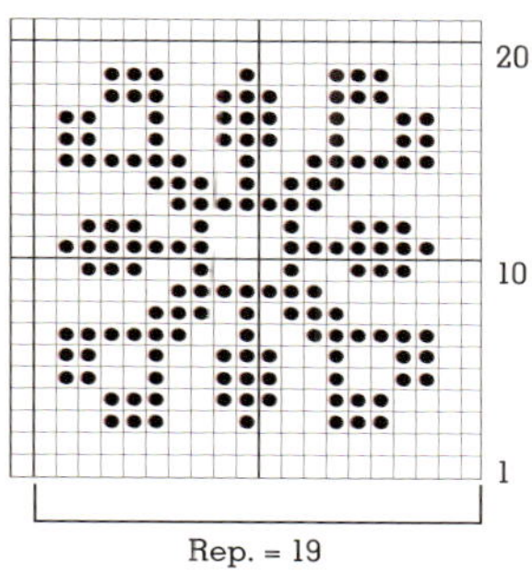

MAÇÃ

GRÁFICO DE CROCHÊ

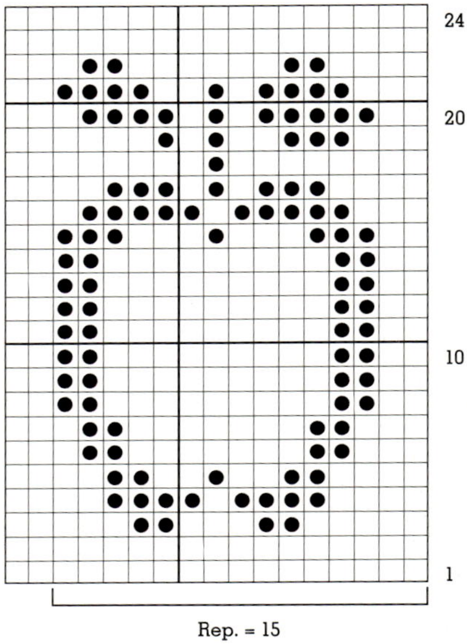

PÁSSARO

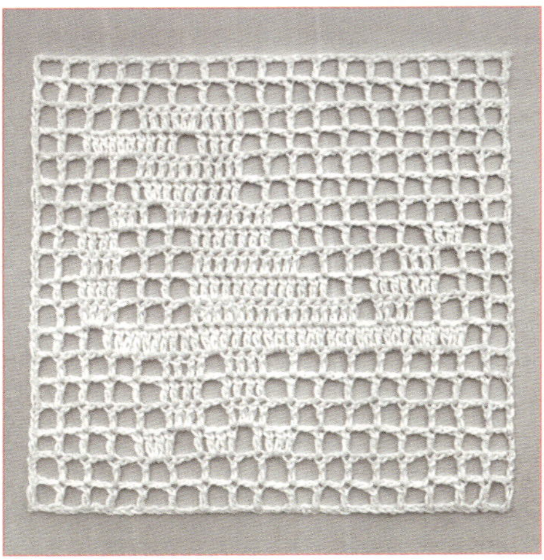

GRÁFICO DE CROCHÊ

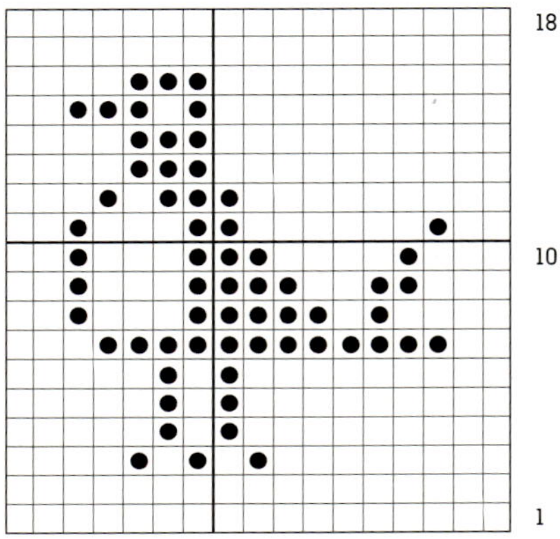

CÃO

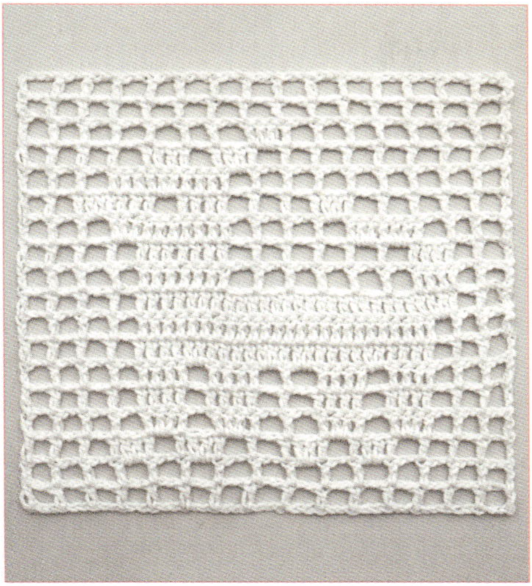

GRÁFICO DE CROCHÊ

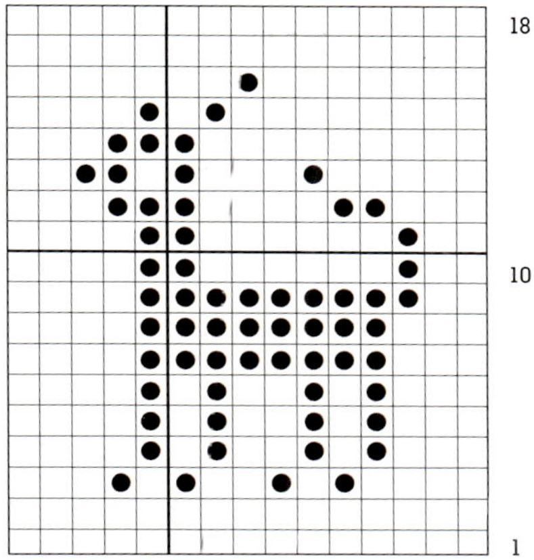

CORAÇÃO

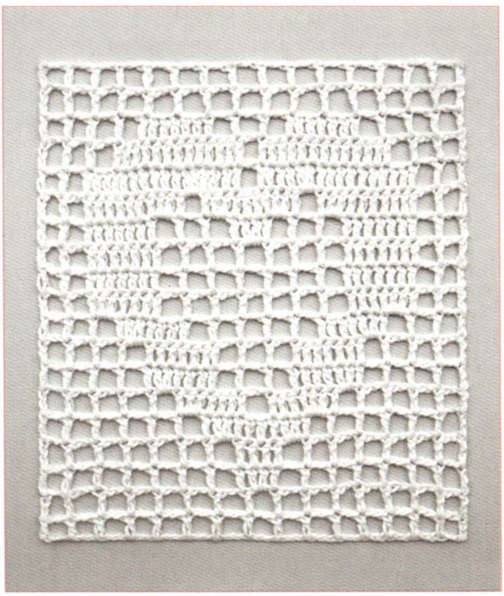

GRÁFICO DE CROCHÊ

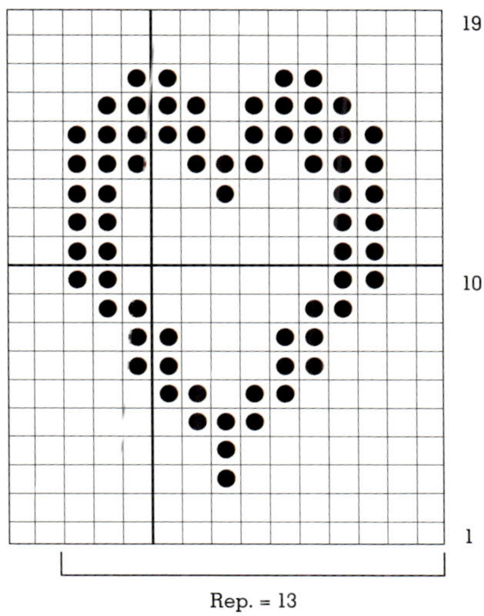

Receitas de pontos rendados simples

Os pontos rendados de crochê são populares por sua aparência, e porque são mais rápidos de fazer do que as texturas fechadas e têm caimento gracioso devido à sua construção aberta. Qualquer um desses pontos ficaria bom em um xale ou cachecol. Por que não fazer pequenas amostras para experimentar? Depois, teça o seu favorito em diversos fios para ver qual textura você prefere (ver Observações Especiais, abaixo). Um exame rápido do gráfico de símbolos mostra que são usados pontos básicos e técnicas simples.

OBSERVAÇÕES ESPECIAIS

• São dadas instruções escritas e em símbolos para todas as receitas de pontos rendados simples. Os iniciantes devem começar seguindo as instruções nas 1ªs carr., consultando os símbolos para esclarecimento. Veja nas pp. 68-9 a lista das abreviações e símbolos de pontos básicos. A explicação de como ler um gráfico de símbolos de crochê está nas pp. 66-7.

• As instruções explicam com quantas corr. começar. Se for trabalhar com o gráfico, consulte as instruções para fazer as corr. de base. Ao tecer uma peça muito larga, como uma manta, é difícil contar e não se perder no número de corr. de base feitas. Neste caso, você pode fazer 1 corr. alguns centímetros mais longa do que o comprimento aproximado e, depois, desmanchar o excesso.

• Xales e cachecóis rendados ficam bem em fios superfinos ou leves, de várias texturas. Faça uma amostra com o fio escolhido antes de começar a tecer. Fio finos com mohair ficarão bons com pontos muito simples, mas para mostrar rendas intricadas use uma lã macia e bem torcida ou fio de algodão.

• Observe como o gráfico de símbolos de um ponto geralmente mostra mais carr. do que as descritas nas instruções escritas. Isso é feito de propósito, para que o conjunto das carr. fique bem claro para o crocheteiro. Com pontos rendados simples, depois de ter terminado as carr. do gráfico você provavelmente já terá decorado a receita e não precisará consultar as instruções de novo.

REDE DE ALÇAS DE CORRENTINHAS

GRÁFICO DE CROCHÊ

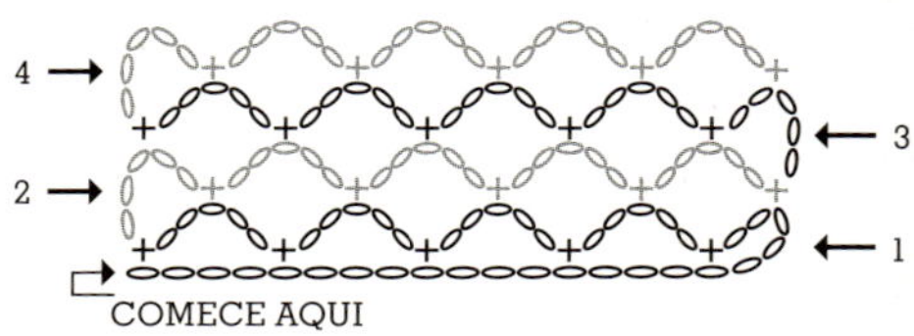

INSTRUÇÕES DE CROCHÊ

Faça um número de corr. múltiplo de 4, + 2 extras.

Carr. 1 1p.b. na 6ª corr. a partir da agulha, *5corr., pule as próx. 3corr., 1p.b. na próx. corr.; rep. do * até o fim, vire.

Carr. 2 *5corr., 1p.b. na próx. alça de 5corr.; rep. do * até o fim, vire.

Rep. a carr. 2.

PONTO DE REDE DE PICÔ

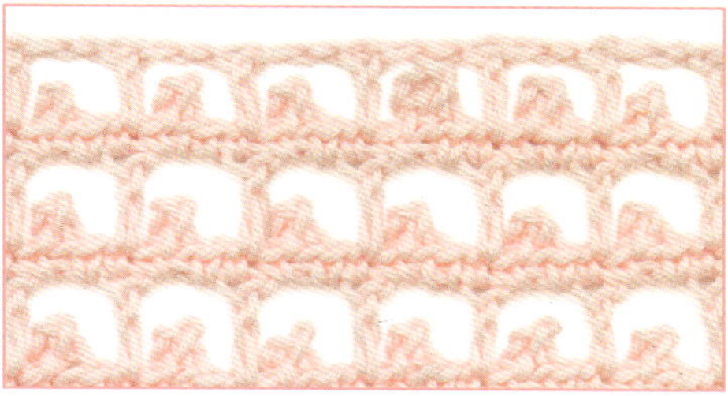

GRÁFICO DE CROCHÊ

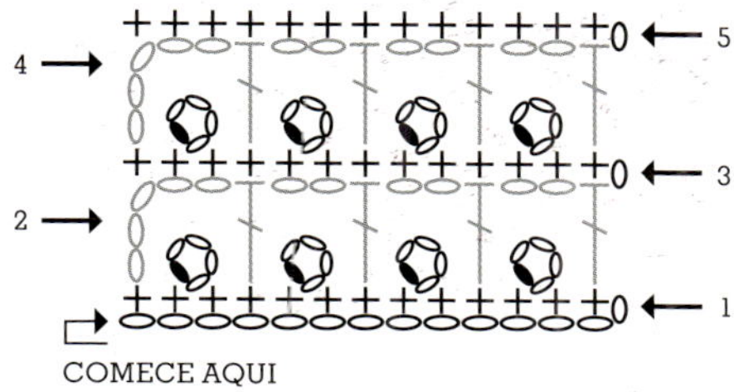

INSTRUÇÕES DE CROCHÊ

Faça um número de corr. múltiplo de 3, + 2 extras.

Carr. 1 (LD) 1p.b. na 2ª corr. a partir da agulha, 1p.b. na próx. corr., *4corr., 1 p.bx. na 4ª corr. a partir da agulha (chamado de 1 picô), 1p.b. em cada das próx. 3corr.; rep. do * omitindo 1p.b. no fim da últ. rep., vire.

Carr. 2 5corr. (conta como 1p.a. e 1 esp. de 2corr.), pule os 1os 3p.b. (que incluem 2p.b. antes do picô e 1p.b. depois do picô), 1p.a. no próx. p.b., *2corr., pule os próx. 2p.b. (que incluem 1p.b. de cada lado do picô), 1p.a. no próx. p.b.; rep. do * até o fim, vire.

Carr. 3 1corr. (NÃO conta como 1pt.), 1p.b. no 1º p.a., *faça [1p.b., 1 picô 1p.b.] todos no próx. esp. de 2corr., 1p.b. no próx. p.a.; rep. do * fazendo o últ. p.b. da últ. rep. na 3ª corr. a partir do últ. p.b., vire. Rep. as carr. 2 e 3.

PONTO DE LEQUE ABERTO

GRÁFICO DE CROCHÊ

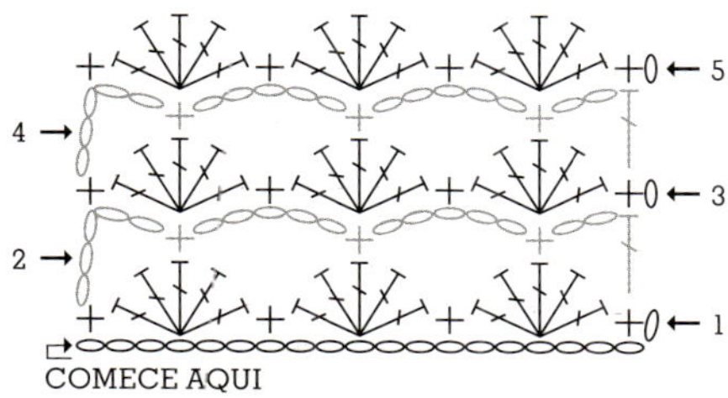

INSTRUÇÕES DE CROCHÊ

Faça um número de corr. múltiplo de 6, + 2 extras.

Carr. 1 (LD) 1p.b. na 2ª corr. a partir da agulha, *pule as próx. 2corr., 5p.a. na próx. corr., pule as próx. 2corr., 1p.b. na próx. corr.; rep. do * até o fim, vire. **Carr. 2** 5corr. (conta como o 1º p.a. e 1 esp. de 2 corr.), 1p.b. no p.a. central do 1º leque, *5corr., 1p.b. no p.a. central do próx. leque, rep. do *, terminando com 2corr., 1p.a. no últ. p.b., vire.

Carr. 3 1corr. (NÃO conta como 1pt.), 1p.b. no 1º p.a., *5p.a. no próx. p.b., 1p.b. na próx. alça de 5corr.; rep. do * fazendo o últ. p.b. da últ. rep. na 3ª corr. a partir do últ. p.b., vire. Rep. as carr. 2 e 3.

PONTO DE REDE EM ARCO

GRÁFICO DE CROCHÊ

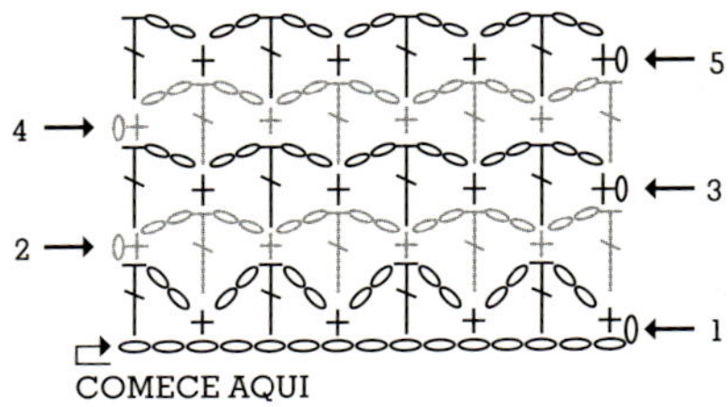

INSTRUÇÕES DE CROCHÊ

Faça um número de corr. múltiplo de 4.
Carr. 1 1p.b. na 2ª corr. a partir da agulha, 2corr., pule a próx. corr., 1p.a. na próx. corr., *2corr., pule a próx. corr., 1p.b. na próx. corr., 2corr., pule a próx. corr., 1p.a. na próx. corr.; rep. do * até o fim, vire. **Carr. 2** 1corr. (NÃO conta como 1pt.), 1p.b. no 1º p.a., 2corr., 1p.a. no próx. p.b., *2corr., 1p.b. no próx. p.a., 2corr., 1p.a. no próx. p.b.; rep. do * até o fim, vire. Rep. a carr. 2.

PONTO DE REDE COM FAIXAS

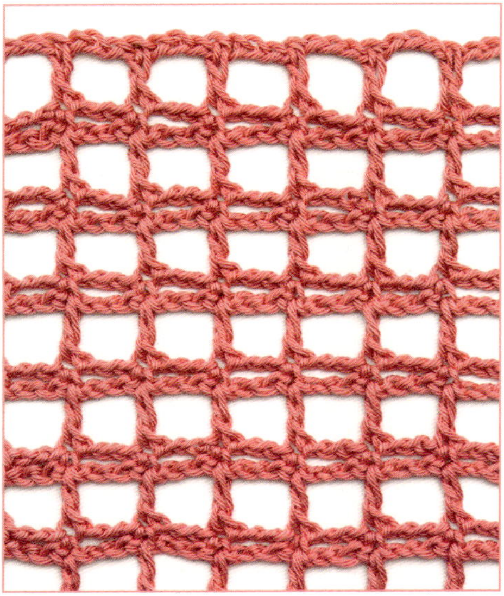

GRÁFICO DE CROCHÊ

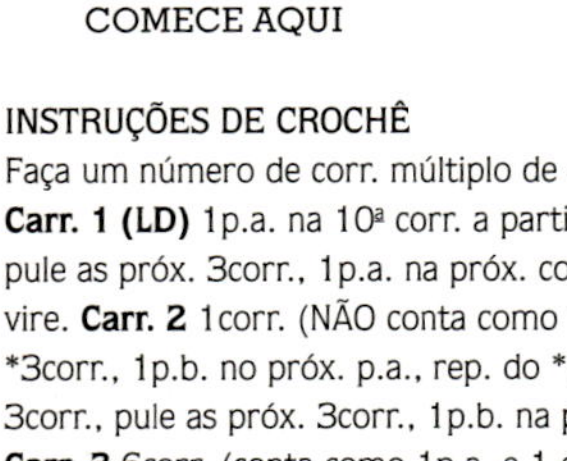

INSTRUÇÕES DE CROCHÊ

Faça um número de corr. múltiplo de 4, + 2 extras.
Carr. 1 (LD) 1p.a. na 10ª corr. a partir da agulha, *3corr., pule as próx. 3corr., 1p.a. na próx. corr.; rep. do * até o fim, vire. **Carr. 2** 1corr. (NÃO conta como 1pt.), 1p.b. no 1º p.a., *3corr., 1p.b. no próx. p.a., rep. do *, terminando com 3corr., pule as próx. 3corr., 1p.b. na próx. corr., vire.
Carr. 3 6corr. (conta como 1p.a. e 1 esp. de 3corr.), pule o 1º p.b. e o 1º esp. de 3corr., 1p.a. no próx. p.b., *3corr., 1p.a. no próx. p.b.; rep. do * até o fim, vire.
Rep. as carr. 2 e 3.

PONTO DE REDE DE LEQUES

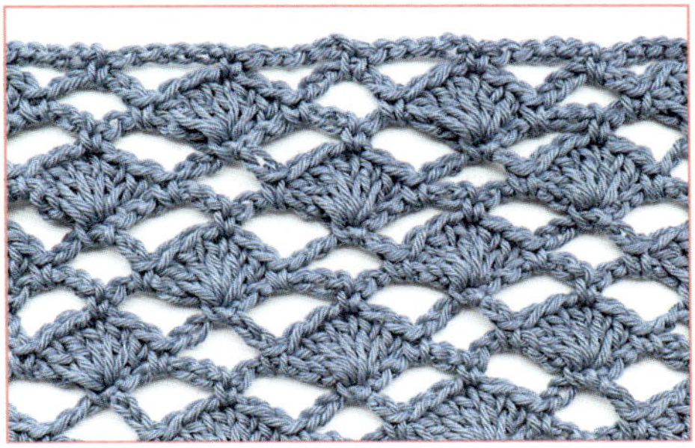

GRÁFICO DE CROCHÊ

INSTRUÇÕES DE CROCHÊ

Faça um número de corr. múltiplo de 12, + 4 extras.

Carr. 1 (LD) 2p.a. na 4ª corr. a partir da agulha, *pule as próx. 2corr., 1p.b. na próx. corr., 5corr., pule as próx. 5corr., 1p.b. na próx. corr., pule as próx. 2corr., 5p.a. na próx. corr.; rep. do *, termine a última repetição com 3p.a. (em vez de 5p.a.), vire.

Carr. 2 1corr. (NÃO conta como 1pt.), 1p.b. no 1º p.a., *5corr., 1p.b. na próx. alça de 5corr., 5corr., 1p.b. no 3º p.a. do próx. leque de 5p.a.; rep. do *, faça o últ. p.b. da últ. rep. no alto das 3corr. finais, vire. **Carr. 3** *5corr., 1p.b. na próx. alça de 5corr., 5p.a. no próx. p.b., 1p.b. na próx. alça de 5corr.; rep. do *, termine com 2corr., 1p.a. no últ. p.b., vire.

Carr. 4 1corr. (NÃO conta como 1pt.), 1p.b. no 1º p.a., *5corr., 1p.b. no 3º p.a. do próx. leque de 5p.a., 5corr., 1p.b. na próx. alça de 5corr.; rep. do * até o fim, vire.

Carr. 5 3corr. (conta como o 1º p.a.), 2p.a. no 1º p.b., *1p.b. na próx. alça de 5corr., 5corr., 1p.b. na próx. alça de 5corr., 5p.a. no próx. p.b.; rep. do *, termine a últ. rep. com 3p.a. (em vez de 5p.a.) no últ. p.b., vire. Rep. as carr. 2 a 5.

RENDA DE BLOCOS

GRÁFICO DE CROCHÊ

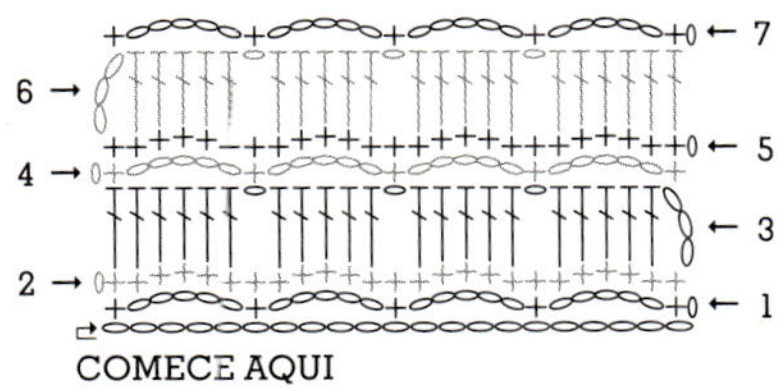

Observação: Ao trabalhar com o gráfico, rep. as carr. 2 a 7.

INSTRUÇÕES DE CROCHÊ

Faça um número de corr. múltiplo de 5, + 2 extras.

Carr. 1 (LD) 1p.b. na 2ª corr. a partir da agulha, *5corr., pule as próx. 4corr., 1p.b. na próx. corr.; rep. do * até o fim, vire. **Carr. 2** 1corr. (NÃO conta como 1pt.), 1p.b. no 1º p.b., *5p.b. na próx. alça de 5corr., 1p.b. no próx. p.b.; rep. do * até o fim, vire. **Carr. 3** 3corr. (conta como 1º p.a.), pule o 1º p.b., 1p.a. em cada 1 dos próx. 5p.b., *1corr., pule o próx. p.b., 1p.a. em cada dos próx. 5p.b.; rep. do * até o últ. p.b., 1p.a. no últ. p.b., vire. **Carr. 4** 1corr. (NÃO conta como 1pt.), 1p.b. no 1º p.a., *5corr., 1p.b. no próx. esp. de 1corr.; rep. do *, faça o últ. p.b. da últ. rep. no alto das 3corr. finais, vire. Rep. as carr. 2 a 4.

RENDA DE TIARA

GRÁFICO DE CROCHÊ

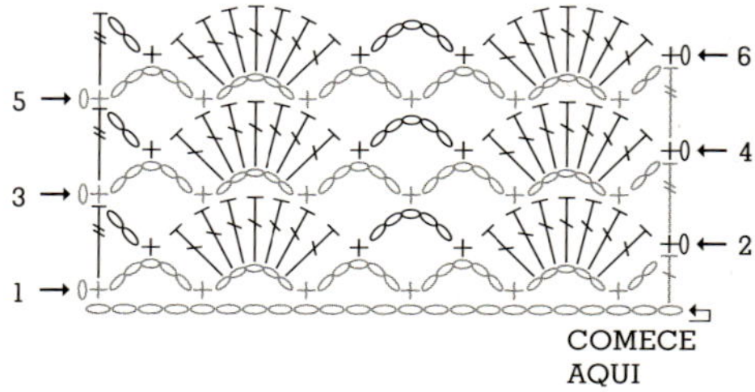

INSTRUÇÕES DE CROCHÊ

Faça um número de corr. múltiplo de 12.

Carr. 1 (LA) 1p.b. na 2ª corr. a partir da agulha, *5corr., pule as próx. 3corr., 1p.b. na próx. corr.; rep. do * até as 2 últ. corr., 2corr., pule a próx. corr., 1p.a. na últ. corr., vire. **Carr. 2 (LD)** 1corr. (NÃO conta como 1pt.), 1p.b. no 1º pt., pule o próx. esp. de 2corr., 7p.a. na próx. alça de 5corr., 1p.b. na próx. alça de 5corr., *5corr., 1p.b. na próx. alça de 5corr., 7p.a. na próx. alça de 5corr., 1p.b. na próx. alça de 5corr.; rep. do *, termine com 2corr., 1p.a.d. no últ. p.b., vire. **Carr. 3** 1corr. (NÃO conta como 1pt.), 1p.b. no 1º p.a.d., 5corr., 1p.b. no 2º pt. do próx. leque de 7p.a., 5corr., 1p.b. no 6º p.a. do mesmo leque, *5corr., 1p.b. na próx. alça de 5corr., 5corr., 1p.b. no 2º pt. do próx. leque de 7p.a., 5corr., 1p.b. no 6º p.a. do mesmo leque; rep. do *, term. com 2corr., 1p.a.d. no últ. p.b., vire. Rep. carr. 2 e 3.

PONTO DE LEQUES ALTERNADOS

GRÁFICO DE CROCHÊ

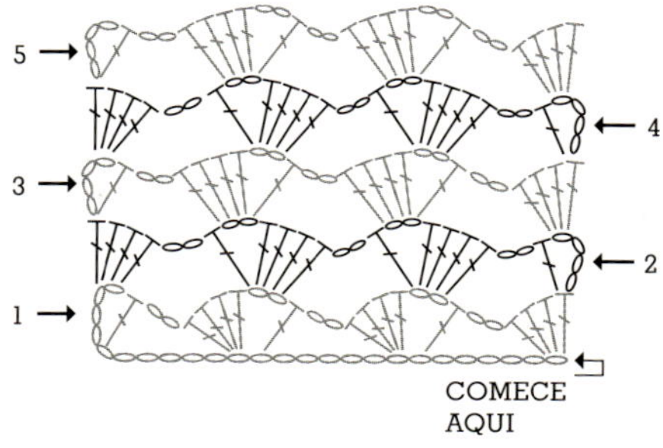

INSTRUÇÕES DE CROCHÊ

Faça um número de corr. múltiplo de 7, + 4 extras.

Carr. 1 1p.a. na 5ª corr. a partir da agulha, 2corr., pule as próx. 5corr., 4p.a. na próx. corr., *2corr., 1p.a. na próx. corr., 2corr., pule as próx. 5corr., 4p.a. na próx. corr.; rep. do * até o fim, vire.

Carr. 2 4corr., 1p.a. no 1º p.a., *2corr., pule o próx. esp. de 2corr. e faça [4p.a., 2corr., 1p.a.] todos no próx. esp. de 2corr.; rep. do * até o últ. esp. de 2corr., pule o últ. esp. de 2corr. e faça 4p.a. na alça de 4corr. no final, vire. Rep. a carr. 2.

Trabalho em cores

O crochê com uma cor é bonito, mas usar a imaginação criativa para combinar cores é mais desafiador e gratificante. Todas as técnicas de crochê colorido são fáceis de dominar e vale a pena experimentá-las. Há pontos em cores (ver pp. 94-5, 98-101), listas, jacquard e intarsia (ver pp. 91-3).

Listas simples

As listas em pontos simples têm mais potencial de criatividade do que se costuma perceber. As únicas técnicas que você precisa aprender é como e quando trocar de cor para começar uma nova lista e como levar o fio pela lateral do crochê.

COMO MUDAR DE COR

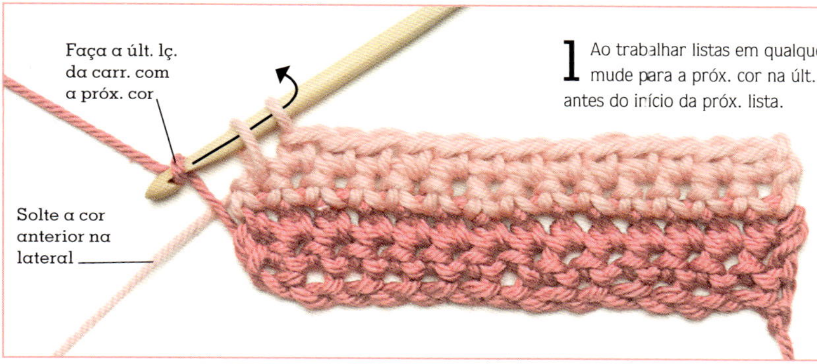

1 Ao trabalhar listas em qualquer ponto, sempre mude para a próx. cor na últ. lç. da últ. carr. antes do início da próx. lista.

2 Puxar a últ. lç. da carr. completa o últ. pt. A nova cor está agora na agulha, pronta para começar a nova lista na próx. carr.; desse modo, a 1ª corr. de virada na próx. lista está na cor certa.

COMO LEVAR AS CORES NA LATERAL

Se uma cor não for necessária por mais de 2 carr., enrole-a na outra cor para prendê-la. Se não for usada por mais de 8 carr., corte e prenda-a depois.

No início de carr. alternadas, enrole ao redor da cor usada a cor da lista que não for usada

COMBINAÇÕES DE LISTAS

Listas com lã macia e mohair peludo: A sequência de listas de ponto baixo é 2 carr. com fio macio de lã e 2 carr. de fio mohair peludo, de modo que cada cor pode simplesmente ser largada na lateral do trabalho e pega quando for necessária.

Lista de três cores: Essa lista de ponto baixo tem uma sequência repetida de 2 carr. de cada 1 das 3 cores. Enrole o fio de trabalho ao redor das cores não usadas em carr. alternadas para prendê-las na lateral. Ao mudar de cor, puxe a nova cor com firmeza, mas não tensione demais ou a lateral ficará franzida.

Lista de ponto baixo e ponto alto: Cada lista neste padrão tem 2 carr. de altura. Uma lista é trabalhada em ponto baixo e a outra em ponto alto. Acrescentar o ponto alto dá uma textura mais macia ao tecido de crochê.

Trabalho colorido em jacquard e intarsia

Jacquard e intarsia em crochê são feitos em ponto baixo. O jacquard geralmente é tecido com apenas 2 cores em 1 carr.; a cor não usada é passada pelo topo da carr. abaixo e os pontos são feitos sobre ela para escondê-la. Quando 1 cor é usada apenas em uma área do crochê, em vez de na carr. inteira, usa-se a técnica da intarsia; 1 fio de comprimento diferente é usado para cada seção de cor.

GRÁFICOS DE TRABALHO COM COR

O desenho do gráfico de crochê mostrará a técnica a ser usada: jacquard ou intarsia. Se o desenho no gráfico mostrar duas cores repetidas em cada carr. horizontal de quadrados, então a técnica de jacquard deve ser usada. Motivos isolados exigem a técnica de intarsia. Cada quadrado do gráfico representa um ponto baixo.

GRÁFICO DE JACQUARD

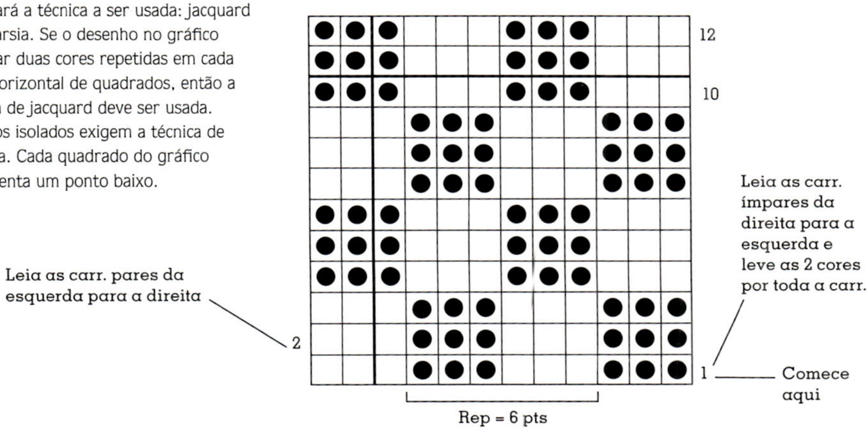

GRÁFICO DE INTARSIA

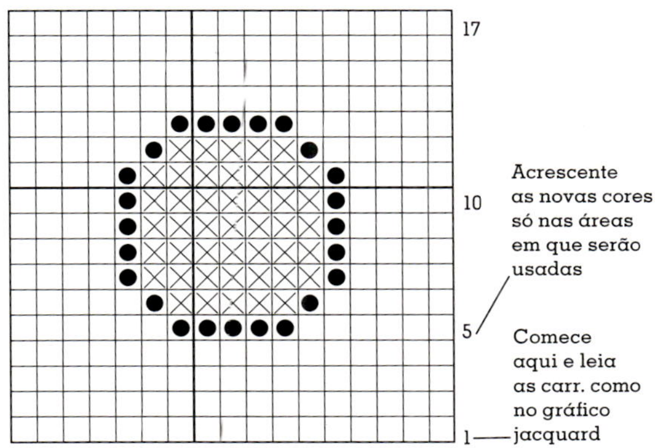

TÉCNICA DE JACQUARD

1 Para mudar para a cor nova no jacquard, trabalhe até a últ. lç. do p.b. antes da mudança de cor, aí passe a cor anterior para a frente do trabalho, sobre o alto da nova cor, e use a nova cor para completar o ponto.

2 Faça o novo ponto na nova cor do jeito usual, mas mantenha a cor anterior posicionada no alto da carr. abaixo, de modo que os p.b. na nova cor a prendam.

TÉCNICA DE INTARSIA

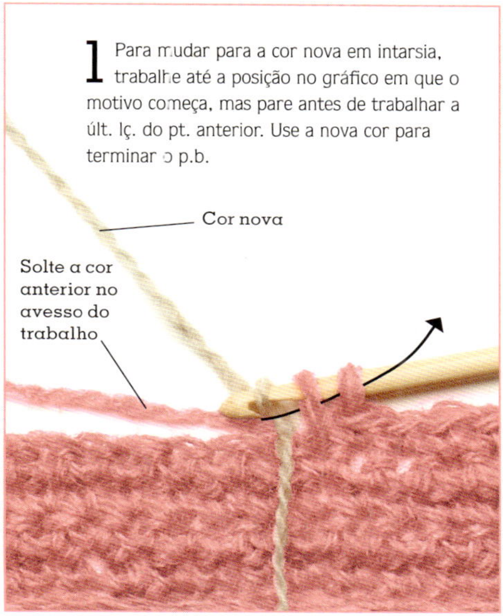

1 Para mudar para a cor nova em intarsia, trabalhe até a posição no gráfico em que o motivo começa, mas pare antes de trabalhar a últ. lç. do pt. anterior. Use a nova cor para terminar o p.b.

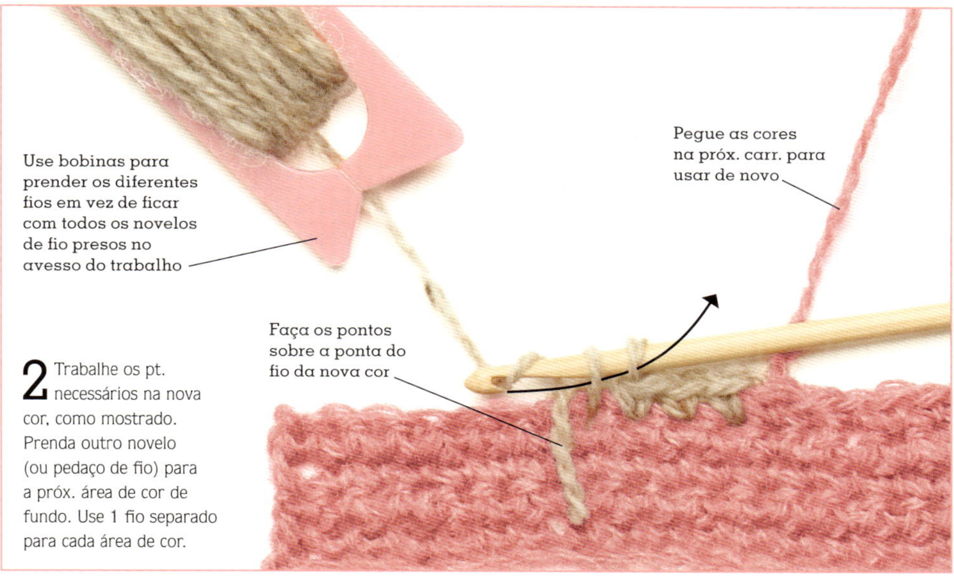

2 Trabalhe os pt. necessários na nova cor, como mostrado. Prenda outro novelo (ou pedaço de fio) para a próx. área de cor de fundo. Use 1 fio separado para cada área de cor.

Receitas de pontos coloridos simples

Os pontos de crochê coloridos são divertidos de fazer. Nesta seleção de pontos há uma gama de texturas à sua escolha. Embora alguns pontos tenham lado direito e avesso, a parte de trás e da frente desses tecidos é bem similar. A reversibilidade do crochê é uma de suas melhores características. Se quiser fazer um cachecol, xale, manta para bebê ou almofada com um desses pontos, escolha com calma a combinação certa de cores (ver Observações Especiais, abaixo). Consulte as pp. 68-9 para saber as abreviações e símbolos de pontos básicos. Qualquer símbolo especial será dado em um gráfico individual.

OBSERVAÇÕES ESPECIAIS

- Ao seguir os gráficos, use as cores como explicado nas instruções. Os tons diferentes nos símbolos são usados para indicar mudança de carr. e não mudança de cor (exceto no ponto em relevo). Veja nas pp. 68-9 uma lista das abreviações e símbolos de pontos básicos.
- Escolha as cores com cuidado. Sempre compre só 1 novelo de cada cor primeiro e teste se as cores funcionam bem juntas. Para uma boa combinação, as cores escolhidas devem se destacar quando juntas, ou em tom (escuro e claro) ou em matiz. É melhor trabalhar várias combinações de cores antes de decidir qual usar, especialmente se a peça que você vai fazer é grande, como um cobertor. Prenda as amostras em um quadro e se afaste para observá-las; a melhor vai se destacar.

PONTO ZIGUE-ZAGUE SIMPLES

GRÁFICO DE CROCHÊ

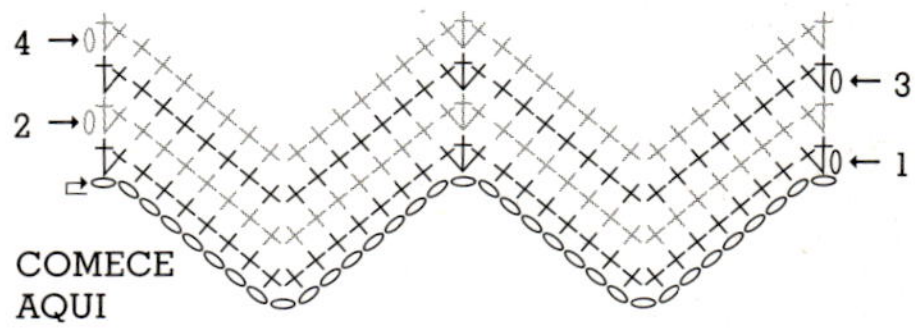

Observação: Ao trabalhar com o gráfico, rep. as carr. 2 e 3.

INSTRUÇÕES DE CROCHÊ

Este ponto é feito em 3 cores (A, B, C).

Com a cor C, faça um número de corr. múltiplo de 16, + 2 extras.

Carr. 1 (LD) Com a cor A, 2p.b. na 2ª corr. a partir da agulha, *1p.b. em cada 1 das próx. 7corr., pule a próx. corr., 1p.b. em cada 1 das próx. 7corr., 3pt. na próx. corr.; rep. do* até o fim, faça 2p.b. (em vez de 3p.b.) na últ. corr., vire. **Carr. 2** Com a cor A, 1corr. (NÃO conta como 1pt.), 2p.b. no 1º p.b., *1p.b. em cada 1 dos próx. 7 p.b., pule os próx. 2p.b., 1p.b. em cada 1 dos próx. 7 p.b., 3p.b. no próx. p.b.; rep. do * ao fim, faça 2p.b. (em vez de 3p.b.) na últ. corr., vire. **Carr. 3 e 4** Com a cor B, rep. carr. 2. **Carr. 5 e 6** Com a cor C, [rep. carr. 2] 2 x. **Carr. 7 e 8** Com a cor A, [rep. carr. 2] 2 x. Rep. as carr. 3 a 8.

PONTO TWEED COLORIDO

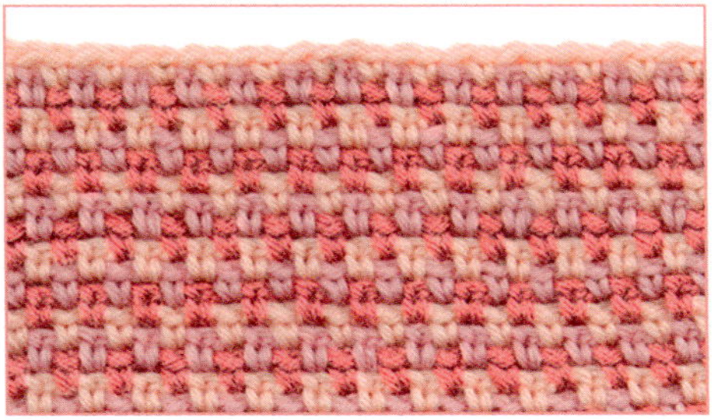

GRÁFICO DE CROCHÊ

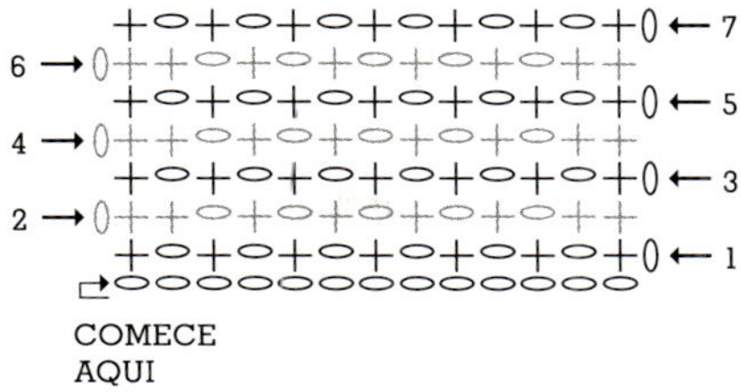

INSTRUÇÕES DE CROCHÊ

Este ponto é feito em 3 cores (A, B, C). Com a cor A, faça um número par de corr.

Carr. 1 Com a cor A, 1p.b. na 2ª corr. a partir da agulha, *1corr., pule a próx. corr., 1p.b. na próx. corr.; rep. do * até o fim, vire. **Carr. 2** Com a cor B, 1corr. (NÃO conta como 1pt.), 1p.b. no 1º p.b., 1p.b. no próx. esp. de 1corr., *1corr., 1p.b. no próx. esp. 1corr.; repita do * até o últ. p.b., 1p.b. no últ. p.b., vire. **Carr. 3** Com a cor C, 1corr. (NÃO conta como 1pt.), 1p.b. no 1º p.b., *1corr., 1p.b. no próx. esp. 1corr.; rep. do * até os últ. 2p.b., *1corr., pule o próx. p.b., 1p.b. no últ. p.b., vire. **Carr. 4** Com a cor A, rep. carr. 2. **Carr. 5** Com a cor B, rep. carr. 3. **Carr. 6** Com a cor C, rep. carr. 2. **Carr. 7** Com a cor A, rep. carr. 3. Repita as carr. 2 a 7.

PONTO PEDRA PRECIOSA

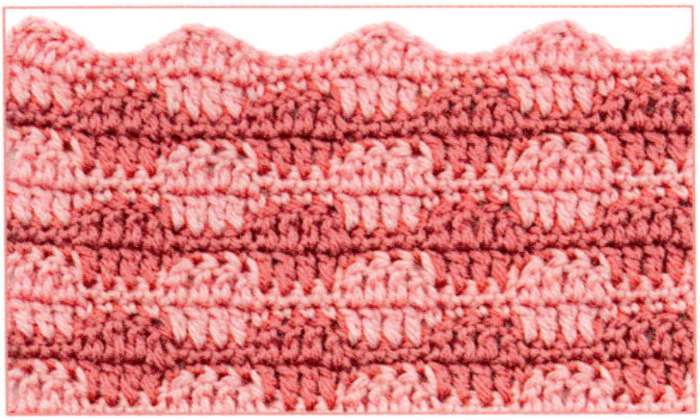

GRÁFICO DE CROCHÊ

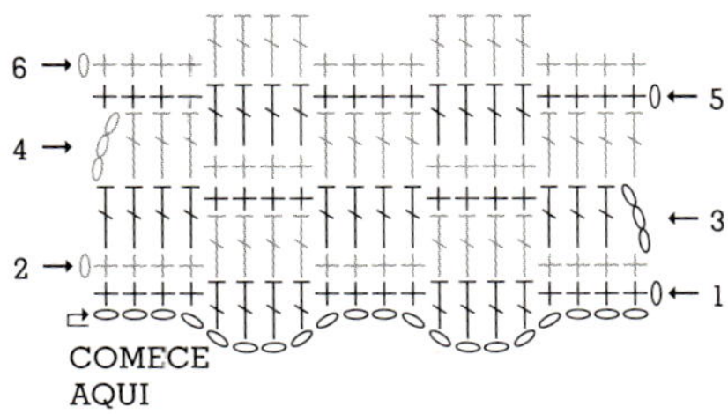

INSTRUÇÕES DE CROCHÊ

Este ponto é feito em 2 cores (A, B). Com a cor A, faça um número de corr. múltiplo de 8, + 5 extras. **Carr. 1 (LD)** Com a cor A, 1p.b. na 2ª corr. a partir da agulha, 1p.b. em cada 1 das próx. 3corr., *1p.a. em cada 1 das próx. 4corr., 1p.b. em cada 1 das próx. 4corr.; rep. do * até o fim, vire. **Carr. 2** Com a cor A, 1corr. (NÃO conta como 1pt.), 1p.b. em cada 1 dos primeiros 4p.b., *1p.a. em cada 1 dos próx. 4p.a., 1p.b. em cada 1 dos próx. 4p.b.; rep. do * até o fim, vire. **Carr. 3** Com a cor B, 3corr. (conta como 1º p.a.), pule o 1º p.b., 1p.a. em cada 1 dos próx. 3p.b., *1p.b. em cada 1 dos próx. 4p.a., 1p.a. em cada 1 dos próx. 4p.b.; rep. do * até o fim, vire. **Carr. 4** Com a cor B, 3corr. (conta como 1º p.a.), pule o 1º p.a., *1p.a. em cada 1 dos próx. 3p.a., *1p.b. em cada 1 dos próx. 4p.b., 1p.a. em cada 1 dos próx. 4p.a.; rep. do * até o fim, faça o últ. p.a. da últ. rep. no alto das 3corr. finais, vire. **Carr. 5** Com a cor A, 1corr. (NÃO conta como 1pt.), 1p.b. em cada um dos primeiros 4p.a., *1p.a. em cada 1 dos próx. 4p.b., 1p.b. em cada 1 dos próx. 4p.a.; rep. do * até o fim, faça o últ. p.b. da últ. rep. no alto das 3corr. finais, vire. Rep. as carr. 2 a 5.

CACHECOL PARA O FRIO

Carreiras de ponto de barra (p. 70) criam um cachecol (pp. 188-9) quente e grosso, que manterá você agasalhado nos dias frios. O fio matizado é interessante para fazer um ponto muito simples.

PONTO ZIGUE-ZAGUE DUPLO

GRÁFICO DE CROCHÊ

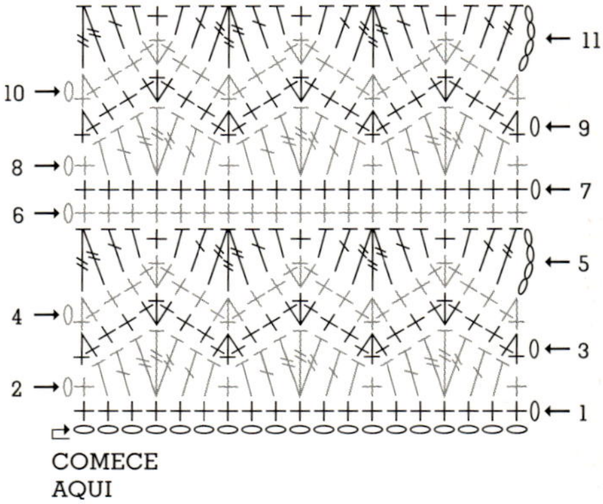

OBSERVAÇÃO: grupo (também chamado 3p.a.d.jt.) = [lç. 2 x e enfie a agulha no próx. pt., lç. e puxe 1 alça, (lç. e puxe pelas primeiras 2 alças na agulha) 2 x] 3 x (4 alças na agulha), lç. e puxe pelas 4 alças na agulha; 2p.a.d.jt. = [lç. 2 x e enfie a agulha no próx. pt., lç. e puxe por 1 alça, (lç. e puxe pelas primeiras 2 alças na agulha) 2 x] 3 x (3 alças na agulha), lç. e puxe pelas 3 alças na agulha.

Esse pt. é feito em 4 cores (A, B, C, D).

Faça um número de corr. múltiplo de 6, + 2 extras.

Trabalhe as carr. seguintes em listas, rep. a sequência de listas - 2 carr. A, 2 carr. B, 2 carr. C, 2 carr. D.

Carr. 1 (LD) 1p.b. na 2ª corr. a partir da agulha, 1p.b. em cada corr. rest., vire.

Carr. 2 1corr. (NÃO conta como 1pt.), 1p.b. no 1º p.b., *1m.p.a. no próx. p.b., 1p.a. no próx. p.b., 3p.a.d. no próx. p.b., 1p.a. no próx. p.b., 1m.p.a. no próx. p.b., 1p.b. no próx. p.b.; rep. do * até o fim, vire.

Carr. 3 1corr. (NÃO conta como 1pt.), 2p.b.jt nos primeiros 2pt., *1p.b. em cada 1 dos próx. 2pt., *3p.b. no próx. pt., 1p.b. em cada dos próx. 2pt., 3p.b.jt. nos próx. 3pt., 1p.b. em cada dos próx. 2pt.; rep. do * até os últ. 5pt., 3p.b. no próx. pt., 1p.b. em cada dos próx. 2pt., 2 p.b.jt. nos próx. 2pt., vire.

Carr. 4 Rep. carr. 3.

Carr. 5 4corr., pule o 1º pt., 1p.a.d. no próx. p.b. (conta como 1º 2p.a.d.jt.), 1p.a. no próx. p.b., 1m.p.a. no próx. p.b., 1p.b. no próx. p.b., 1m.p.a. no próx. p.b., 1p.a. no próx. p.b., *1 grupo nos próx. 3pt., 1p.a. no próx. p.b., 1m.p.a. no próx. p.b., 1p.b. no próx. p.b., 1m.p.a. no próx. p.b., 1p.a. no próx. p.b.; rep. do *, termine com 2p.a.d.jt. nos últ. 2pt., vire.

Carr. 6 1corr. (NÃO conta como 1pt.), 1p.b. no 1º pt., 1p.b. no próx. pt. e em cada pt. até o fim (NÃO faça 1p.b. no alto das 4corr. de virada no fim), vire.

Carr. 7 1corr. (NÃO conta como 1pt.), 1p.b. em cada p.b. até o fim, vire.

Rep. carr. 2 a 7, enquanto continua a sequência de listas.

LISTAS EM PONTO EM RELEVO

GRÁFICO DE CROCHÊ

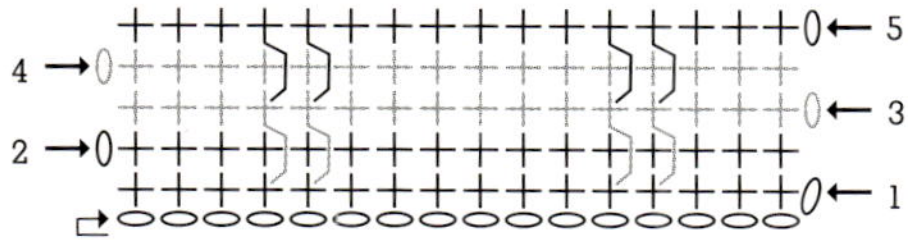

LEGENDA

 pt. em relevo no pt. 1 carr. abaixo no próx. pt.

INSTRUÇÕES DE CROCHÊ

OBSERVAÇÃO: pt. em relevo = não faça o próx. pt., em vez disso enfie a agulha da frente para trás pelo alto do ponto 1 carr. abaixo desse pt., lç. e puxe 1 alça, alongando a alça até a altura da carr. que está sendo feita (e prendendo o ponto pulado), lç. e puxe pelas 2 alças na agulha para completar 1p.b. alongado.

Esse ponto é feito em 2 cores (A, B).

Com a cor A, faça um número de corr. múltiplo de 8, + 1 extra.

Carr. 1 (LD) Com a cor A, 1p.b. na 2ª corr. a partir a agulha, 1p.b. em cada corr. rest., vire.

Carr. 2 Com a cor A, 1corr. (NÃO conta como 1pt.), 1p.b. em cada p.b. até o fim, vire.

Carr. 3 Com a cor B, 1corr. (NÃO conta como 1pt.), *1p.b. em cada 1 dos próx. 3p.b., [1pt. em relevo no alto do pt. 1 carr. abaixo do próx. pt.] 2 x, 1p.b. em cada 1 dos próx. 3p.b.; rep. do * até o fim, vire.

Carr. 4 Com a cor B, rep. carr. 2.

Carr. 5 Com a cor A, rep. carr. 3.

Rep. carr. 2 a 5.

PONTO COLORIDO DE GRUPOS E LEQUES

INSTRUÇÕES DE CROCHÊ

Esse ponto é feito em 2 cores (A, B). Trabalhe como no ponto de grupos e leques na p. 72, como se segue: Com a cor A, faça as corr. de base. Trabalhe em listas, rep. a seguinte sequência de listas – 2 carr. A, 2 carr. B.

LISTA DE BOLOTAS

GRÁFICO DE CROCHÊ

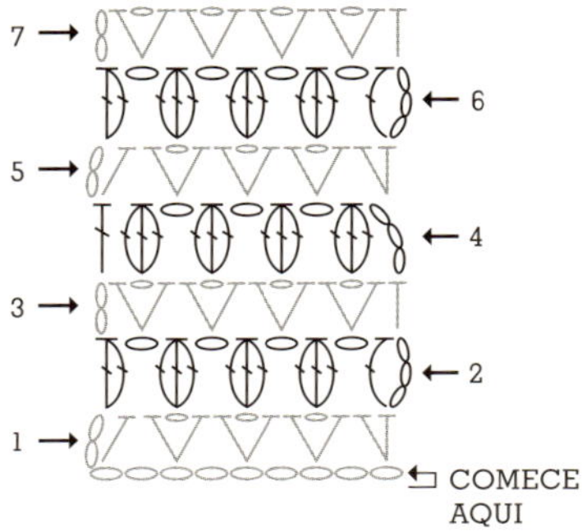

INSTRUÇÕES DE CROCHÊ

OBSERVAÇÃO: bolota = [lç. e enfie a agulha no próx. pt. especificado, lç. e puxe uma alça, lç. e puxe pelas primeiras 2 alças na agulha] 3 vezes no mesmo pt. (4 alças na agulha), lç. e puxe pelas 4 alças na agulha para completar uma bolota de 3p.a. (p. 64). Este ponto é feito em 3 cores (A, B, C). Com a cor A, faça um número par de corr., mais 1 extra. Trabalhe as carr. seguintes em listas, rep. a sequência de listas - 1 carr. A, 1 carr. B, 1 carr. C. **Carr. 1 (L.A.)** 1m.p.a. na 3ª corr. a partir da agulha, *pule a próx. corr., faça [1 m.p.a., 1corr., 1 m.p.a.] todos na próx. corr.; rep. do * até as 2 últ. corr., pule a próx. corr., 2m.p.a. na última corr., vire. **Carr. 2 (LD)** 3corr. (conta como o 1º p.a.), 1p.a. no 1º m.p.a., *1corr., 1 bolota no próx. esp. de 1corr.; rep. do *, acabando com 1corr., trabalhe [lç. e enfie a agulha no alto das 2corr. no fim da carr., lç. e puxe uma alça, lç. e puxe pelas 2 alças na agulha] 2 x no mesmo lugar (3 alças na agulha) lç. e puxe pelas 3 alças na agulha, vire. **Carr. 3** 2corr. (conta como o 1º m.p.a.), *faça [1 m.p.a., 1corr., 1 m.p.a.] tudo no próx. esp. de 1corr.; rep. do *, acabando com 1m.p.a. no alto das 3corr., vire. **Carr. 4** 3corr. (conta como o 1º p.a.), 1 bolota no próx. esp. de 1corr., *1corr., 1 bolota no próx. esp. de 1corr.; rep. do *, acabe com 1p.a. no alto das 2corr. finais, vire. **Carr. 5** 2corr. (conta como o 1º m.p.a.), 1m.p.a. no 1º p.a., *faça [1 m.p.a., 1corr., 1 m.p.a.] tudo no próx. esp. de 1corr.; rep. do *, acabando com 2m.p.a. no alto das 3corr. finais, vire. Rep. carr. 2 a 5, continuando a sequência de listas.

PONTO COLORIDO DE LEQUES FECHADOS

INSTRUÇÕES DE CROCHÊ

Esse ponto é feito em 3 cores (A, B, C). Trabalhe como no ponto de leque fechado na p. 71, como se segue: Com a cor A, faça as corr. de base. Trabalhe em listas, rep. a seguinte sequência de listas – 1 carr. A, 1 carr. B, 1 carr. C.

PONTO EM RELEVO EM TRIÂNGULO

GRÁFICO DE CROCHÊ

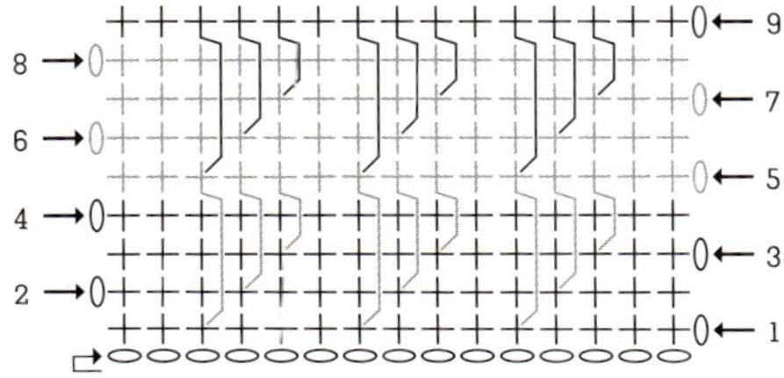

LEGENDA

INSTRUÇÕES DE CROCHÊ

OBSERVAÇÃO: pt. em relevo = não faça o próx. pt., em vez disso enfie a agulha da frente para trás pelo alto do ponto 1, 2 ou 3 carr. abaixo desse pt., lç. e puxe 1 alça, alongando a alça até a altura da carr. que está sendo feita (e prendendo o pt. pulado), lç. e puxe pelas 2 alças na agulha para completar 1p.b. alongado.

Este pt. é feito em 2 cores (A, B).

Com a cor A, faça um número de corr. múltiplo de 4.

Carr. 1 (LD) Com a cor A, 1p.b. na 2ª corr. a partir da agulha, 1p.b. em cada corr. restante, vire.

Carr. 2 Com a cor A, 1corr. (NÃO conta como 1 pt.), 1p.b. em cada p.b. até o fim, vire.

Carr. 3 e 4 Com a cor A, [rep. carr. 2] 2 x.

Carr. 5 (LD) Com a cor B, 1corr. (NÃO conta como 1 pt.), 1p.b. no 1º p.b., *1p.b. no próx. p.b., 1pt. em relevo no alto do p.b. 1 carr. abaixo do próx. p.b., 1pt. em relevo no alto do p.b. 2 carr. abaixo do próx. p.b., 1pt. em relevo no alto do p.b. 3 carr. abaixo do próx. p.b.; rep. do * até os últ. 2p.b., 1p.b. em cada dos últ. 2p.b., vire.

Carr. 6, 7 e 8 Com a cor B, [rep. carr. 2] 3 x.

Carr. 9 (LD) Com a cor A, rep. carr. 5.

Repita as carr. 2 a 9, acabando numa carr. 5 ou 9.

Como seguir uma receita de crochê

Se seguidas passo a passo, as receitas de crochê não são difíceis de entender. As orientações para acessórios simples e peças de vestuário trazem muitas dicas. Esta seção também inclui outras técnicas necessárias: aumentos e diminuições simples para dar forma a peças de vestuário, acabamentos como bordas e casas de botão, blocagem e costuras.

Receitas simples de acessórios

Um iniciante deve escolher uma receita de acessório fácil para seu primeiro projeto de crochê. Uma capa de almofada listada é usada como exemplo. Siga as dicas numeradas para se familiarizar com as partes de uma receita simples.

1 O nível de habilidade aparece no início da maioria das receitas. Faça várias fáceis antes de ir para o nível intermediário.

2 Verifique o tamanho do item pronto. Se for um quadrado, é fácil ajustá-lo, acrescentando ou retirando pontos e carreiras.

3 É aconselhável usar o fio especificado, mas, se não encontrá-lo, escolha um substituto.

8 Faça uma amostra de tensão (p. 104) antes de começar e mude o tamanho da agulha, se precisar.

9 As instruções sempre começam com o número de correntinhas para a carreira de base e qual fio ou tamanho de agulha usar. Se houver só um tamanho de agulha e um fio, esses itens podem estar ausentes.

10 Para saber o significado das abreviações, consulte a lista das pp. 68-9.

14 A parte de trás de uma capa de almofada às vezes é exatamente igual à frente, e pode nem ser crochetada. Neste exemplo, as listas são invertidas atrás para criar uma capa mais versátil.

15 Depois de prontas as partes crochetadas, siga a parte Acabamento (ou Montagem) da receita.

CAPA DE ALMOFADA LISTADA

Nível de habilidade Fácil

Tamanho da capa pronta 40,5 x 40,5 cm

Materiais

7 bolas de 25 g (110 m) de Scottish Tweed 4-Ply (100 lã) na cor Thatch 00018 (A) (marrom), 4 bolas de 25 g (110 m) de Scottish Tweed 4-Ply na cor Skye 00009 (B) (azul), agulha de crochê 3,5 mm. Almofada de tamanho adequado à capa

Tensão

22 pt. e 24 carr. em 10 cm em p.b. com agulha de 3,5 mm ou de tamanho necessário para conseguir a tensão correta.

Frente

Com agulha 3,5 mm e cor A, faça 89 corr.

Carr. 1 1p.b. na 2ª corr. a partir da agulha, 1p.b. em cada corr. restante, vire. 88 p.b.

Carr. 2 1corr. (NÃO conta como 1 pt.), 1p.b. em cada p.b. até o fim, vire. Rep. a carr. 2 para tecer em p.b. Sempre mude para a nova cor na últ. lç. do últ. p.b. da carr. anterior e trabalhe em listas: 26 carr. + em A, 8 carr. B, [8 carr. A, 8 carr. B] 2 x, 28 carr. A. Arremate.

Trás

Trabalhe como na frente, usando B em vez de A e A em vez de B.

Acabamento

Entremeie as pontas soltas. Bloque e passe do avesso (cf. instruções no rótulo do fio). Com o avesso para fora, costure 3 lados (frente e costas). Vire para o direito, ponha a almofada dentro e costure o lado restante.

4 Ao usar um fio substituto, compre o mesmo total em metros, e NÃO a mesma quantidade em peso.

5 Se quiser, escolha cores diferentes das sugeridas.

6 Altere o tamanho da agulha se não alcançar a tensão correta (ver o passo 8, à esquerda).

7 Outros itens necessários ao projeto podem estar listados em Materiais ou em Extras.

11 Faça o ponto especificado pelo número de carreiras ou de centímetros indicado.

12 As cores das listas mudam no final da carreira anterior à mudança de cor para que a primeira correntinha da nova lista seja da cor certa (p. 89).

13 O arremate completa a peça de crochê.

16 Veja na p. 54 como entremear as pontas soltas.

17 Leia as instruções no rótulo para saber se o fio não pode ser passado ou se só pode ser passado com ferro quase frio. (Ver dicas de blocagem na p. 117.)

18 Veja opções de costura nas pp. 118-21. Ao costurar pela primeira vez, peça ajuda a alguém experiente.

Receitas de peças de vestuário

As instruções de peças de vestuário em geral começam com o Nível de habilidade, seguido por Tamanhos, Materiais, Tensão e as Instruções. O mais importante para fazer uma peça de roupa – ou outros itens com tamanho, como chapéus, luvas e meias – é escolher o tamanho certo e fazer uma amostra de tensão.

DICAS

Escolha um nível de habilidade adequado a sua experiência. Se estiver em dúvida ou se não faz crochê há muitos anos, escolha o nível Fácil ou Iniciante até ter confiança para seguir para o próximo nível.

O branco é uma boa cor para sua primeira blusa porque os pontos são fáceis de ver com clareza. Se escolher um fio branco, lave as mãos quando for crochetar e, quando parar, ponha o fio e a blusa em uma sacola para não sujarem.

Evite o preto ou fio muito escuro para a primeira blusa porque os pontos são difíceis de distinguir, mesmo por crocheteiros experientes.

Compre bolas de fio que tenham o mesmo número de lote de tingimento (p. 19).

Tenha agulhas de diversos tamanhos à mão se for começar uma blusa. Ao verificar a tensão (p. 104), talvez você precise de outros tamanhos de agulha para obter a tensão certa.

Sempre faça as peças na ordem dada nas instruções, quer esteja fazendo uma roupa, um acessório ou um brinquedo. Em peças de vestuário, as costas são feitas primeiro, depois a frente (ou frentes, se for um cardigã ou casaco) e, depois, as mangas. Bolsos integrados às frentes são feitos antes delas, e os aplicados externamente são feitos depois.

Os iniciantes devem tomar cuidado ao modificar receitas, pois os tamanhos e pontos são pesquisados detalhadamente pelo criador da receita e o resultado pode ser muito diferente se houver alterações. Mas não devem ter medo de modificar uma receita para adaptá-la às suas preferências, pois o trabalho pode ser desmanchado se não ficar como desejado.

COMO ESCOLHER UM TAMANHO

Os tamanhos das roupas de crochê geralmente são listados em tamanhos específicos de busto/peito ou em termos genéricos, como Pequeno, Médio, Grande. (Os tamanhos de blusas infantis geralmente estão em idade e tamanho de peito.) O melhor conselho é não se prender muito rigidamente a seu tamanho preferido nesses critérios. Em vez disso, decida como quer que a roupa fique — o quanto ela deve ser justa ou folgada. Se for crochetar uma blusa, encontre uma em seu armário que caia bem e tenha forma e peso similares àquela que vai crochetar. Coloque a blusa esticada e meça a largura. Ache a largura mais próxima a essa no diagrama da receita: será o tamanho a ser tecido.

Faça uma cópia da receita e marque ou realce todos os números que se referem a seu tamanho em toda a receita, começando com o número de bolas de fio a comprar, depois o número de corr. na carr. de base para as costas da blusa, o comprimento da cava, e assim por diante. O número para o menor tamanho vem primeiro e os números dos tamanhos maiores vêm entre parênteses. Onde houver apenas um número – quer seja uma medida, o número de carr. ou de pontos –, esse valerá para todos os tamanhos. Antes de começar a crochetar, confirme sua tensão (p. 104).

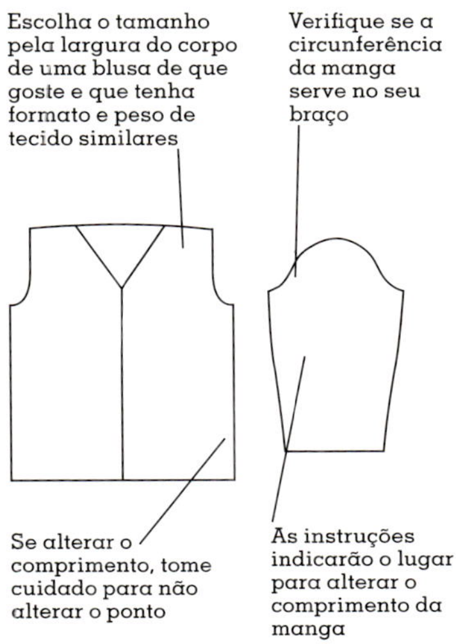

Como medir a tensão

É essencial verificar a tensão (tamanho do ponto) antes de começar uma receita de crochê se o tamanho final da peça for importante. Nem todo mundo faz crochê com a mesma tensão, então é bem provável que tenha de usar uma agulha de tamanho diferente para chegar ao tamanho do ponto indicado na receita.

1 Usando a agulha especificada, faça 1 amostra de 13 cm. Marque 10 cm ao redor do centro com alfinetes; conte os pontos entre os alfinetes.

2 Conte o número de carreiras em 10 cm do mesmo modo. Se tiver menos pontos e carr. do que deveria, tente com uma agulha maior; se tiver mais, mude para uma agulha menor. Use o tamanho de agulha que ficar mais próximo da tensão correta. (É mais importante acertar a largura do ponto do que a altura da carreira.)

Como moldar o crochê

Para ir além dos quadrados e retângulos simples, o crocheteiro precisa saber como aumentar e diminuir o número de pontos na carreira para moldar as peças. As técnicas mais comuns para moldar o crochê são mencionadas aqui.

AUMENTOS EM PONTO BAIXO

Aumentos em peças de vestuário são normalmente feitos "em par": 1 aumento de 1pt. no início da carreira e 1 no final.

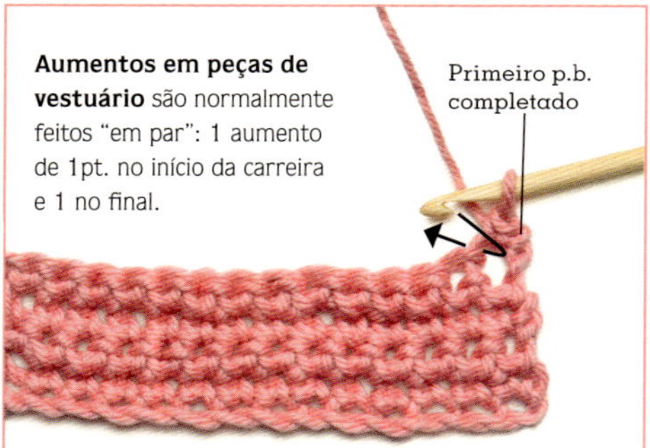

1 Para aum. 1pt. no início de 1 carr. de p.b., faça 1p.b. no 1º p.b. da maneira usual. Enfie a agulha de novo no 1º p.b. e faça um 2º p.b. no mesmo pt.

2 Isso cria o aumento. Continue por toda a carr., fazendo 1p.b. em cada p.b., do jeito usual.

3 No final da carr., faça 1p.b. no últ. p.b. da carr., do modo usual.

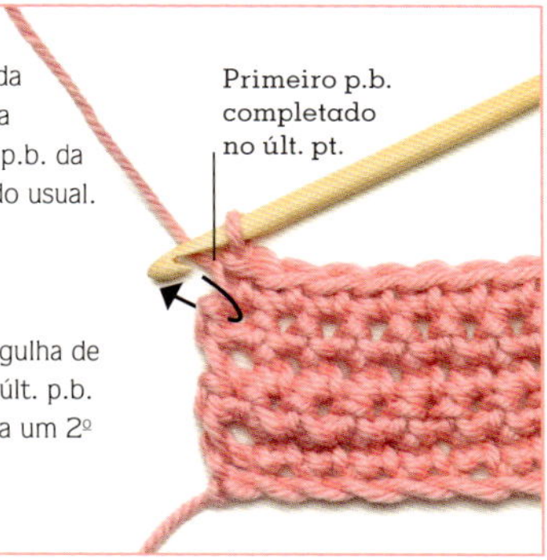

4 Enfie a agulha de novo no últ. p.b. da carr. e faça um 2º p.b. nele.

5 Isso aumenta 1pt. no final da carr.

AUMENTOS EM PONTO ALTO

Os aumentos em peças de vestuário em ponto alto são trabalhados como no ponto baixo. Esses aum. também costumam ser feitos "em par": 1pt. é aumentado em cada ponta da carreira.

1 Para aumentar 1pt. no início de 1 carr. de ponto alto, faça a corr. de virada; faça 1p.a. no 1º p.a. da carr. abaixo. Como o 1º p.a. na carr. abaixo geralmente é pulado, isso cria 1 aumento no início da carr.

2 Continue por toda a carr., fazendo 1p.a. em cada p.a., do jeito usual. No final da carr., faça 1p.a. no alto da corr. de virada na carr. abaixo, do modo usual. Faça um 2º p.a. na mesma corr. de virada.

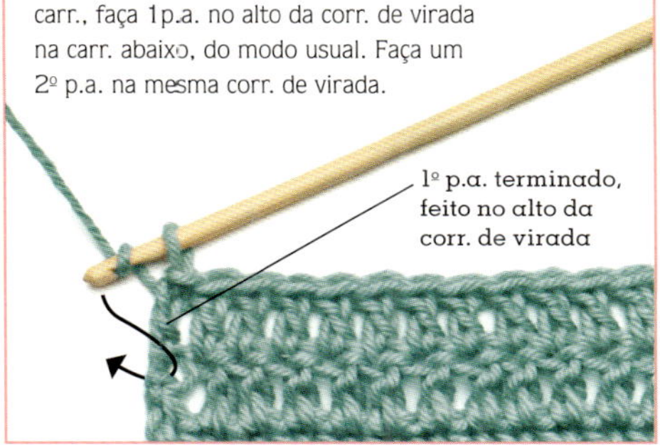

3 Isso termina o aumento de 1pt. no final da carr.

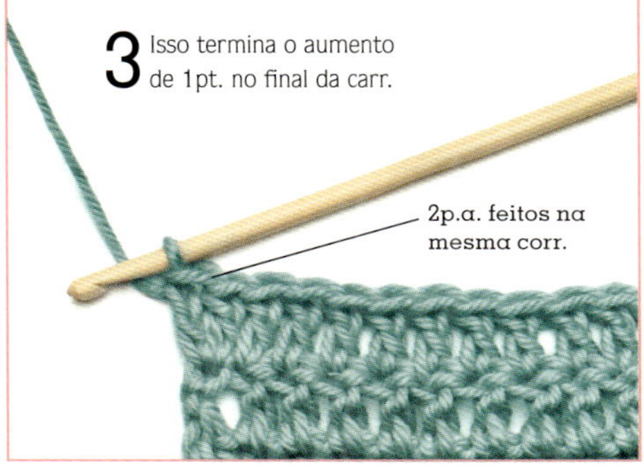

AUMENTO EM DEGRAU NO INÍCIO DA CARREIRA

1 Os aumentos no crochê também costumam ser feitos formando degraus na borda. Por exemplo, para fazer 1 aum. em degrau de 3pt. no início de 1 carr. de p.b., faça 4corr. (Sempre faça 1corr. a mais do que o número de p.b. extras necessários.)

2 Trabalhe o 1º p.b. na 2ª corr. a partir da agulha. Faça 1p.b. em cada 1 das 2corr. rest. Isso cria 1aum. de 3p.b. no início da carr.

3 Continue por toda a carr., fazendo 1p.b. em cada p.b., do jeito usual. Qualquer número de pts. pode ser aumentado assim, e a mesma técnica pode ser usada para pts. mais altos.

AUMENTO EM DEGRAU NO FINAL DA CARREIRA

1 Antes de começar a carreira com o aumento em degrau no final, tire a agulha da alça no início da carreira. Com 1 pedaço de fio igual, coloque 1 nó corrediço em 1 agulha extra e passe essa alça pelo últ. pt. da carreira.

2 Há agora 1 alça na agulha; isso forma a 1ª corr. extra no final da carr. Continue fazendo corr. até ter o número necessário de pontos extras.

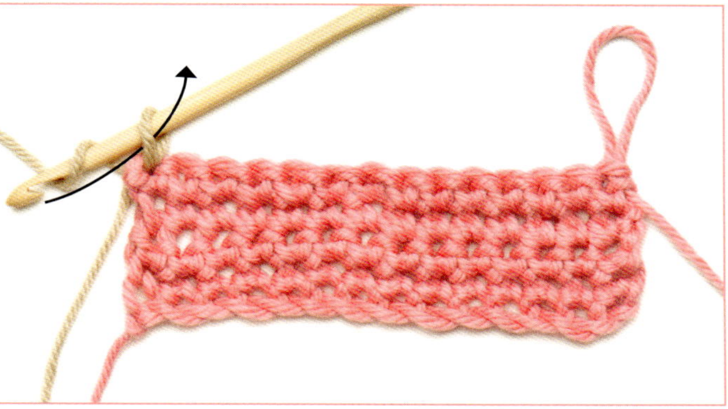

3 Para 1 aum. em degrau de 3pt., faça 3corr. Arremate.

4 Voltando ao início da carr., ponha a alça de volta na agulha e aperte-a; trabalhe até o final da carr. do modo usual, até chegar às corr. acrescentadas.

5 Faça 1p.b. em cada 1 das 3corr. a mais. Isso cria 1 aum. de 3p.b. Qualquer número de pt. pode ser aumentado assim, e a mesma técnica usada para pts. mais altos.

DIMINUIÇÕES EM PONTO BAIXO (*2p.b.jt.*)

As diminuições em peças de vestuário, como os aumentos, costumam ser trabalhadas "em pares" – diminuição de 1pt. no início da carreira e de outro no fim.

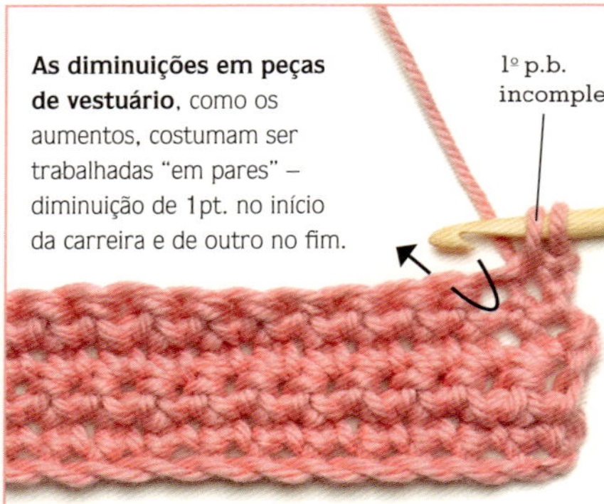

1 Para diminuir 1pt. no início de 1 carr. de p.b., trabalhe até a última lç. do 1º p.b. do modo usual, mas não complete o pt.; há agora 2 alças na agulha. Enfie a agulha no próx. pt., como mostrado, e puxe 1 alça por ele.

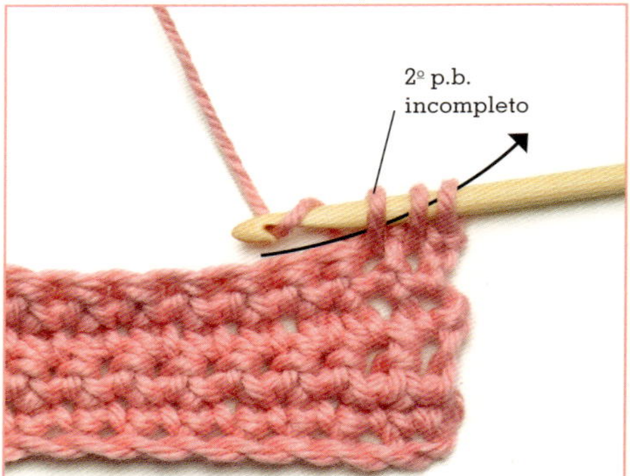

2 Agora existem 3 alças na agulha. Enrole o fio na agulha e puxe 1 alça de uma vez pelas 3 alças, como mostrado.

3 Isso completa a dim.; onde havia 2pt., agora só há 1.

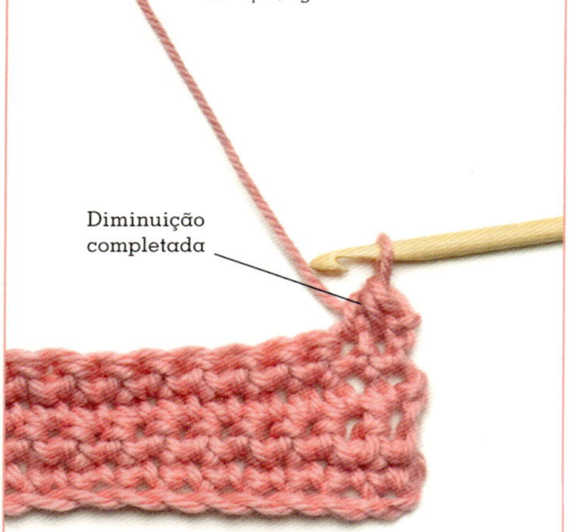

4 Continue por toda a carr., fazendo 1p.b. em cada p.b. do jeito usual, até os últ. 2 pt. da carr.

5 No final da carr., enfie a agulha no alto do antepenúltimo pt. e puxe 1 alça; há 2 alças na agulha.

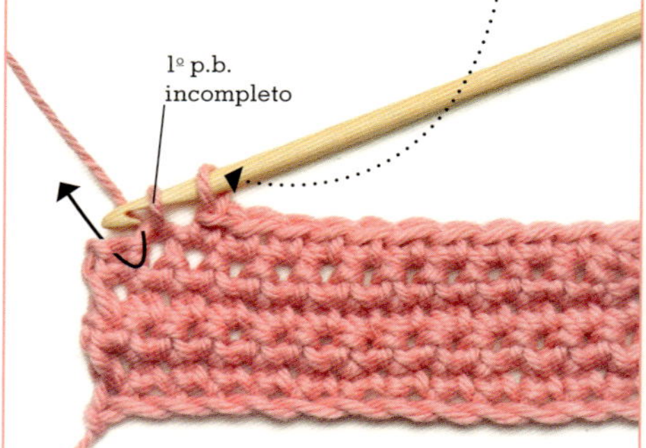

6 Enfie a agulha no últ. pt. na carr. abaixo, como mostra a flecha, e puxe 1alça por ele.

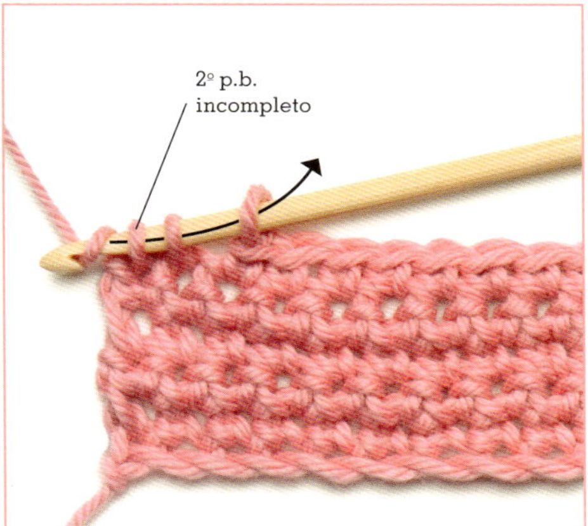

7 Agora existem 3 alças na agulha. Enrole o fio na agulha e puxe 1 alça de uma vez pelas 3 alças, como mostrado.

8 Isso completa a dim. no final da carr. (O mesmo princípio pode ser usado para a "diminuição dupla", em que 2pt. são diminuídos de uma vez. Para isso, faça 3p.b. incompletos e una-os no alto com a últ. lç.; isso é chamado de 3p.b.jt.)

DIMINUIÇÕES EM PONTO ALTO (*2p.a.jt.*)

1 Para diminuir 1pt. no início de 1 carr. de p.a., primeiro faça a corr. de virada. Pule o 1º p.a. e faça 1p.a. em cada 1 dos próx. 2p.a., mas só até a últ. lç. de cada pt. Puxe 1 alça pelas 3 alças de uma vez, como mostrado.

2 Isso completa a dim.; onde havia 2pt., agora só há 1.

3 Continue a carr. do modo usual até o últ. p.a. na carr. abaixo. Agora faça 1p.a. no últ. p.a., mas só até a últ. lç. Enrole o fio na agulha e enfie a agulha no alto da corr. de virada na carr. abaixo, como mostrado.

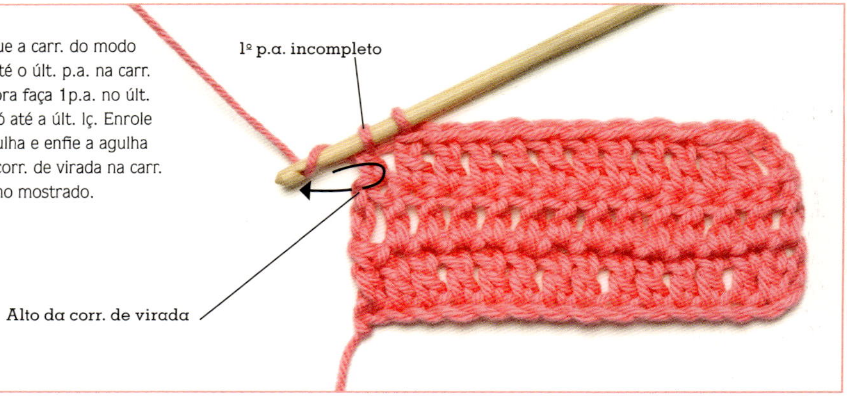

4 Faça o p.a. no alto da corr. até a últ. lç. do pt. Agora existem 3 alças na agulha. Enrole o fio na agulha e puxe 1 alça de uma vez pelas 3 alças, como mostrado.

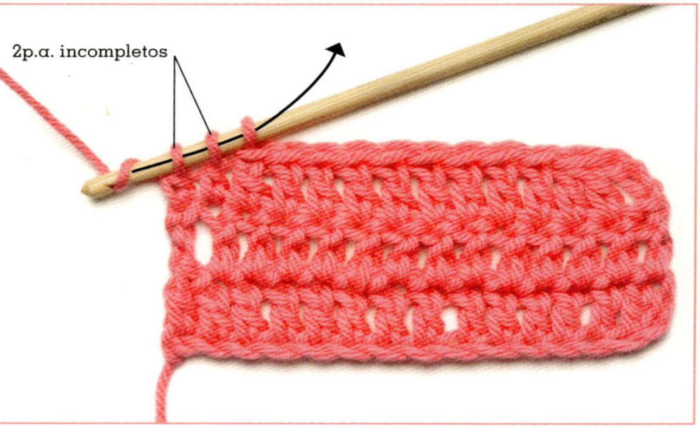

5 Isso completa a dim. no final da carr. (O mesmo princípio pode ser usado para a "diminuição dupla", em que 2 pontos são diminuídos de uma vez. Faça 3p.a. incompletos e una-os no alto com a últ. lç.; isso é chamado de 3p.a.jt.)

DIMINUIÇÕES EM DEGRAUS

1 **No início da carr.:** Assim como os aumentos, as diminuições também podem ser feitas para formar degraus na borda. Por exemplo, para diminuir 3pt. no início de 1 carr. de p.b., faça 1corr.; depois, 1 p.bx. em cada 1 dos 4 primeiros p.b. Faça 1corr. e aí faça o 1º p.b. no mesmo lugar em que o últ. p.bx. foi feito. Continue a carr. do modo usual.

2 **No fim da carr.:** Para a diminuição de 3pt. em degrau no final da carr., trabalhe até antes dos últ. 3pt. da carr. e vire, deixando os 3pt. sem fazer. Essa técnica pode ser usada em todos os pontos de crochê.

CARDIGÃ DE BEBÊ

Um fio macio em tons delicados foi usado para criar este cardigã de bebê (pp. 196-7). Essa receita fácil usa o meio ponto alto com a borda em cor contrastante para o toque final.

Detalhes de acabamento

O acabamento requer procedimentos um pouco diferentes. Algumas das técnicas mais frequentes são mostradas aqui. Dedique algum tempo aos acabamentos e pratique os métodos em amostras antes de usá-los em peças completas.

BORDA DE PONTO BAIXO

Ao longo do alto ou da base da peça de crochê: Acrescentar uma borda simples de p.b. dá ótimo acabamento à peça de crochê. Para criar a borda de p.b. ao longo do alto ou da base da peça, una o fio ao 1º pt. com 1p.bx., faça 1corr., 1p.b. no mesmo lugar do p.bx.; depois, faça 1p.b. em cada pt. abaixo, ao longo da borda.

Ao longo das laterais da peça de crochê: Uma barra em p.b. é trabalhada do mesmo modo ao longo das laterais da peça, mas não é fácil obter uma borda por igual. Para um resultado perfeito, experimente até descobrir quantos pontos fazer por final de carreira. Se a borda engrouvinhar, faça menos pontos por final de carreira; se parecer franzida, faça mais pontos.

COMO CROCHETAR DIRETAMENTE NA BORDA

Todas as bordas que começam com 1 carr. de p.b. nas pp. 127-35 podem ser feitas diretamente no crochê.

1 Com uma cor constrastante para a borda, faça 1 carr. de p.b. na base; vire e trabalhe a próx. carr. da barra (a 2ª carr. de borda de leques simples na p. 131 é feita aqui).

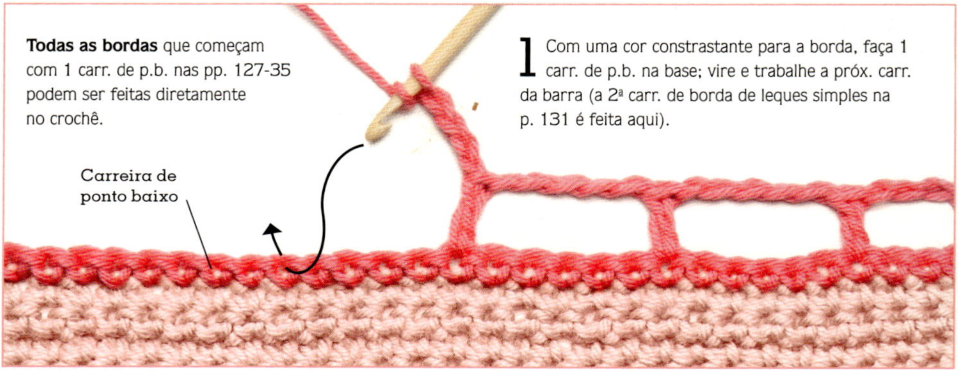

2 No fim da 2ª carr., vire o crochê e trabalhe os pt. rest. da borda (a 3ª, e últ., carr. da borda de leques simples é feita aqui).

BOTÕES REDONDOS

Botões de crochê combinando são um ótimo detalhe de acabamento. Experimente diversos fios e tamanhos de agulha para fazer botões do tamanho desejado. Estes botões são feitos com fio de algodão superfino e agulha 2 mm, que criam um botão de 1,5 cm de diâmetro.

1 Faça cada botão assim: faça 4corr. e una à 1ª corr. com 1p.bx., formando 1círculo.
Carr. 1 (LD) 1corr., 8p.b. no círculo (trabalhe sobre a ponta do fio ao fazer p.b. no círculo), una com 1p.bx. ao 1º p.b. (Não vire no final das voltas; trabalhe com o LD sempre voltado para fora.)
Carr. 2 1corr., 1p.b. no mesmo p.b. como últ. p.bx., 2p.b. no próx. p.b., [1p.b. no próx. p.b., 2p.b. no próx. p.b.] 3 x, una com 1p.bx. ao 1º p.b. **12p.b.**
Carr. 3 1corr., 1p.b. em cada p.b. até o fim, una com 1p.bx. ao 1º p.b.
Carr. 4 1corr., 1p.b. no mesmo p.b. como últ. p.bx., [2p.b.jt. sobre o próx. 1p.b., 1p.b. no próx. p.b.] 3 vezes, 2p.b.jt.sobre os 2 últ. p.b., una com 1p.bx. ao 1º p.b. **8p.b.**
Tire a alça da agulha e a aumente para evitar que o botão se desmanche; ponha a ponta do fio do início dentro do botão e encha-o com algodão.

2 Ponha a alça de volta na agulha e aperte-a. Continue o botão: **Carr. 5** 1corr., 2p.b.jt. nos 2 primeiros p.b. (mesmo p.b. como últ. p.bx. e próx. p.b.), [2p.b. nos 2 próx. p.b.] 3 x, una com 1p.bx. ao 1º p.b. **4p.b.** Arremate, deixando 1 ponta longa de 20 cm, no mínimo. Ponha mais enchimento, se necessário. Com uma agulha de ponta cega e a ponta longa do fio, costure a abertura na base do botão.

3 Não corte a ponta do fio e use-a para pregar o botão.

ALÇAS DE BOTÃO

É muito fácil fazer alças de botão ao longo da borda de uma capa de almofada, em um cardigã ou em roupas de bebê.

1 Trabalhe em p.b. até o lugar da alça. Faça 2, 3 ou + corr., dependendo do tamanho do botão.

2 Pule o mesmo número de pt. na borda e faça o próx. p.b. no próx. pt. Teste o tamanho da primeira alça de botão terminada com o botão e corrija o número de corr., se necessário.

3 Continue ao longo da borda, fazendo p.b. e alças de botão, até a borda estar completa. Para alças mais fortes, faça uma 2ª carr. de p.b. ao longo da 1ª carr., fazendo um número de p. b. igual ao de corr. em cada alça.

Blocar e costurar

Sempre costure a roupa ou acessório com agulha de ponta cega e o mesmo fio da peça (um fio contrastante é usado aqui apenas para mostrar mais claramente as técnicas de costura) e faça-as na ordem da receita. Antes de costurar, bloque as peças de crochê com cuidado. Passe as costuras prontas levemente com ferro quase frio pelo avesso ao terminar.

BLOCAGEM ÚMIDA

Se o fio permitir, a blocagem úmida é o melhor modo de igualar o crochê. Molhe as partes numa bacia cheia de água morna. Esprema para tirar a água e enrole o crochê em uma toalha seca para remover o excesso de umidade. Arrume o crochê, com o lado direito para baixo, sobre toalhas secas cobertas com tecido e coloque alguns alfinetes nas bordas, o suficiente para acertar a forma. Não mexa no crochê até estar completamente seco.

BLOCAGEM COM VAPOR

Para um processo mais rápido, prefira a blocagem com vapor (se o rótulo do fio permitir). Primeiro, prenda o crochê na forma correta com alfinetes, com o lado direito para baixo. Passe o crochê no ferro a vapor usando um pano limpo úmido entre o crochê e o ferro. Nunca solte o peso do ferro sobre o crochê, pois isso achatará a textura. Deixe a peça passada a vapor secar completamente antes de soltá-la.

COSTURA COM PONTO ATRÁS

O ponto atrás produz costuras duráveis e é recomendado em receitas de crochê para roupas e acessórios.

1 Alinhe as peças de crochê com os lados direitos juntos e prenda o fio com 2 ou 3 pt. lançados no mesmo lugar. Enfie a agulha perto da borda e costure, fazendo 1pt. para a frente e 1pt. para trás.

Agulha de ponta cega

2 No pt. atrás, tome o cuidado de enfiar a agulha no mesmo lugar do fim do últ. pt. No final da costura, prenda o fio do mesmo modo que no início.

COSTURA COM PONTO LANÇADO (TAMBÉM CHAMADO DE PONTO CHICOTE)

Costura simples com ponto lançado: Alinhe as peças de crochê com os lados direitos jt. e prenda o fio como no pt. atrás. Enfie a agulha perto da borda, faça o pt. juntando as 2 camadas, como mostrado.

Avesso do crochê

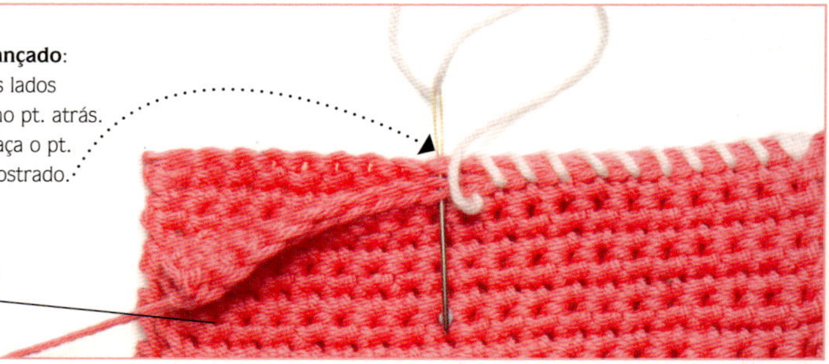

Lado direito do crochê

Puxe bem o fio de costura para os pontos desaparecerem

Costura achatada com ponto lançado: Para uma costura achatada ao longo do alto dos pt., ponha as peças com o LD para cima e borda com borda. Trabalhe como na costura simples, mas enfie a agulha apenas na alça de trás dos pt.

COSTURA BORDA COM BORDA (TAMBÉM CHAMADA DE PONTO COLCHÃO)

Este método cria uma costura achatada e limpa. Pode ser usado, como aqui, com o p.a. e também com todos os outros tipos de crochê.

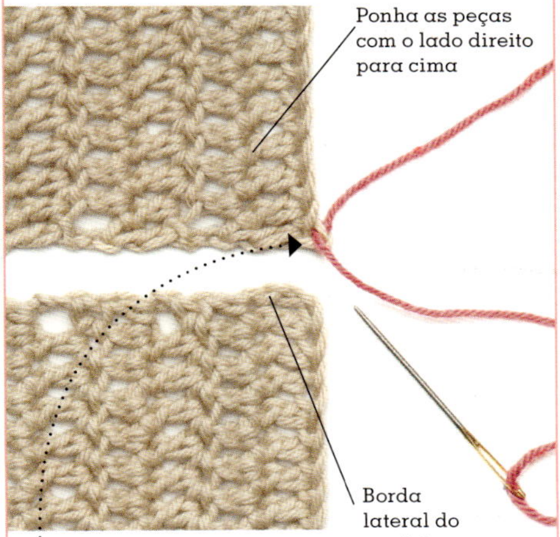

1 Alinhe as peças de crochê com o LD para cima e borda com borda. Enfie a agulha pelo canto da peça no alto, deixando 1 ponta solta longa.

2 Enfie a agulha no canto da outra peça e, depois, pelas duas peças de novo, no mesmo lugar do canto, para prender com firmeza.

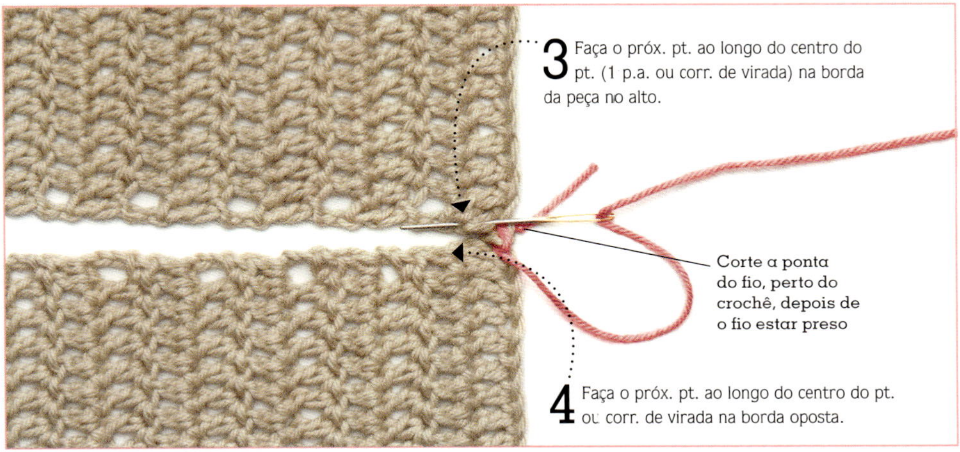

3 Faça o próx. pt. ao longo do centro do pt. (1 p.a. ou corr. de virada) na borda da peça no alto.

4 Faça o próx. pt. ao longo do centro do pt. ou corr. de virada na borda oposta.

5 Faça o próx. par de pt. igual, fazendo 1pt. ao longo de 1pt. ou corr. de virada na peça do alto e, depois, na outra peça.

6 Continue ao longo da costura, alternando 1pt. de cada lado. Faça pt. mais curtos em cada peça se o fio usado for grosso.

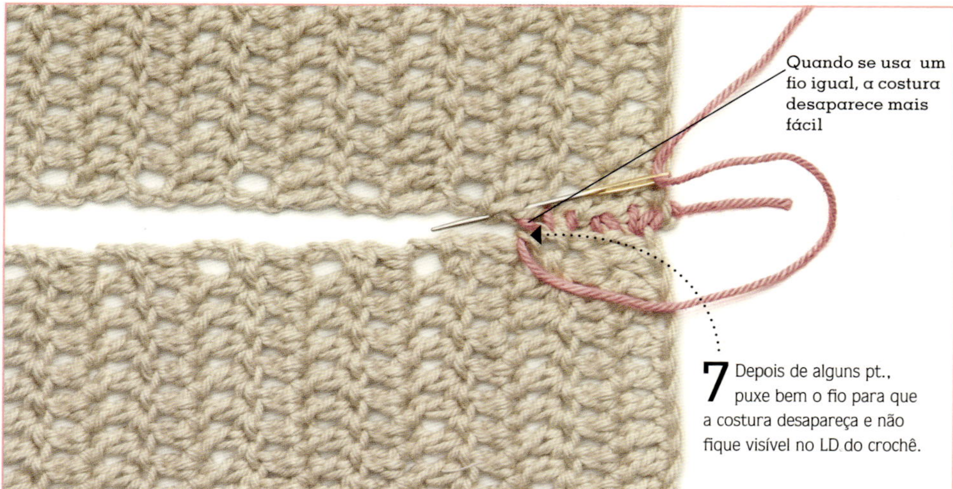

7 Depois de alguns pt., puxe bem o fio para que a costura desapareça e não fique visível no LD do crochê.

COSTURA COM PONTO BAIXÍSSIMO

1 Em vez de usar agulha de costura, pode-se usar agulha de crochê para uma costura mais rápida. Embora a costura possa ser feita com p.b., a costura com p.bx. forma menos volume. Comece fazendo 1 nó corrediço na agulha.

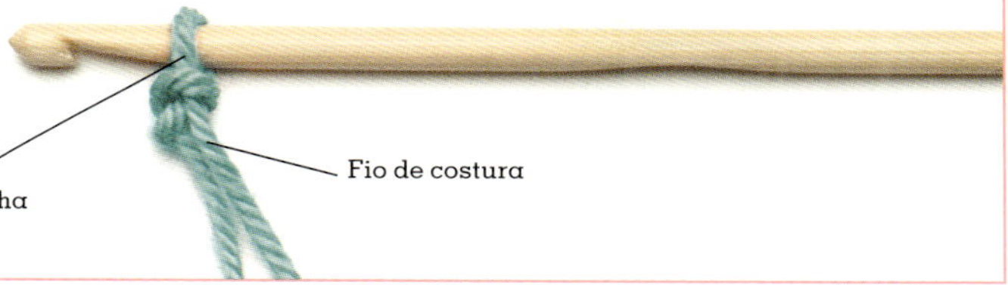

2 Alinhe as 2 camadas com os lados direitos juntos.

3 Com o nó corrediço na agulha, enfie a agulha pelas 2 camadas na ponta de início da costura, enrole o fio na agulha e puxe 1 alça pelas 2 camadas e pela alça na agulha.

4 Continue desse modo e arremate no fim. Quando costurar no alto dos pt. (como aqui), enfie a agulha só pelas alças de trás dos pt. Ao longo das bordas laterais, costure as camadas a 1pt. da borda.

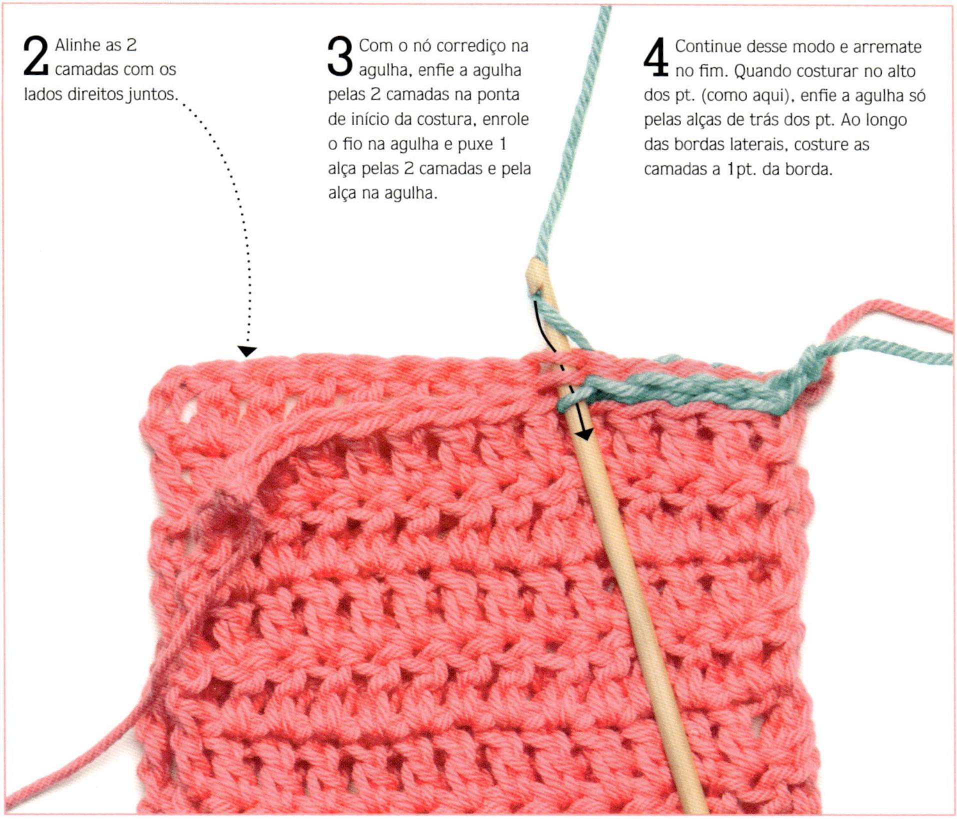

COLETE

Um bonito pt. de leques fechado feito em fio de algodão foi usado para criar este colete versátil de crochê (pp. 192-3). O pt. de leques fechado na base do colete ecoa no pt. de leques e corr. mais aberto no alto.

Ornamentos no crochê

Existem muitas maneiras de adicionar ornamentos sutis ou ousados no crochê. Escolher os botões certos é muito importante, então faça sua escolha com cuidado e leve a peça de crochê terminada quando for comprá-los. Outros ornamentos usados em crochê são contas, fitas, pompons e franjas, barrados e bordados.

Crochê com contas

Se forem poucas, as contas podem ser costuradas no crochê terminado. Mas, se forem usadas em toda a peça, costure-as no tecido ao crochetar. A técnica mais comum do crochê com contas usa o p.b. como fundo para elas.

COMO FAZER O PONTO BAIXO COM CONTAS

O crochê com contas é adequado para muitos padrões simples e geométricos. Mas evite usar muitas contas ou contas muito grandes, pois o peso delas pode deformar o tecido.

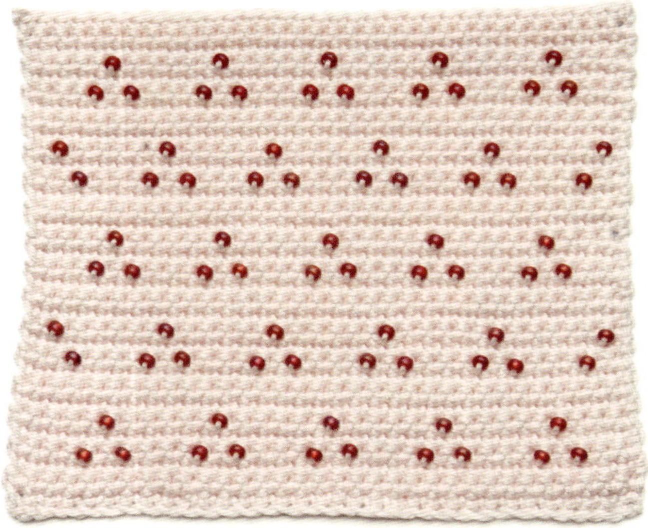

1 O p.b. geralmente é feito com 1 gráfico que mostra a posição das contas no tecido. O gráfico é lido como gráfico de crochê em cores (p. 91) e sua legenda indica quais pt. são trabalhados como p.b. simples e quais têm contas.

2 Faça 1 alça com a ponta do fio e passe por 1 alça de linha de costura, como mostrado. Enfie as contas na agulha e no fio.

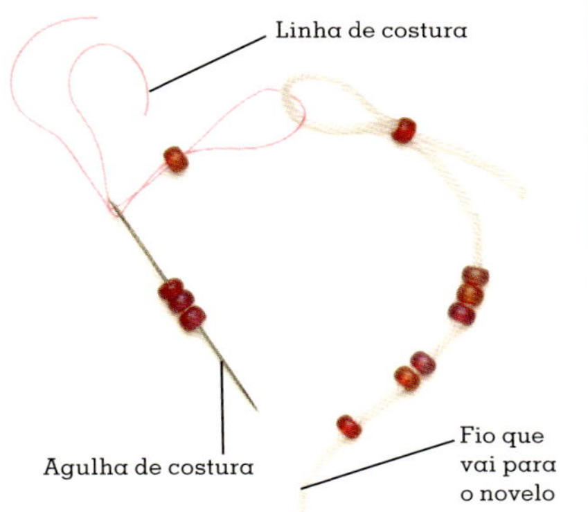

3 Siga o gráfico com o padrão das contas, deslizando as contas no fio na quantidade necessária. As contas são colocadas em carr., do lado avesso. Quando chegar à posição de 1 conta, faça o próx. p.b. até a últ. laçada – há 2 alças na agulha. Deslize 1 conta até o crochê e enrole o fio na agulha.

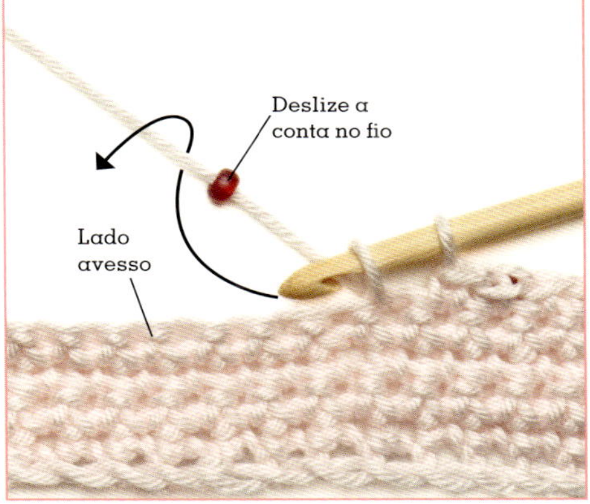

4 Puxe 1 alça pelas 2 alças na agulha para terminar o p.b.

5 Complete o p.b. firme para que a conta fique bem presa no tecido do lado direito do crochê.

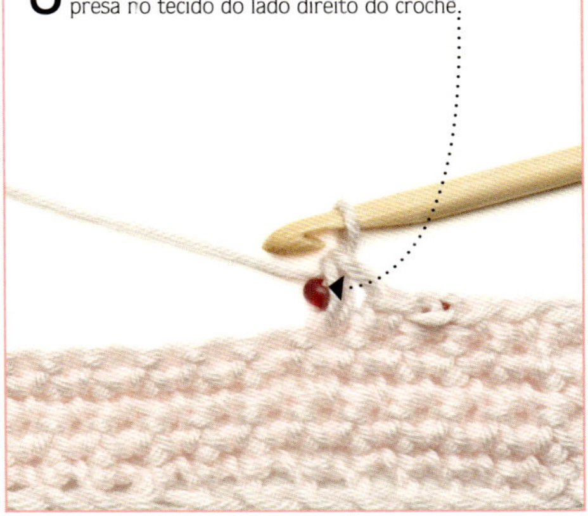

Bordado no crochê

Muitos pontos de bordado são adequados para o crochê e alguns dos mais comuns são mostrados aqui. Para bordar, use o mesmo fio usado no crochê ou um fio um pouco mais grosso para que os pontos fiquem bem nítidos. Faça os pontos com a agulha de ponta cega que é usada para costurar.

PONTO CASEADO

O ponto caseado cria um acabamento decorativo bem nítido. Prenda o fio com 2 ou 3 pt. lançados, feitos na borda do crochê. Faça pt. espaçados igualmente, da esquerda para a direita, como mostrado.

PONTO CORRENTINHA

O ponto correntinha é perfeito para motivos curvos. Deixe o fio no avesso do tecido e puxe alças com a agulha de crochê. Para arrematar, puxe a ponta do fio pela últ. alça e de volta para o avesso, sobre a alça. Entremeie as pontas no lado avesso.

PONTO CRUZ

1 Faça cada pt. cruz sobre 1 único p.b. Termine cada pt. cruz antes de passar para o próx. Deixe os pt. bem frouxos para não repuxarem o crochê.

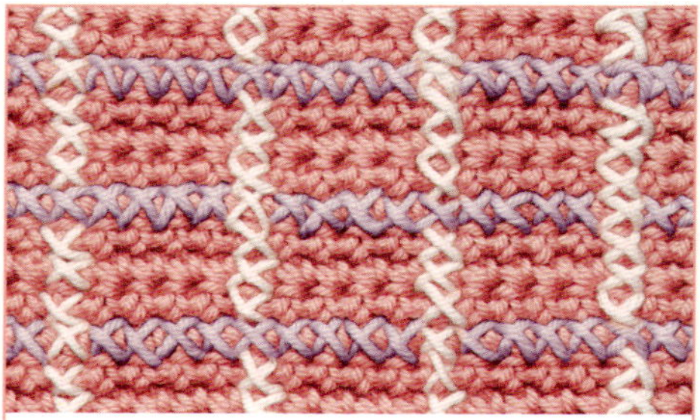

2 Adicionar linhas de pt. cruz cria um padrão xadrez interessante sobre 1 base de p.b. É a técnica perfeita para enfeitar 1 peça simples de p.b.

Barrados de crochê

Há várias receitas de barrados nas pp. 127-35 porque eles são ornamentos simples e excelentes. Alguns barrados podem ser feitos diretamente no crochê (pp. 114-5), e outros devem ser feitos separadamente e costurados.

COMO ACRESCENTAR BARRADOS

Para costurar um barrado, use o fio igual ao do crochê de base e agulha de ponta cega. Prenda o fio na borda direita da costura com 2 ou 3 pt. lançados. Depois, faça pt. lançados espaçados regularmente, juntando a base de crochê e o barrado, como mostrado.

Receitas de barrados simples

Acrescentar um barrado decorativo de crochê a uma peça simples pode transformá-la. Os barrados simples de crochê a seguir são feitos no sentido da largura e, assim, começa-se com um fio de correntinha do comprimento do barrado. Eles são perfeitos para bordas de toalhas, mantas, cobertores de bebê, golas e punhos. Ao fazer o barrado para circundar um cobertor, lembre-se de adicionar pontos para os cantos. O barrado então pode ser unido em cada canto para dar a volta. Use uma amostra de teste para calcular quanto a mais será preciso para cada canto. Veja abreviações e símbolos nas pp. 68-9.

BARRADO COM FUROS GRANDES

INSTRUÇÕES DE CROCHÊ

Faça um número de corr. múltiplo de 7, + 2 extras.
Carr. 1 (LA) 1p.b. na 2ª corr. a partir da agulha, 1p.b. em cada corr. rest., vire. **Carr. 2 (LD)** 1corr., 1p.b. no 1º p.b., 1m.p.a. no próx. p.b., 1p.a. no próx. p.b., 1p.a.d. no próx. p.b., *5corr., pule os próx. 3p.b., 1p.b. no próx. p.b., 1m.p.a. no próx. p.b., 1p.a. no próx. p.b., 1p.a.d. no próx. p.b.; rep. do * até os 4 últ. p.b., 5corr., pule os próx. 3p.b., 1p.b. no últ. p.b., Arremate.

GRÁFICO DE CROCHÊ

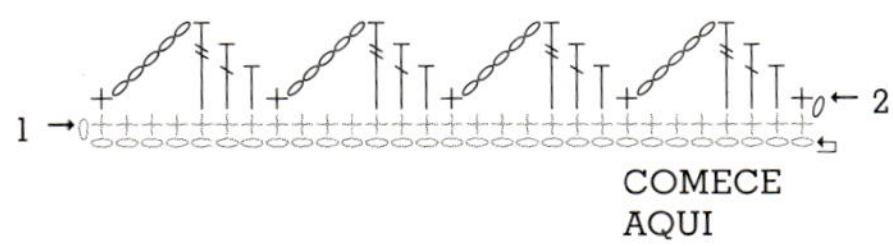

BARRADO DE CONCHAS

INSTRUÇÕES DE CROCHÊ

Faça um número de corr. múltiplo de 10, + 2 extras.
Carr. 1 (LD) 1p.b. na 2ª corr. a partir da agulha, 1p.b. em cada corr. rest., vire. **Carr. 2** 1corr., 1p.b. no 1º p.b., 2corr., pule os próx. 2p.b., 1p.b. no próx. p.b., 7corr., pule os próx. 3p.b., 1p.b. no próx. p.b., *6corr., pule as próx. 5corr., 1p.b. no próx. p.b., 7corr., pule os próx. 3p.b., 1p.b. no próx. p.b.; rep. do * até os 3 últ. p.b., 2corr., pule os próx. 2p.b., 1p.b. no últ. p.b., vire. **Carr. 3** 1corr., 1p.b. no 1º p.b., 13p.a. na próx. alça de 7corr., *1p.b. no próx. esp. de 6corr., 13p.a. na próx. alça de 7corr.; rep. do *, termine com 1p.b. no últ. p.b. Arremate.

GRÁFICO DE CROCHÊ

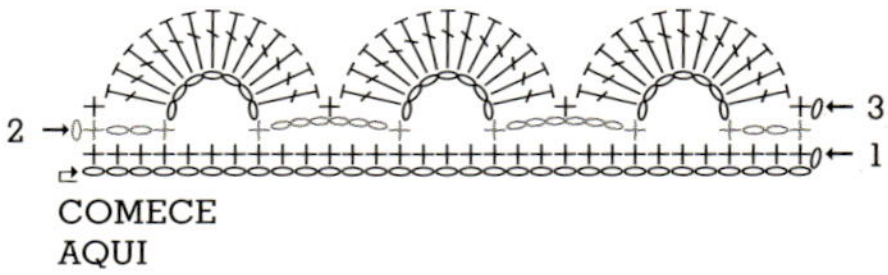

BARRADO DE LOSANGOS

INSTRUÇÕES DE CROCHÊ

Faça um número de corr. múltiplo de 6, + 2 extras.
Carr. 1 (LD) 1p.b. na 2ª corr. a partir da agulha, *4corr., lç. 2 x e enfie a agulha no mesmo lugar do últ. p.b., [lç. e puxe pelas 2 primeiras alças na agulha] 2 x, lç. 2 x, pule as próx. 5corr. e enfie a agulha na próx. corr., [lç. e puxe pelas 2 primeiras alças na agulha] 2 x, lç. e puxe pelas 3 alças na agulha (2p.a.d.jt.), 4corr., 1p.b. no mesmo lugar do últ. p.a.d.; rep. do * ao fim, vire. **Carr. 2** 5corr., 1p.a.d. no 1º 2p.a.d.jt., 4corr., 1p.b. no mesmo lugar do últ. p.a.d., *4corr., 2p.a.d.jt. sobre o últ. p.a.d. feito e próx. p.a.d., 4corr., 1p.b. no mesmo lugar do últ. p.a.d.; rep. do *, 4corr., lç. 2 x e enfie a agulha no mesmo lugar do últ. p.b., [lç. e puxe pelas 2 primeiras alças na agulha] 2 x, lç. 3 x e enfie a agulha no últ. p.b. da carr. ant., [lç. e puxe pelas 2 primeiras alças na agulha] 3 x, lç. e puxe pelas 3 alças na agulha. Arremate.

GRÁFICO DE CROCHÊ

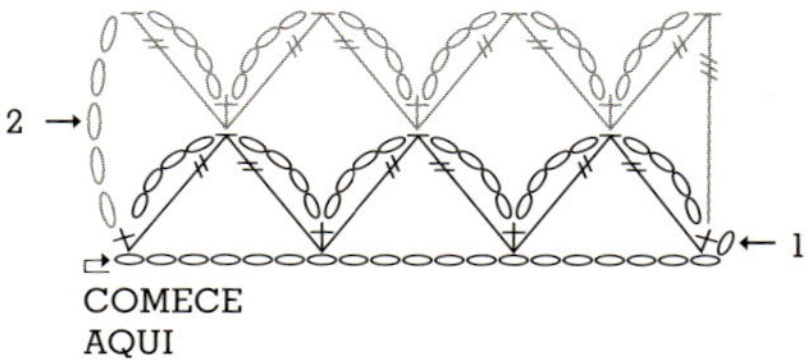

BARRADO EM PICÔ TRIPLO

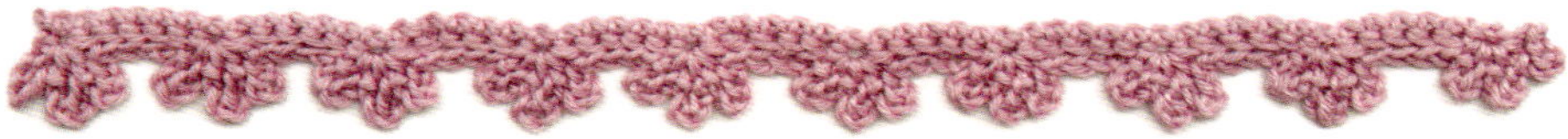

Faça um número de corr. múltiplo de 6, + 2 extras.
Carr. 1 (LA) 1p.b. na 2ª corr. a partir da agulha, 1p.b. em cada corr. rest., vire.
Carr. 2 (RS) 5corr., faça [1p.b., (5corr., 1p.b.) 2 x] todos no 1º p.b., *4corr., pule os próx. 5p.b., [1p.b., (5corr., 1p.b.) 3 x] todos no próx. p.b.; rep. do * ao fim.
Arremate.

GRÁFICO DE CROCHÊ

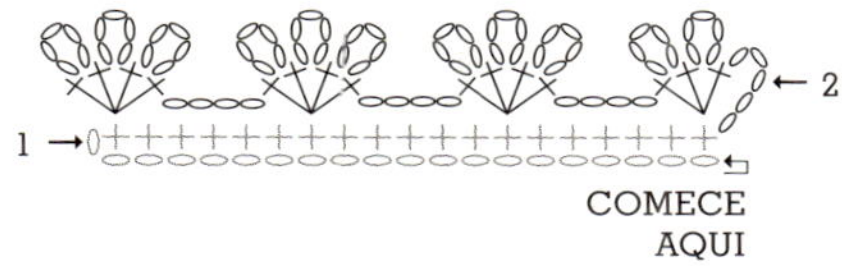

BARRADO DE CONCHAS EM PICÔ

INSTRUÇÕES DE CROCHÊ
Faça um número de corr. múltiplo de 4, + 2 extras.
Carr. 1 (LA) 1p.b. na 2ª corr. a partir da agulha, *5corr., pule as próx. 3corr., 1p.b. na próx. corr.; rep. do * até o fim, vire. **Carr. 2 (LD)** 1corr., *faça [4p.b., 3corr., 4p.b.] todos na próx. alça de 5corr.; rep. do * até o fim. Arremate.

GRÁFICO DE CROCHÊ

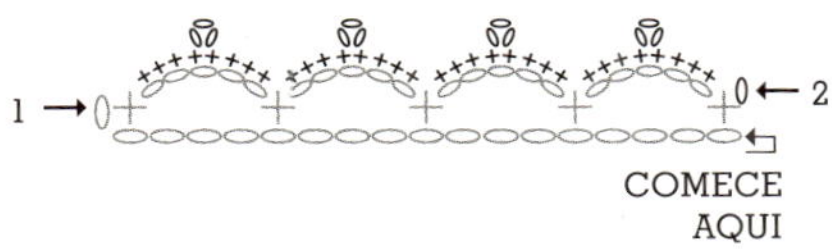

BARRADO DE PILARES

INSTRUÇÕES DE CROCHÊ
Faça um número de corr. múltiplo de 10, + 2 extras.
Carr. 1 (LA) 1p.b. na 2ª corr. a partir da agulha, 1p.b. em cada corr. rest., vire.
Carr. 2 (LD) 1corr., 1p.b. no 1º p.b., *2 corr, pule o próx. p.b., 1p.a. no próx. p.b., [2 corr., pule o próx. p.b., 1p.a.d. no próx. p.b.] 2 x, 2corr., pule o próx. p.b., 1p.a. no próx. p.b., 2corr., pule o próx. p.b., 1p.b. no próx. p.b.; rep do * até o fim. Arremate.

GRÁFICO DE CROCHÊ

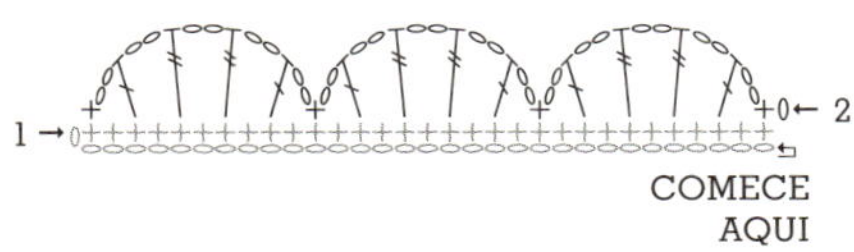

FRANJA TORCIDA

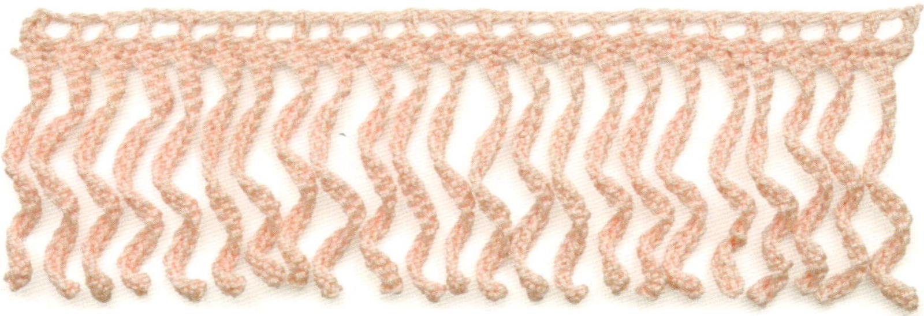

INSTRUÇÕES DE CROCHÊ

Observação: A franja vai se torcer naturalmente, não force as torções.

Para começar o barrado, faça um número par de corr.

Carr. 1 (LA) 1p.a.d. na 4ª corr. a partir da agulha, *1corr., pule a próx. corr., 1p.a.d. na próx. corr.; rep. do * até o fim, vire.

Carr. 2 (LD) 1corr., 1p.b. no 1º p.a.d., *24corr., 1p.b. na 2ª corr. a partir da agulha, 1p.b. em cada 1 das 22corr. res., 1p.b. no próx. p.a.d.; rep. do * até o fim.

Arremate.

GRÁFICO DE CROCHÊ

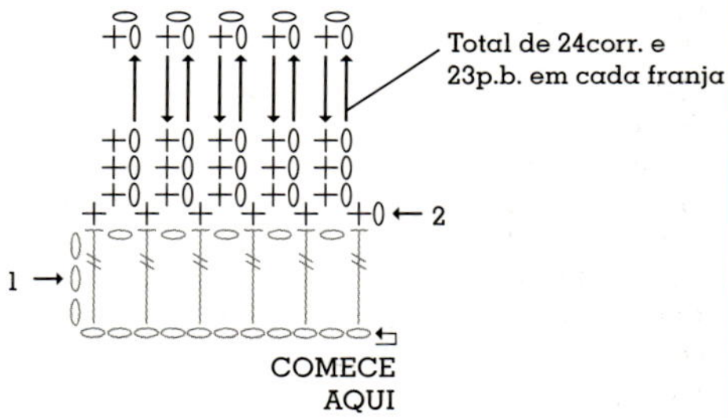

BARRADO DE ALÇA DUPLA

INSTRUÇÕES DE CROCHÊ

Para começar o barrado, faça um número de corr. múltiplo de 5, mais 2 extras.

Carr. 1 (LA) 1p.b. na 2ª corr. a partir da agulha, 1p.b. na próx. corr., *5corr., pule as próx. 2corr., 1p.b. em cada 1 das próx 3corr.; rep. do * até as últ. 4corr., 5corr., pule as próx. 2corr., 1p.b. em cada 1 das últ. 2corr., vire. **Carr. 2 (LD)** 1corr., 1p.b. no 1º p.b., *8corr., 1p.b. no p.b. central do próx. grupo de 3p.b. (no outro lado da alça de 5corr.); rep. do * fazendo o últ. p.b. no últ. p.b. da carr. 1. Arremate.

GRÁFICO DE CROCHÊ

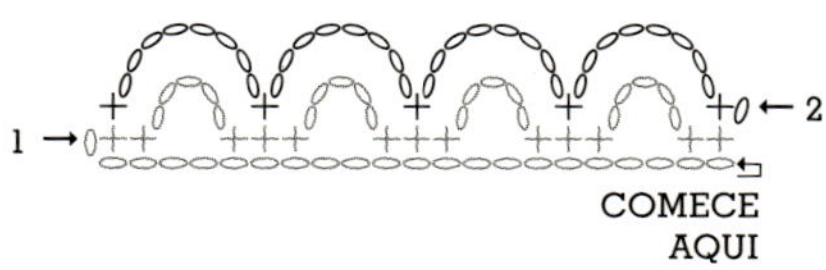

BARRADO DE CONCHAS E GRUPOS

INSTRUÇÕES DE CROCHÊ

Faça um número de corr. múltiplo de 8, + 2 extras.
Carr. 1 (LD) 1p.b. na 2ª corr. a partir da agulha, 1p.b. em cada corr. rest., vire. **Carr. 2** 1corr., 1p.b. no 1º p.b., 1p.b. em cada 1 dos próx. 2p.b., *6corr., pule os próx. 3p.b., 1p.b. em cada dos próx. 5p.b.; rep. do * até os últ. 6p.b., 6corr., pule os próx. 3p.b., 1p.b. em cada dos últ. 3p.b., vire. **Carr. 3** 3corr., faça [lç., enfie a agulha no esp. de corr., lç. e puxe 1 alça, lç. e puxe pelas 2 primeiras alças na agulha] 3 x no próx. esp. de 6corr., há 4 alças na agulha, lç. e puxe por todas as 4 alças na agulha para fechar o grupo de 3p.a., *4corr., grupo de 3p.a. no mesmo esp. de corr., 4corr., grupo de 3p.a. no mesmo esp. de corr. NÃO feche o grupo (deixe as últ. 4 alças na agulha), grupo de 3p.a. no próx. esp. de 6corr. e feche este grupo e o últ. grupo ao mesmo tempo, puxando 1 alça por todas as 7 alças na agulha; rep. do * até o últ. esp. de 6corr., [4corr., grupo de 3p.a. no mesmo esp. de corr.] 2 x, 1p.a. no últ. p.b. da carr. 2. Arremate.

GRÁFICO DE CROCHÊ

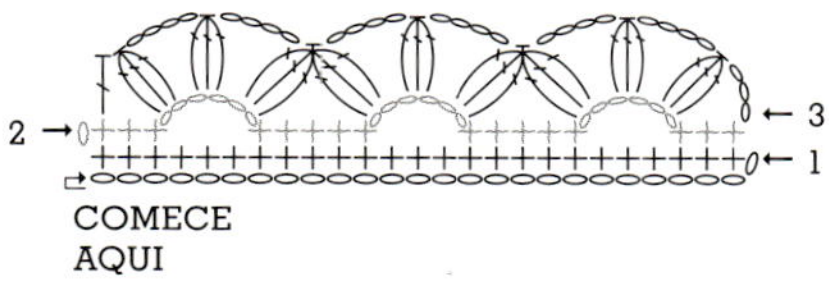

BARRADO SIMPLES DE LEQUES

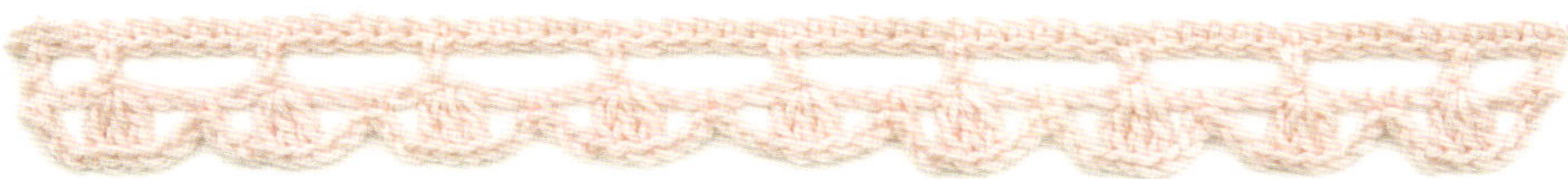

INSTRUÇÕES DE CROCHÊ

Faça um número de corr. múltiplo de 6, + 2 extras.
Carr. 1 (LD) 1p.b. na 2ª corr. a partir da agulha, 1p.b. em cada corr. res., vire. **Carr. 2** 5corr., pule os primeiros 3p.b., 1p.a. no próx. p.b., *5corr., pule os próx. 5p.b., 1p.a. no próx p.b.; rep. do * até os 3 últ. p.b., 2corr., pule os próx. 2p.b., 1p.a. no últ. p.b., vire. **Carr. 3** 1corr., 1p.b. no 1º p.a., 3corr., 3p.a. no próx. p.a., *3corr., *1p.b. no próx. esp. de 5corr., 3corr., 1p.a. no próx. p.a.; rep do *, terminando com 3corr., pule as primeiras 2corr. das 5 últ. corr., 1p.b. na próx. corr. Arremate.

GRÁFICO DE CROCHÊ

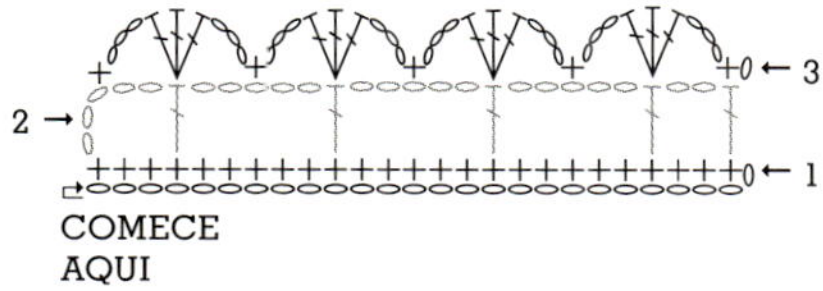

BARRADO DE ALÇAS LONGAS

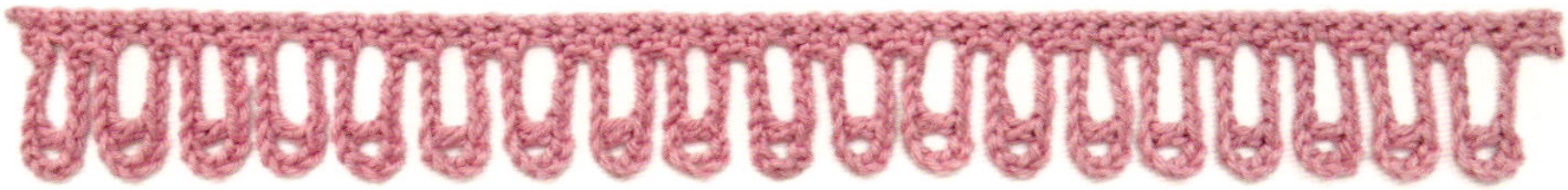

INSTRUÇÕES DE CROCHÊ

Faça um número de corr. múltiplo de 3.

Carr. 1 (LA) 1p.b. na 2ª corr. a partir da agulha, 1p.b. em cada corr. rest., vire.

Carr. 2 (LD) 1corr., 1p.b. no 1º p.b., 9corr., 1p.a. na 6ª corr. a partir da agulha, 4corr., *1p.b. em cada 1 dos próx. 3p.b., 9corr., 1p.a. na 6ª corr. a partir da agulha, 4corr.; rep. do * até o últ. p.b., 1p.b. no últ. p.b.

Arremate.

GRÁFICO DE CROCHÊ

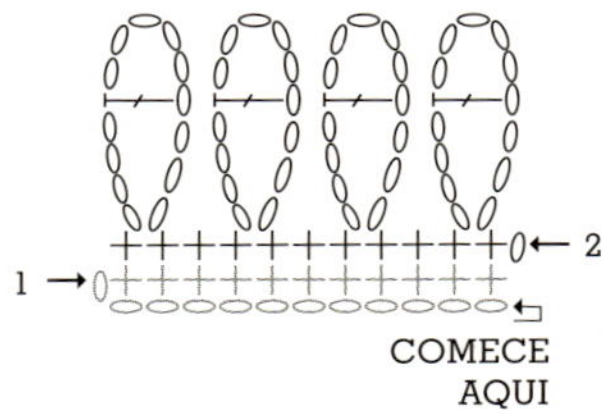

BARRADO DUPLO DE CONCHAS

INSTRUÇÕES DE CROCHÊ

Faça um número de corr. múltiplo de 5, + 2 extras.

Carr. 1 (LD) 1p.b. na 2ª corr. a partir da agulha, 1p.b. em cada corr. rest., vire.

Carr. 2 6corr., pule os primeiros 2p.b., 1p.b. no próx. p.b., *5corr., pule os próx. 4p.b., 1p.b. no próx. p.b.; rep. do * até os 3 últ. p.b., 3corr., pule os próx. 2p.b., 1p.a. no últ. p.b., vire.

Carr. 3 3corr., 3p.b. no 1º esp. de 3corr., 1p.b. no próx. p.b. (entre as alças), *faça [3p.b., 3corr., 3p.b.] todos na próx. alça de 5corr., 1p.b. no próx. p.b.; rep do *, termine com [3p.b., 3corr., 1p.b.] na últ. alça de 6corr., vire.

Carr. 4 1corr., 1p.b. no 1º picô de 3corr., *5corr., 1p.b. no próx. picô de 3corr.; rep. do * até o fim, vire. **Carr. 5** 1corr., 1p.b. no 1º p.b., *1corr., 6p.a. na próx. alça de 5corr., 1corr., 1p.b. no próx. p.b.; rep. do * até o fim. Arremate.

GRÁFICO DE CROCHÊ

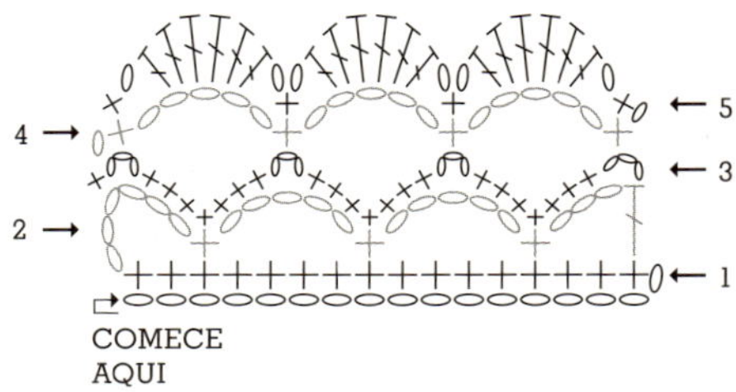

BARRADO DE CÍRCULOS

INSTRUÇÕES DE CROCHÊ

Faça um número de corr. múltiplo de 6.

Carr. 1 (LD) 1p.b. na 9ª corr. a partir da agulha, *7corr., pule as próx. 5corr., 1p.b. na próx. corr.; rep do * até as 3 últ. corr., 3corr., pule as próx. 2corr., 1p.b. na últ. corr., vire.

Carr. 2 1corr., 1p.b. no 1º p.a., 2corr., 1p.a. no próx. p.b., *5corr., 1p.a. no próx. p.b.; rep. do *, termine com 2corr., 1p.b. na 4ª corr. a partir do últ. p.b. na carr. anterior, vire. **Carr. 3** 1corr., 1p.b. no 1º p.b., *3corr., 1p.a. no próx. p.a., 3corr., 1p.b. na alça de 7corr. da carr. 1 (pegando a alça de 5corr. na carr. anterior dentro do p.b.); rep. do * até o fim, fazendo o últ. p.b., da últ. rep. no últ. p.b. da carr. 2. Arremate.

GRÁFICO DE CROCHÊ

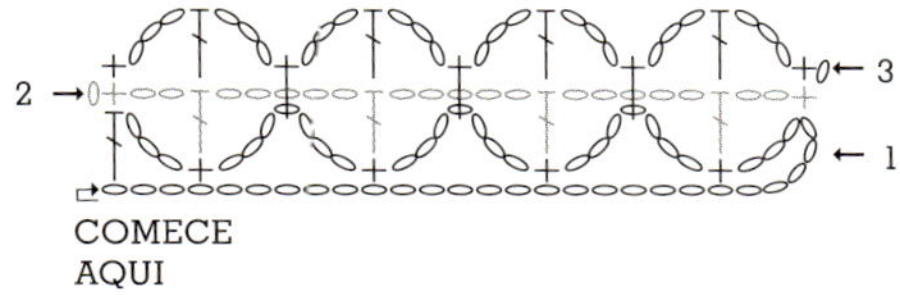

BARRADO DE PÉTALAS

INSTRUÇÕES DE CROCHÊ

Faça um número de corr. múltiplo de 14, + 2 extras.

Carr. 1 (LD) 1p.b. na 2ª corr. a partir da agulha, 1p.b. em cada corr. rest., vire.

Carr. 2 1corr., 1p.b. no 1º p.b., *6corr., pule próx. 6p.b., faça [2p.a., 2corr., 2 p.a] todos no próx. p.b., 6corr., pule os próx. 6p.b., 1p.b. no próx. p.b.; rep. do * até o fim, vire.

Carr. 3 1corr., 1p.b. no 1º p.b., *6corr., faça [2p.a., 2corr., 2p.a.] todos no próx. esp. de 2corr., 6corr., 1p.b. no próx. p.b.; rep. do * até o fim. Arremate.

Observação: Ao blocar este barrado, prenda com alfinete cada ponta em cada esp. de 2corr. para a forma correta.

GRÁFICO DE CROCHÊ

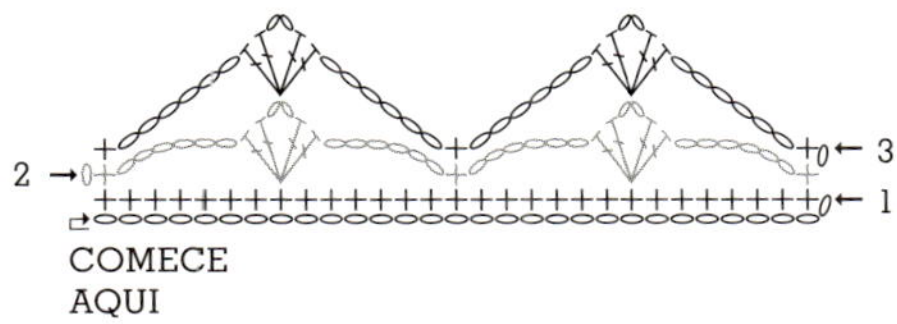

FRANJA DE CORRENTINHAS

INSTRUÇÕES DE CROCHÊ

Observação: Essa franja é feita em 1 carr. de p.b. O comprimento da franja pode ser alterado mudando-se o número de corr. em cada alça de franja. Para começar o barrado, faça 1corr. a mais do que o número de p.b. necessários.

Carr. 1 (LA) 1p.b. na 2ª corr. a partir da agulha, 1p.b. em cada corr. rest., vire.

Carr. 2 (LD) 1corr., 1p.b. no 1º p.b., 29corr., 1p.b. no mesmo lugar do últ. p.b., *1p.b. no próx. p.b., 29corr., 1p.b. no mesmo lugar do últ. p.b., rep. do * até o fim. Arremate.

GRÁFICO DE CROCHÊ

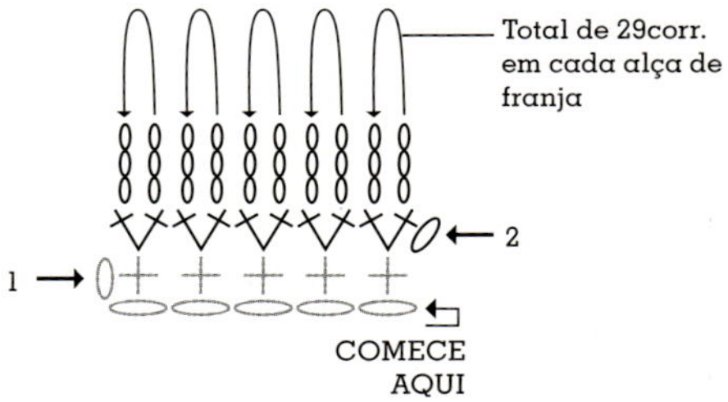

BARRADO EM DEGRAUS

INSTRUÇÕES DE CROCHÊ

Faça um número de corr. múltiplo de 4, + 3 extras.

Carr. 1 (LA) 1p.a. na 4ª corr. a partir da agulha, 1p.a. em cada corr. rest., vire.

Carr. 2 (LD) 3corr., 3p.a. no 1º p.a., *pule os próx. 3p.a., faça [1p.b., 3corr., 3p.a.] todos no próx. p.a.; rep. do * até os últ. 3p.a., pule os últ. 3p.a., 1p.b. no alto das 3corr. finais. Arremate.

GRÁFICO DE CROCHÊ

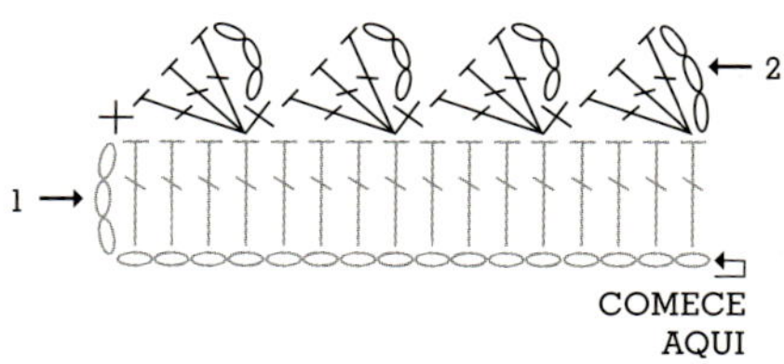

BARRADO SIMPLES COM DIVERSOS PONTOS

INSTRUÇÕES DE CROCHÊ

Faça um número de corr. múltiplo de 8, mais 2 extras.

Carr. 1 (LA) 1p.b. na 2ª corr. a partir da agulha, 1p.b. em cada corr. rest., vire.

Carr. 2 (LD) 1corr., 1p.bx. no 1º p.b., *1p.b. no próx. p.b., 1m.p.a. no próx. p.b., 1p.a. no próx. p.b.; 3p.a.d. no próx. p.b., 1p.a. no próx. p.b., 1m.p.a. no próx. p.b., 1p.b. no próx. p.b., 1p.bx. no próx. p.b.; rep do * até o fim. Arremate.

GRÁFICO DE CROCHÊ

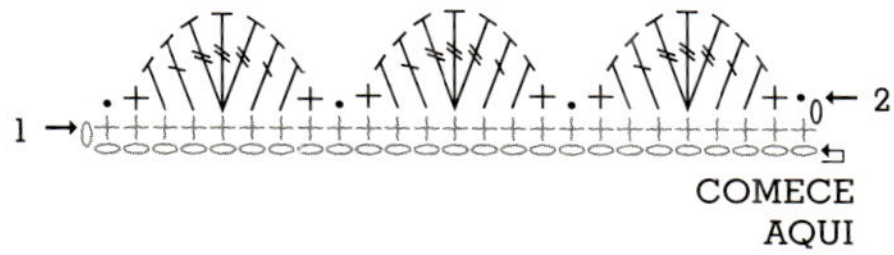

BARRADO DE GRUPOS E LEQUES

INSTRUÇÕES DE CROCHÊ

Faça um número de corr. múltiplo de 8, + 4 extras.

Carr. 1 (LA) 1p.a. na 4ª corr. a partir da agulha, *pule as próx. 3corr., 6p.a. na próx. corr. (para fazer 1 leque), pule as próx. 3corr., faça [1p.a., 1corr., 1p.a.] todos na próx. corr.; rep. do * até as 8 últ. corr., pule as próx. 3corr., 6p.a. na próx. corr., pule as próx. 3corr., 2p.a. na últ. corr., vire.

Carr. 2 (LD) 1corr., pule o 1º p.a., 1p.b. no próx. p.a., *4corr., [lç., enfie a agulha no próx. p.a., lç. e puxe 1 alça, lç. e puxe pelas 2 primeiras alças na agulha] 6 x (1 x em cada 1 dos 6p.a. do leque), lç. e puxe pelas 7 alças na agulha para concluir o grupo, 6corr., 1p.bx. no alto do grupo recém-terminado, 4corr., 1p.b. no próx. esp. de 1corr. (entre 2p.a.); rep. do * até o fim, faça o últ. p.b. da últ. rep. no alto das 3corr. finais. Arremate.

GRÁFICO DE CROCHÊ

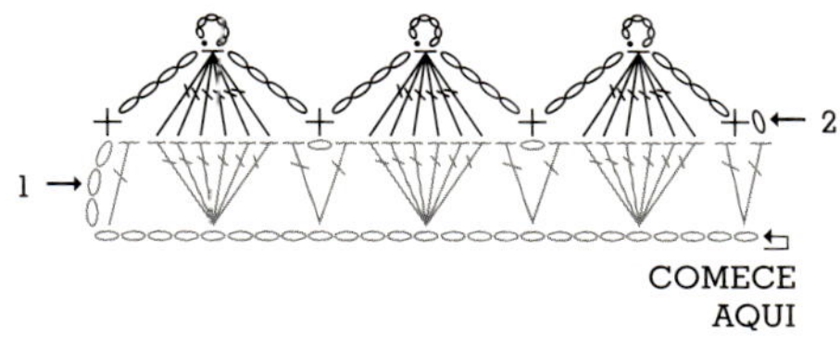

Crochê circular

O crochê pode ser trabalhado não só em carreiras de ida e vinda, mas em voltas, formando tubos ou formas planas começadas no centro (chamadas de medalhões). As técnicas básicas para crochetar em círculo são muito fáceis, por isso muitos acessórios de crochê são feitos com o crochê circular, entre eles flores e motivos de colchas, além de brinquedos, chapéus, luvas, caixas e bolsas sem costura.

Como crochetar tubos

O crochê tubular começa com uma correntinha de base longa unida para formar um anel, e as voltas de pontos são feitas ao redor dele. O cilindro de crochê mais fácil é o feito em ponto baixo, em espiral, sem correntinha de virada.

COMO COMEÇAR UM TUBO

1 Comece o cilindro de crochê, ou tubo, com o comprimento de corr. indicado na receita. Enfie a agulha na 1ª corr.

2 Puxe 1 alça pela corr. e, ao mesmo tempo, pela alça na agulha para fazer 1p.bx. Isso une a corr. em 1 círculo. Faça a 1ª e as voltas seg. como indicado na receita.

TUBO ESPIRAL EM PONTO BAIXO

1 Faça o anel de base e trabalhe 1 corr. Faça o 1º p.b. no mesmo lugar do p.bx., faça 1p.b. em cada 1 das 2corr. rest. no anel.

2 Coloque 1 marcador de pt. no últ. pt. da 1ª volta para marcar onde as voltas começam e terminam.

3 Para começar a 2ª volta, faça o próx. pt. no 1º pt. da volta anterior.

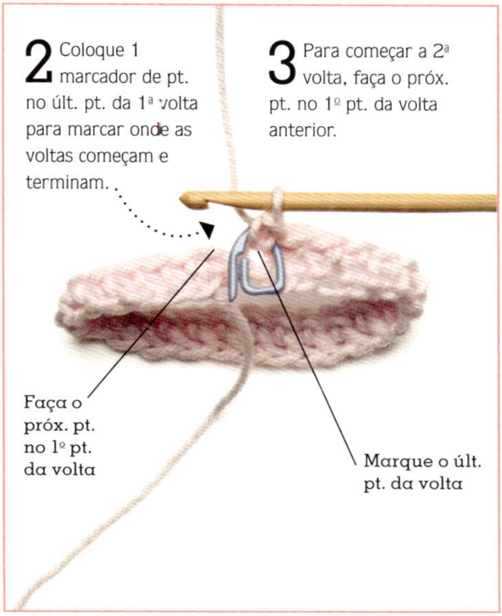

4 Na 2ª volta, faça 1p.b. em cada p.b. da volta anterior.

5 No final da volta, passe o marcador para o últ. pt. desta volta. (Conforme a espiral cresce, o início da volta se move gradativamente para a direita.)

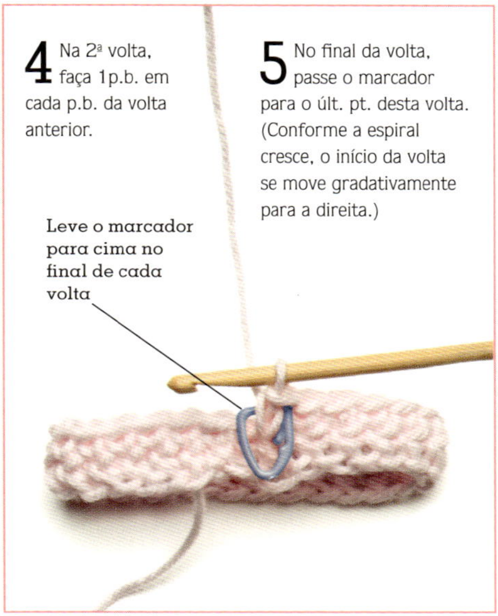

6 Continue fazendo voltas do mesmo modo até que o tubo de crochê tenha o tamanho desejado.

TUBO EM PONTO ALTO SEM VIRAR

Quando os pt. básicos mais altos do que o p.b. são usados para fazer tubos de crochê, cada volta começa com 1corr. de virada.

1 Para fazer 1 tubo de p.a. com o lado direito do trabalho sempre voltado para fora (sem virar), comece com 3corr. Faça 1p.a. na próx. corr. e em cada 1 das corr. rest. no anel.

2 No final da volta, una o últ. pt. ao alto da corr. de virada no início da volta, fazendo 1p.bx. na 3ª das 3corr.

3 Comece a 2ª volta com 3corr. Não precisa marcar o fim da volta com o marcador, pois a corr. de virada mostra onde a volta começa. Continue em torno do tubo, fazendo 1p.a. em cada p.a. da volta anterior.

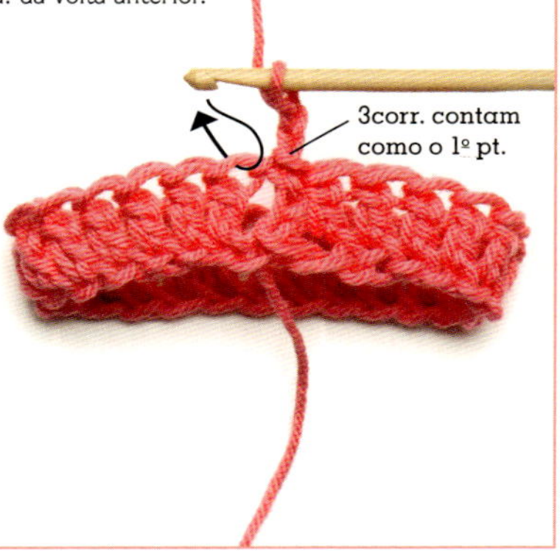

4 No fim da 2ª volta, una o últ. pt. ao alto da corr. de virada com 1p.bx. Continue do mesmo modo, começando as outras voltas com 3corr.

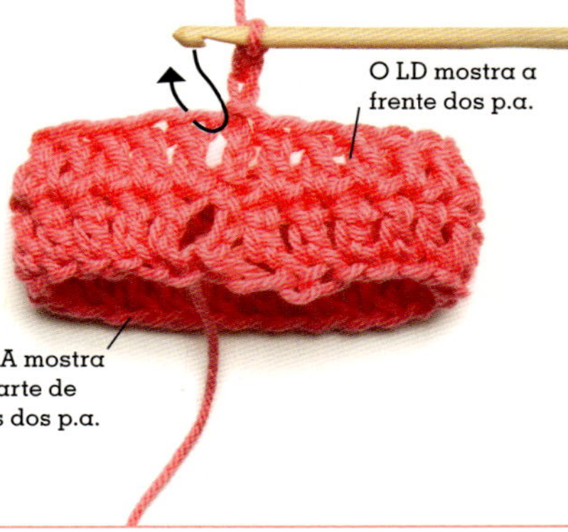

TUBO EM PONTO ALTO COM VIRADAS

Se o tubo de p.a. precisa combinar com o crochê trabalhado em carr. em outras partes da peça, o trabalho pode ser virado no final de cada volta.

1 Faça a 1ª volta em p.a. como para 1 tubo sem virar. Vire o trabalho, faça 3corr. como mostrado e complete a volta.

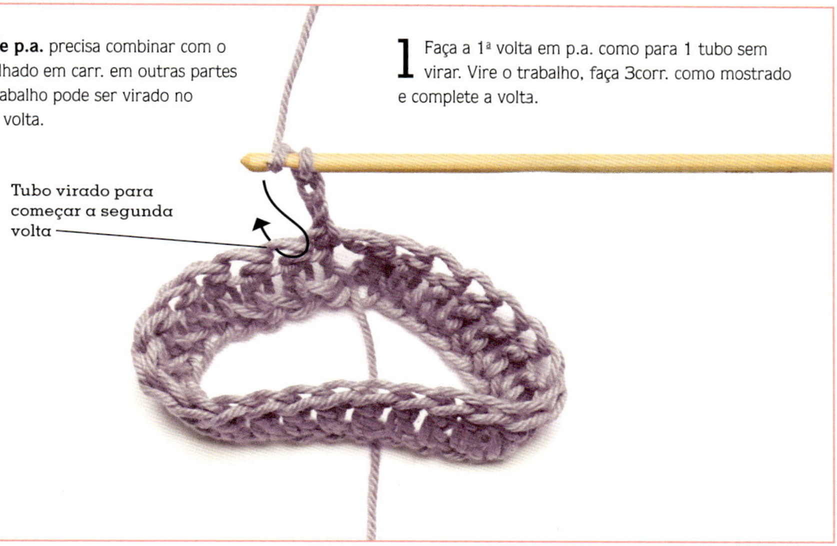

2 Para começar a 3ª carr., vire o trabalho e comece com 3corr.

3 Continue assim, juntando o últ. pt. com 1p.bx. ao alto da corr. de virada no fim de cada volta e virando o trabalho para começar a próx. volta. O tecido ficará igual ao p.a. feito em carr.

COBERTOR EM PATCHWORK
Feito de quadrados que são uma variação do quadrado simples (p. 148), este cobertor em patchwork (pp. 216-7) pode ser confeccionado rapidamente ou ao longo do tempo, sozinho ou com outros crocheteiros. Uma borda estreita dá o acabamento.

Círculos planos

Um círculo simples é um bom exemplo de como outros medalhões planos são começados e trabalhados em círculos a partir do centro. O círculo também é usado junto com o tubo de crochê para fazer recipientes (pp. 156-7) ou partes de brinquedos, e vale a pena praticá-lo.

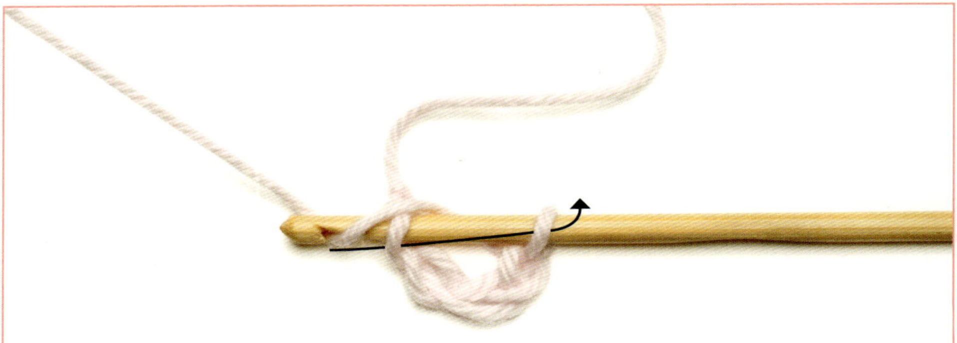

1 Siga estes passos para fazer o círculo simples (p. 144) pela primeira vez. O círculo é trabalhado do centro para fora. Comece com 4corr. Faça 1p.bx. na 1ª corr., como mostra a flecha.

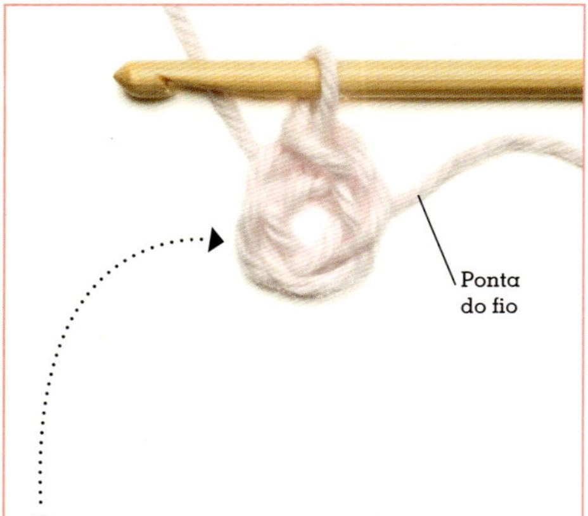

2 Aqui se forma o anel de base onde é feita a 1ª volta de pt.

3 Para 1 círculo de p.b., comece a 1ª volta com 1corr. Coloque a ponta do fio ao redor do alto das corr. e comece a fazer os p.b. da 1ª volta pelo centro do anel, envolvendo a ponta do fio.

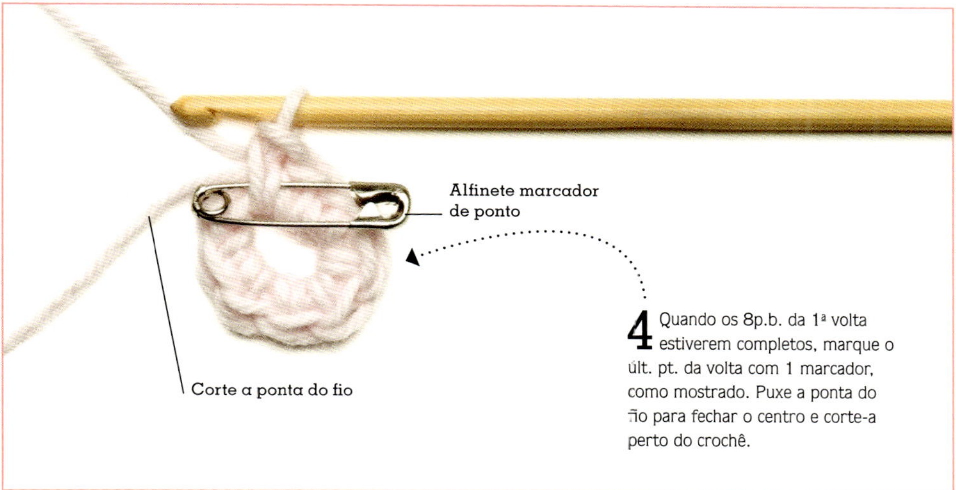

4 Quando os 8p.b. da 1ª volta estiverem completos, marque o últ. pt. da volta com 1 marcador, como mostrado. Puxe a ponta do fio para fechar o centro e corte-a perto do crochê.

5 Faça 2p.b. em cada p.b. na 2ª volta, como explicado na receita, fazendo os 2 últ. p.b. no alto do pt. marcado na últ. volta. Conte os pt. para conferir se são 16 no total. Continue a receita até que o círculo esteja do tamanho necessário.

MÉTODOS ALTERNATIVOS PARA FAZER CÍRCULOS PLANOS

2 corr.: Comece com 2corr. Faça o número necessário de p.b. na 2ª corr. a partir da agulha; depois 1p.bx. no 1º p.b. para fechar.

Laço mágico: Faça 1 alça com o fio (não comece com 1p.bx.). Enfie a agulha na alça e puxe o fio de trabalho por ela. 1corr. Trabalhando embaixo da alça e da ponta de fio, enfie a agulha na alça e faça o número necessário de p.b. Puxe a ponta para fechar a alça.

MEDALHÃO SIMPLES COM 11 VOLTAS

Cor única **Duas cores**

Esta receita é de um círculo de crochê clássico e simples. (Veja as abreviações nas pp. 68-9.)

Observação: Faça o círculo em 1 cor ou em 2 cores (A e B). Para 1 círculo em 2 cores, faça o anel de base e a volta 1 na cor A, depois faça voltas alternando as cores B e A, mudando para a cor nova na últ. lç. do últ. p.b. de cada volta e levando as cores pelo LA do círculo.
Faça 4corr. e una com 1p.bx., formando 1círculo.
Volta 1 (LD) 1corr., 8p.b. no anel. Não vire no final das voltas; trabalhe com o LD sempre voltado para fora.
Observação: Marque o últ. pt. da volta 1, e no final de cada volta, mova o marcador para o últ. pt. da volta recém-terminada.
Volta 2 2p.b. em cada p.b. **16p.b.**
Volta 3 *1p.b. no próx. p.b., 2p.b. no próx. p.b.; rep. do *. **24p.b.**
Volta 4 1p.b. em cada p.b.
Volta 5 *1p.b. no próx. p.b., 2p.b. no próx. p.b.; rep do *. **36p.b.**
Volta 6 Rep. a volta 4.
Volta 7 *1p.b. em cada 1 dos próx. 2p.b., 2p.b. no próx. p.b.; rep do *. **48p.b.**
Volta 8 Rep. a volta 4.
Volta 9 *1p.b. em cada 1 dos próx. 3p.b., 2p.b. no próx. p.b.; rep. do *. **60 p.b.**
Volta 10 Rep. a volta 4.
Volta 11 1p.b. em cada 1 dos primeiros 2p.b., 2p.b. no próx. p.b., *1p.b. em cada 1 dos próx. 4p.b., 2p.b. no próx. p.b.; rep. do *, termine com 1p.b. em cada 1 dos 2 últ. p.b. **72p.b.**
Faça 1p.bx. no próx. p.b. e arremate.
Para fazer 1 círculo maior, continue deste modo, acrescentando 12p.b. extras em voltas alternadas (fazendo 1pt. a + entre os aum.) e alterando a posição do 1º aum. em cada volta de aum.

Dicas para medalhões

O princípio para começar qualquer medalhão e trabalhar em voltas é o mesmo do círculo simples, e muitas flores simples de crochê também são feitas com essas técnicas (pp. 150-3). Se achar desajeitado colocar todos os pontos da primeira volta no pequeno anel de base (pp. 142-3), experimente o anel de alça simples. Duas outras dicas são as técnicas para começar cores novas e para unir motivos (p. 146).

COMO FAZER UM ANEL DE ALÇA SIMPLES

1 O anel de alça simples é um modo rápido de começar uma forma plana em voltas e permite deixar o furo central tão fechado ou tão aberto quanto quiser. Comece como se fosse fazer 1 nó corrediço (p. 32), formando 1 círculo de fio e passando o fio por dentro dele.

2 Deixe o círculo de fio aberto. Para começar 1 volta de p.b., faça 1 corr.

3 Faça a 1ª volta de pontos baixos, trabalhando-os no anel e sobre a ponta do fio, como mostra a flecha.

4 Quando todos os pt. necessários estiverem prontos, puxe a ponta do fio para fechar o anel. Continue como indicado na receita.

COMO UNIR UMA COR NOVA

Ao começar uma cor nova no início de uma volta do medalhão, você pode mudar para a cor nova com a últ. lç. da volta anterior ou arrematar a cor anterior e unir a cor nova com 1p.bx.

1 Juntar a cor nova com 1p.bx. cria uma junção firme. Faça 1 nó corrediço com a cor nova e retire-o da agulha. Enfie a agulha na posição indicada e puxe o nó corrediço.

2 Comece a volta nova com o número indicado de corr., puxando a 1ª corr. pelo nó corrediço. Faça os pt. da volta sobre as 2 pontas de fio (a da cor nova e a da cor anterior) para que não haja muitas pontas para esconder depois. Outra opção, para reduzir o volume, é começar a cor nova em um lugar diferente e entremear 1 ponta por vez.

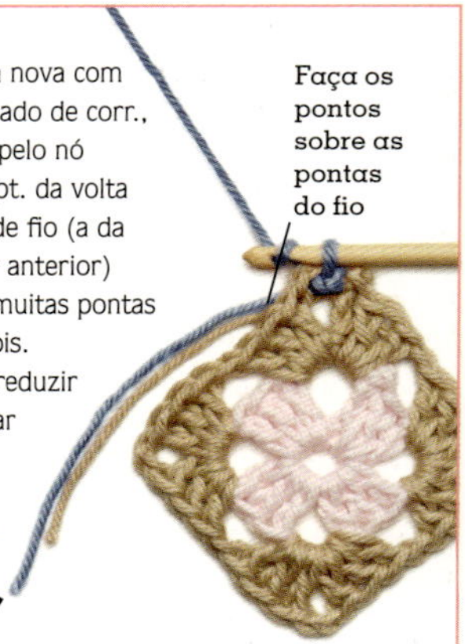

COMO UNIR MEDALHÕES

Costura plana com p.bx.: Fazer costuras com pt. de crochê é o modo mais rápido para unir medalhões. Para costurar com p.bx., ponha os 2 medalhões lado a lado. Faça cada p.bx. apenas em 1 alça (a alça de trás) do alto de 1pt. em cada medalhão. (Use agulha um tamanho menor do que a usada nos medalhões, mas faça os pt. bem frouxos.)

Costura com p.b.: A costura com p.b. também é rápida de fazer. Ela forma uma crista que pode servir de enfeite no LD ou pode ser escondida no LA do trabalho. Ponha os 2 medalhões juntos, ou avesso com avesso (crista no lado direito), ou direito com direito (crista no avesso). Faça cada p.b. apenas em 1 alça do alto de 1pt. em cada medalhão (a alça mais perto de você no medalhão de cima e a alça mais distante no medalhão de baixo).

Receitas de medalhões simples

Os medalhões de crochê são uma ótima maneira de usar restos de fios. Podem-se juntar os medalhões para formar peças pequenas, como bolsas ou capas de almofadas, ou para fazer itens maiores, como mantas e cobertores de bebê. Os medalhões unidos também criam belos cachecóis e xales, especialmente se feitos em fio mohair fino. Se for iniciante, use fios menos peludos para os primeiros medalhões, pois é mais fácil aprender a técnica com um fio de lã liso de espessura média ou fina.

OBSERVAÇÕES ESPECIAIS

- Ao seguir os gráficos, use as cores como explicado nas instruções escritas. Os tons usados no diagrama indicam as carr. diferentes e não mudanças de cor. (Veja nas pp. 68-9 uma lista das abreviações e símbolos de pontos básicos.)
- Junte as cores novas como explicado na página ao lado.
- Não vire os medalhões no fim das voltas, ou seja, trabalhe sempre com o lado direito voltado para você.

QUADRADO TRADICIONAL DE MANTAS

GRÁFICO DE CROCHÊ

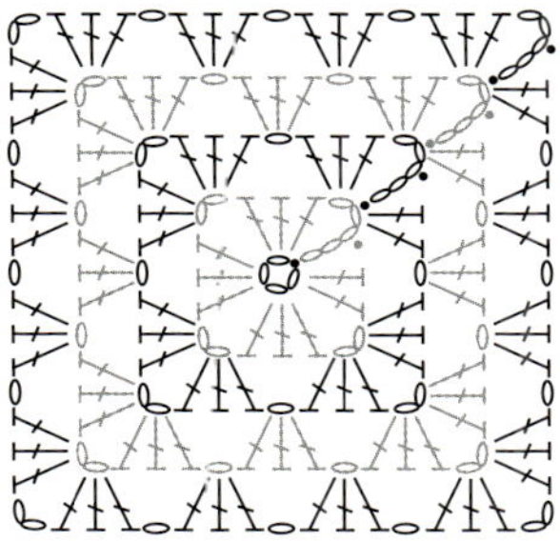

INSTRUÇÕES DE CROCHÊ

Este quadrado é feito em 4 cores (A, B, C, D), 1 cor diferente para cada volta. Com a cor A, faça 4corr. e una à 1ª corr. com 1p.bx. formando 1 anel. **Volta 1 (LD)** Com a cor A, 5corr. (conta como 1p.a. e 1 esp. de 2 corr.), [3p.a. no anel, 2corr. (essas 2corr. formam 1 esp. de canto)] 3 x, 2p.a. no anel, una com 1p.bx. à 3ª das 5corr. Arremate a cor A. **Volta 2** Junte a cor B com 1p.bx. a 1 esp. de canto de 2corr., 5corr., 3p.a. no mesmo esp. de canto, *1corr., [3p.a., 2corr., 3p.a.] no próx. esp. de canto de 2corr.; rep. do * mais 2 x, 1corr., 2p.a. no mesmo esp. de canto de 5corr. no início da volta, junte com 1p.bx. na 3ª das 5corr. Arremate a cor B.

Volta 3 Junte a cor C a 1 esp. de canto de 2corr., 5corr., 3p.a. no mesmo esp. de canto, *1corr., 3p.a. no próx. esp. de 1corr., 1corr., [3p.a., 2corr., 3p.a.] no próx. esp. de canto de 2corr.; rep. do * mais 2 x, 1corr., 3p.a. no próx. esp. de 1corr., 1corr., 2p.a. no mesmo esp. de canto de 5corr. no início da volta, junte com 1p.bx. na 3ª das 5corr. Arremate a cor C. **Volta 4** Junte a cor D a 1 esp. de canto de 2corr., 5corr., 3p.a. no mesmo esp. de canto, *[1corr., 3p.a. no próx. esp. de 1corr.] 2 x, 1corr., [3p.a., 2corr., 3p.a.] no próx. esp. de canto de 2corr.; rep. do * mais 2 x, [1corr., 3p.a. no próx. esp. de 1corr.] 2 x, 1corr., 2p.a. no mesmo esp. de canto de 5corr. no início da volta, junte com 1p.bx. na 3ª das 5corr. Arremate.

QUADRADO SIMPLES

GRÁFICO DE CROCHÊ

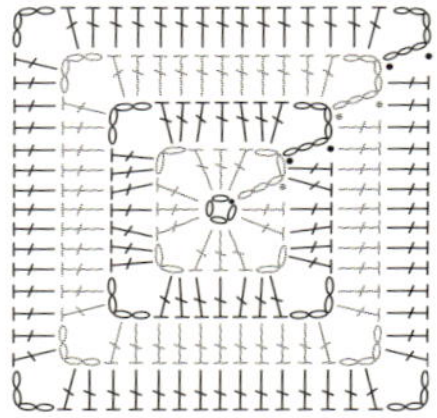

INSTRUÇÕES DE CROCHÊ

Este quadrado é feito em 3 cores (A, B, C).

Com a cor A, faça 4corr. e una à 1ª corr. com 1p.bx. formando 1 anel. **Volta 1 (LD)** 5corr. (conta como 1p.a. e 1 esp. de 2corr.), [3p.a. no anel, 2corr.] 3 x, 2p.a. no anel, una com 1p.bx. à 3ª das 5corr. **Volta 2** 1p.bx. na próx. corr., 7corr. (conta como 1p.a. e 1 esp. de 4 corr.), 2p.a. no mesmo esp. de canto de 2corr., *1p.a. em cada 1 dos próx. 3p.a., [2p.a., 4corr., 2p.a.] no próx. esp. de canto de 2corr.; rep. do * mais 2 x, 1p.a. em cada dos 3 próx. pt. (fazendo o últ. p.a. no alto da corr. de virada no início da volta anterior), 1p.a. no mesmo esp. de canto de 7corr. no início da volta, junte com 1p.bx. na 3ª das 7corr. Arremate a cor A. **Volta 3** Junte a cor C a 1 esp. de canto de 4corr., 7corr., 2p.a. no mesmo esp. de canto, *1p.a. em cada p.a. nesse lado do quadrado, [2p.a., 4corr., 2p.a.] no próx. esp. de canto de 4corr.; rep. do * mais 2 x, 1p.a. em cada p.a. nesse lado do quadrado (fazendo o últ. p.a. no alto da corr. de virada no início da volta anterior), 1p.a. no mesmo esp. de canto de 7corr. no início da volta, junte com 1p.bx. na 3ª das 7corr. Arremate a cor B.

Volta 4 Com a cor C, rep. a volta 3. Arremate.

HEXÁGONO DE FLOR

GRÁFICO DE CROCHÊ

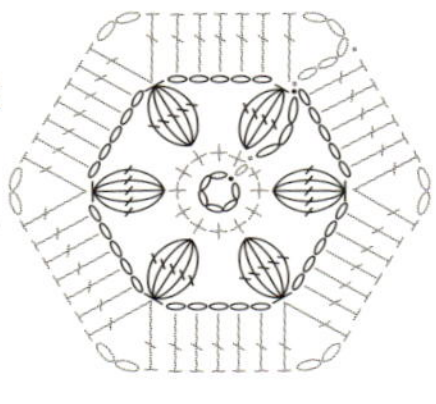

INSTRUÇÕES DE CROCHÊ

Observação: bolota = [lç. e enfie a agulha no p.b., lç. e puxe 1 alça, lç. e puxe pelas primeiras 2 alças na agulha] 5 x no mesmo pt. (6 alças na agulha), lç. e puxe pelas 6 alças na agulha. Este hexágono é feito em 2 cores (A, B). Com a cor A, faça 6corr. e una à 1ª corr. com 1p.bx. formando 1 anel.

Volta 1 (LD) 1corr., 12p.b. no anel, una com 1p.bx. ao 1º p.b.

Volta 2 3corr., [lç. e enfie a agulha no mesmo p.b. do últ. p.bx., lç. e puxe 1 alça, lç. e puxe pelas primeiras 2 alças na agulha] 4 x no mesmo pt. (5 alças na agulha), lç. e puxe pelas 5 alças na agulha (conta como a 1ª bolota). *5 corr, pule o próx. p.b., 1 bolota no próx. p.b.; rep. do * mais 4 x, 5corr., junte com 1p.bx. ao alto da 1ª bolota. Arremate a cor A.

Volta 3 Com a cor B, junte com 1p.bx. ao alto de 1 bolota, 5corr. (conta como 1p.a. e 1 esp. de 2 corr.), 1p.a. no mesmo lugar do p.bx., *5p.a. no próx. esp. de 5corr., [1p.a., 2corr., 1p.a.] no alto da próx. bolota; rep. do * mais 4 x, 5p.a. no próx. esp. de 5corr., una com 1p.bx. à 3ª das 5corr. no início da volta.

Arremate.

HEXÁGONO SIMPLES

GRÁFICO DE CROCHÊ

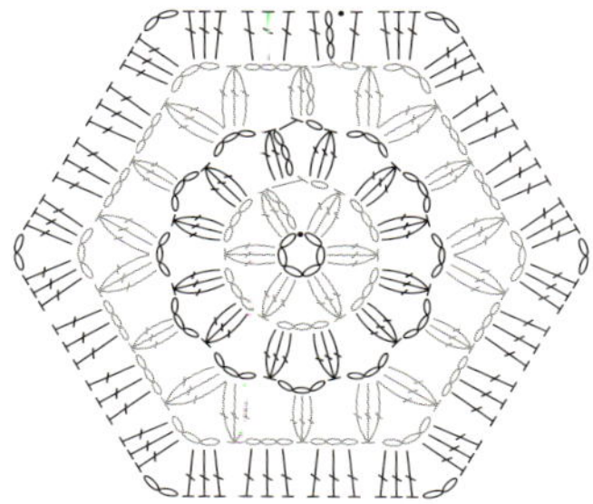

INSTRUÇÕES DE CROCHÊ

Observação: grupo (gr.) = [lç. e enfie a agulha no esp., lç. e puxe 1 alça, lç. e puxe pelas primeiras 2 alças na agulha] 3 x no mesmo pt. (4 alças na agulha), lç. e puxe pelas 4 alças na agulha. Este hexágono é feito em 3 cores (A, B, C). Com a cor A, faça 6corr. e una à 1ª corr. com 1p.bx. formando 1 anel. **Volta 1 (LD)** 3corr., 2p.a.j. (conta como o 1º gr.), [3corr., 1 gr. no anel] 5 x, 1corr., una com 1m.p.a. no alto do 1º gr. **Volta 2** 3 corr, 2p.a.j. no esp. formado por 1m.p.a., *3corr., [1 gr., 3corr., 1 gr.] no próx. esp. de 3corr.; rep. do * mais 4 x, 3corr., 1 gr. no próx. esp. de 1corr., 1corr., una com 1m.p.a. no alto do 1º gr., mudando para a cor B na últ. lç. do m.p.a. Corte a cor A. **Volta 3** Com a cor B, 3corr., 2p.a.j. no esp. formado por 1m.p.a., *3corr., [1 gr., 3corr., 1 gr.] no próx. esp. de 3corr., 3corr., 1 gr. no próx. esp. de 3corr.; rep. do * mais 4 x, 3corr., [1 gr., 3corr., 1 gr.] no próx. esp. de 3corr., 1corr., una com 1m.p.a. no alto do 1º gr., mudando para a cor C na últ. lç. do m.p.a. Corte a cor B. **Volta 4** Com a cor C, 3corr., 1p.a. no esp. formado por 1m.p.a., *3p.a. no próx. esp. de 3corr., [3p.a., 2corr., 3p.a.] no próx. esp. de 3corr., 3p.a. no próx. esp. de 3corr.; rep. do * mais 4 x, 3p.a. no próx. esp. de 3corr., [3p.a., 2corr., 3p.a.] no próx. esp. de 3corr., 1p.a. no próx. esp. de 1corr., una com 1p.bx. à 3ª das 3corr. no início da volta. Arremate.

Receitas de flores simples

As flores de crochê são muito atraentes, até mesmo flores simples como estas, fáceis e rápidas de fazer. Talvez você queira fazê-las, mas esteja pensando para que servem. Em primeiro lugar, elas dão ótimos broches. É só prender um alfinete de broche atrás e um botão ou uma pérola artificial no centro da flor. Flores e folhas de crochê podem ser usadas para enfeitar chapéus, pontas de cachecóis, punhos de luvas ou bolsas. Espalhadas em capas de almofada, elas dão um toque à decoração.

OBSERVAÇÕES ESPECIAIS

- Ao seguir os gráficos, use as cores como explicado nas instruções escritas. Os tons dos símbolos são usados para distinguir as carreiras e não indicam mudança de cor (Veja nas pp. 68-9 uma lista das abreviações e símbolos dos pontos básicos.)
- Junte as cores novas como explicado na p. 146.
- Não vire no fim das voltas, ou seja, trabalhe sempre com o lado direito das flores voltado para você.

FLOR COM BOTÃO

GRÁFICO DE CROCHÊ

INSTRUÇÕES DE CROCHÊ

Observação: grupo = [lç. 2 vezes e enfie a agulha no esp., lç. e puxe 1 alça (lç. e puxe pelas 2 primeiras alças na agulha) 2 x] 4 x no mesmo esp. (há 5 alças na agulha), lç. e puxe pelas 5 alças na agulha. Esta flor é feita em 2 cores (A, B). Com a cor A, faça 4corr. e una à 1ª corr. com 1p.bx. formando 1 anel.

Volta 1 (LD) 4corr. (conta como o 1º p.a.d.), 20p.a.d. no anel, una com 1p.bx. à 4ª das 4corr. Arremate a cor A.

Volta 2 Junte a cor B com 1p.bx. no mesmo lugar do últ. p.bx., 1corr. (NÃO conta como 1pt.), 1p.b. no mesmo lugar do últ. p.bx., 5corr., junte com 1p.bx. ao 1º p.b. da volta.

Volta 3 *Faça [1p.bx., 4corr., 1 grupo, 4corr., 1p.bx.] todos na próx. alça de 5corr.; rep. do * mais 6 x, junte com 1p.bx. ao últ. p.b. na volta 2. Arremate. Prenda um botão pequeno no centro da flor.

FLOR COM ALÇA CURTA

GRÁFICO DE CROCHÊ

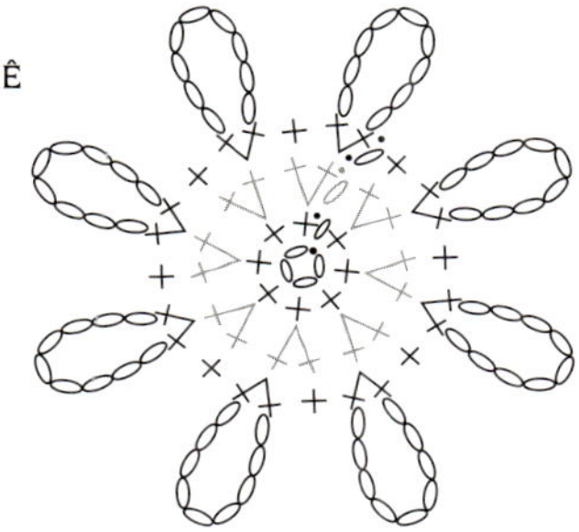

INSTRUÇÕES DE CROCHÊ

Esta flor é feita em 2 cores (A, B).

Com a cor A, faça 4corr. e una à 1ª corr. com 1p.bx. formando 1 anel.

Volta 1 (LD) 1corr. (NÃO conta como 1pt.), 8p.b. no anel, una com 1p.bx. ao 1º p.b da volta.

Volta 2 1corr. (NÃO conta como 1pt.), 2p.b. no mesmo lugar do p.bx., *2p.b. no próx. p.b.; rep. do * ao fim, junte com 1p.bx. ao 1º p.b. da volta. 16p.b. Arremate a cor A. **Volta 3** Una a cor B com 1p.bx. a 1p.b., 1corr., faça [1p.b., 9corr., 1p.b.] tudo no mesmo lugar do últ. p.bx., 1p.b. no próx. p.b., *faça [1p.b., 9corr., 1 p.b] todos no próx. p.b., 1p.b. no próx. p.b.; rep. do * mais 6 x, junte com 1p.bx. ao 1º p.b. da volta. Arremate.

FLOR DE ALÇA LONGA

GRÁFICO DE CROCHÊ

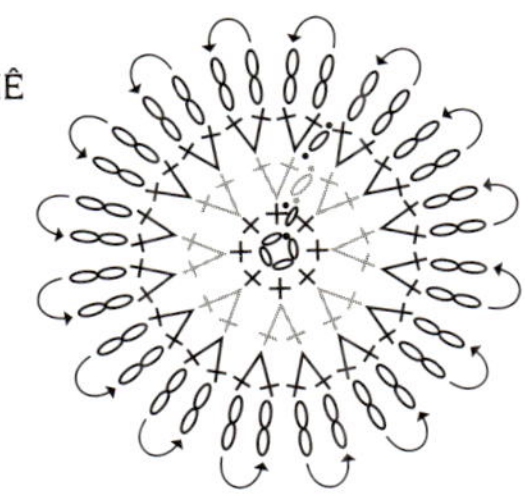

INSTRUÇÕES DE CROCHÊ

Esta flor é feita em 3 cores (A, B, C).

Com a cor A, faça 4corr. e una à 1ª corr. com 1p.bx. formando 1 anel.

Volta 1 (LD) 1corr. (NÃO conta como 1pt.), 8p.b. no anel, una com 1p.bx. ao 1º p.b da volta. Arremate a cor A. **Volta 2** Una a cor B com 1p.bx. a 1p.b., 1corr. (NÃO conta como 1pt.), 2p.b. no mesmo lugar do últ. p.bx., *2p.b. no próx. p.b.; rep. do * ao fim, junte com 1p.bx. ao 1º p.b. da volta. 16p.b.

Arremate a cor B. **Volta 3** Una a cor C com 1p.bx. a 1p.b., 1corr., faça [1p.b., 17 corr., 1p.b.] tudo no mesmo lugar do últ. p.bx., *faça [1p.b., 17corr., 1p.b.] tudo no próx. p.b.; rep. do * mais 14 x, junte com 1p.bx. ao 1º p.b. da volta. Arremate.

FLOR EM PENTÁGONO

GRÁFICO DE CROCHÊ

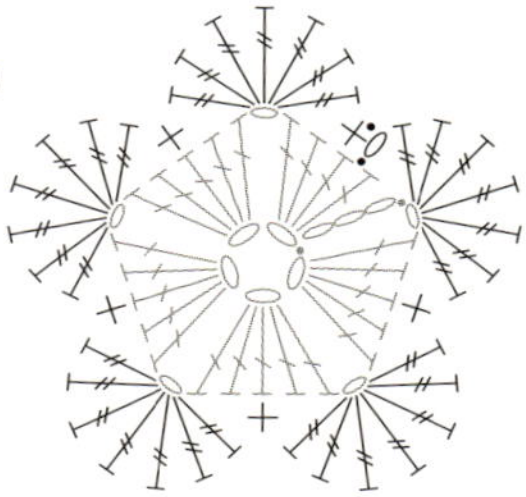

INSTRUÇÕES DE CROCHÊ

Esta flor é feita em 2 cores (A, B).
Com a cor A, faça 5corr. e una à 1ª corr. com 1p.bx. formando 1 anel.

Volta 1 (LD) 3corr. (conta como o 1º p.a.), 4p.a. no anel, [1corr., 5p.a. no anel] 4 x, 1corr., una com 1p.bx. ao alto das 3corr. no início da volta. Arremate a cor A.

Volta 2 Una a cor B com 1p.bx. ao p.a. central de 1 grupo de 5p.a., 1corr., 1p.b. no mesmo lugar do últ. p.bx., [7p.a.d. no próx. esp. de 1corr., 1p.b. no p.a. central do próx. gr. de 5p.a.] 4 x, 7p.a.d. no próx. esp. de 1corr., una com 1p.bx. ao 1º p.b da volta. Arremate.

FLOR DE PÉTALA QUADRADA

GRÁFICO DE CROCHÊ

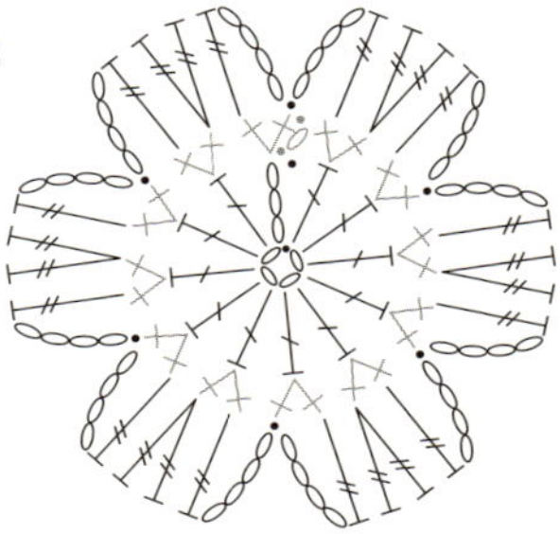

INSTRUÇÕES DE CROCHÊ

Esta flor é feita em 3 cores (A, B, C).
Com a cor A, faça 4corr. e una à 1ª corr. com 1p.bx. formando 1 anel.

Volta 1 (LD) 3corr. (conta como o 1º p.a.), 11p.a. no anel, una com 1p.bx. ao alto das 3corr. no início da volta. Arremate a cor A.

Volta 2 Una a cor B com 1p.bx. no mesmo lugar do últ. p.bx., 1corr. (NÃO conta como 1pt.), 2p.b. no mesmo lugar do últ. p.bx., 2p.b. em cada p.a. até o fim, una com 1p.bx. ao 1º p.b. da volta. 24p.b. Arremate a cor B.

Volta 3 Una a cor C com 1p.bx. a 1p.b., *4corr., 1p.a.d. no próx. p.b., 2p.a.d. no próx. p.b., 1p.a.d. no próx. p.b., 4corr., 1p.bx. no próx. p.b.; rep. do * mais 5 x, fazendo o últ. p.bx. no mesmo lugar do 1º p.bx. da volta. Arremate.

FOLHA SIMPLES

GRÁFICO DE CROCHÊ

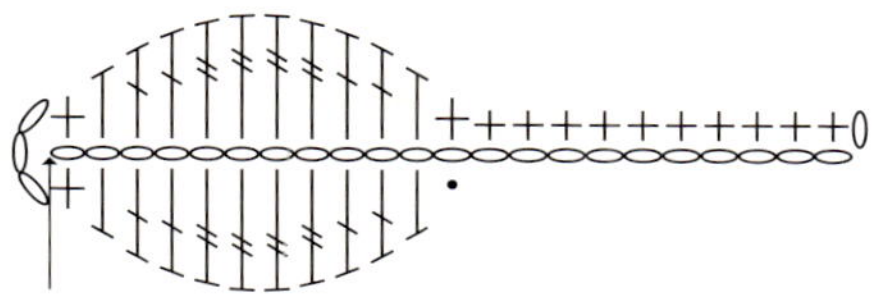

INSTRUÇÕES DE CROCHÊ

Observação: A folha é trabalhada em duas carr., em volta dos dois lados da carr. de base.

Para começar a folha e o caule, faça 23corr.

Carr. 1 (LD) Trabalhando em 1 só alça de cada corr. de base, faça 1p.b. na 2ª corr. a partir da agulha, 1p.b. em cada uma das 10 próx. corr. (isso completa o caule), 1m.p.a. na próx. corr., 1p.a. em cada 1 das próx. 2corr. 1p.a.d. em cada 1 das próx. 4corr., 1p.a. em cada 1 das próx. 2corr., 1m.p.a. na próx. corr., 1p.b. em cada corr. (esta é a últ. corr.), 3corr. e, depois, continue trabalhando do outro lado das corr. de base (trabalhando na outra alça de cada corr.) como se segue: 1p.b. na 1ª corr., 1m.p.a. na próx. corr., 1p.a. em cada 1 das próx. 2corr., 1p.a.d. em cada 1 das próx. 4corr., 1p.a. em cada 1 das próx. 2corr., 1m.p.a. na próx. corr., 1p.bx. na próx. corr. Arremate.

Passe o caule.

BOINA LARGA
Círculos concêntricos de ponto alto são usados para criar esta boina (pp. 178-9). Os círculos são aumentados até a parte mais ampla da boina e, depois, diminuídos para criar a barra.

Fios incomuns

Se quiser quebrar a monotonia de trabalhar com fios de lã, experimente materiais incomuns. É divertido crochetar com barbante, arame, tiras de pano e tiras de plástico, e é possível usar materiais reciclados. Para mostrar as técnicas envolvidas, um item fácil de fazer é apresentado com cada um desses fios. Não é aconselhável aprender a crochetar com fios incomuns, então pratique primeiro o p.b. antes de tentar usá-los.

Crochê com barbante

Barbante crochetado com firmeza forma um tecido resistente, ideal para recipientes. Como geralmente não é nem muito grosso nem muito fino, o barbante comum costuma ser uma boa escolha para o primeiro trabalho com esse material. Ele é fácil de encontrar e forma um tecido que mantém bem a forma.

COMO FAZER UM RECIPIENTE CILÍNDRICO EM BARBANTE

1 Escolha um tamanho de agulha para o barbante que forme um tecido bem firme em p.b. Como exemplo, uma agulha de 4,5 mm foi usada aqui com barbante em tom natural. Para experimentar, faça um recipiente cilíndrico pequeno. Comece com a volta 1 das instruções do círculo plano nas pp. 142-3.

2 Continue a seguir a receita do círculo e faça as voltas 2 e 3. Faça os pt. o mais apertado que conseguir. Se o crochê não parecer firme o bastante, recomece com uma agulha menor.

3 Continue a trabalhar as voltas seguindo a receita do círculo até atingir o tamanho desejado para a base do recipiente. Para começar os lados do recipiente, faça 1p.b. só na alça de trás do alto de cada pt. na próx. volta. Isso forma uma crista.

4 Em todas as voltas rest. do recipiente, faça 1p.b. em cada pt. da volta anterior, trabalhando nas 2 alças do alto do pt. abaixo, do modo usual. Isso formará 1 tubo (veja dicas para o trabalho em crochê espiral nas pp. 136-7). Continue até que o recipiente tenha a altura desejada.

5 Para acrescentar cor ao recipiente de barbante em tom natural, coloque fita colorida como borda. Prenda a fita ao crochê com agulha de costura e linha da mesma cor da fita.

6 Quando o primeiro recipiente estiver pronto, faça outros de tamanhos diferentes para formar um conjunto. Para tamanhos maiores, use barbante e agulha mais grossos.

Crochê com arame

Com arame suficientemente fino é fácil de crochetar, só é preciso ter prática para conseguir pontos uniformes. Como no crochê com barbante, é melhor começar com ponto baixo simples, pois os mais exóticos são difíceis de distinguir com as alças abertas do arame. Acrescentar contas ao crochê com arame resulta em joias simples, como as pulseiras flexíveis mostradas aqui.

COMO CROCHETAR UMA PULSEIRA EM ARAME COM CONTAS

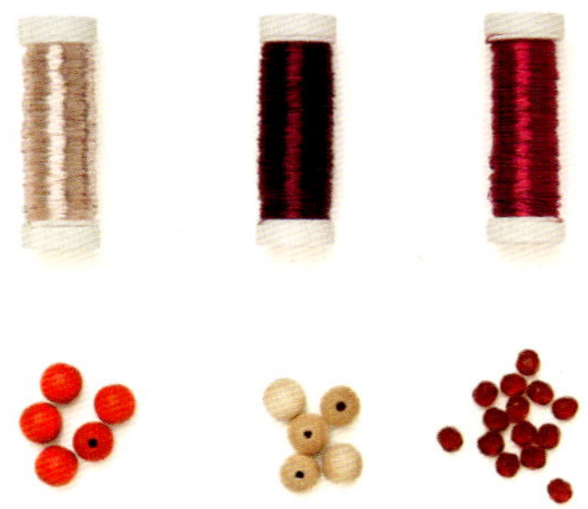

1 O arame mais fácil de crochetar é o fio de cobre de 0,3 mm, disponível on-line em lojas de artesanato ou em lojas de material para bijuterias. Para essa espessura de arame, é preciso 1 agulha de crochê de 3 mm.

2 Enfie as contas no arame antes de começar a crochetar. Esta pulseira usa cerca de 27 contas de vidro (6 a 7 mm de diâmetro), mas é sempre melhor colocar umas 10 a mais do que precisa, para o caso de ter calculado errado.

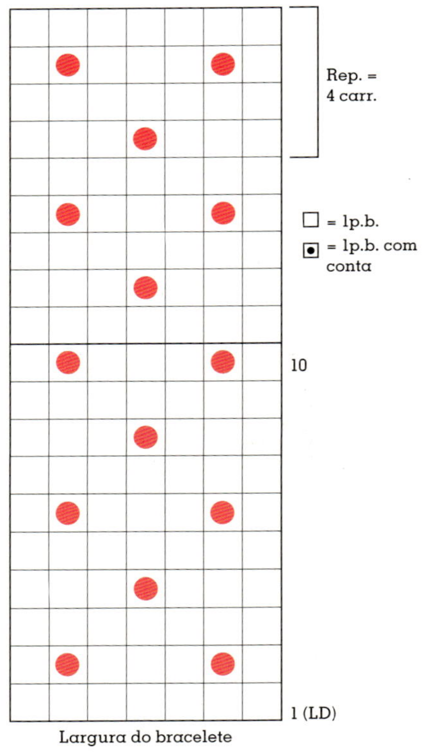

3 Faça seu próprio gráfico para a pulseira, mostrando onde as contas serão colocadas. Este é o gráfico usado para a pulseira simples. (Veja como fazer crochê com contas nas pp. 124-5.)

4 Usando o arame com as contas, faça 8corr. para começar a pulseira. Siga o gráfico para fazer o crochê com contas, fazendo os pt. frouxos. Sempre que chegar à posição de 1 conta (sempre em 1 carr. do avesso), trabalhe até a últ. lç. do pt., deslize a conta até perto do crochê e termine o pt. Conte os pt. frequentemente para garantir que ainda tenha o número correto.

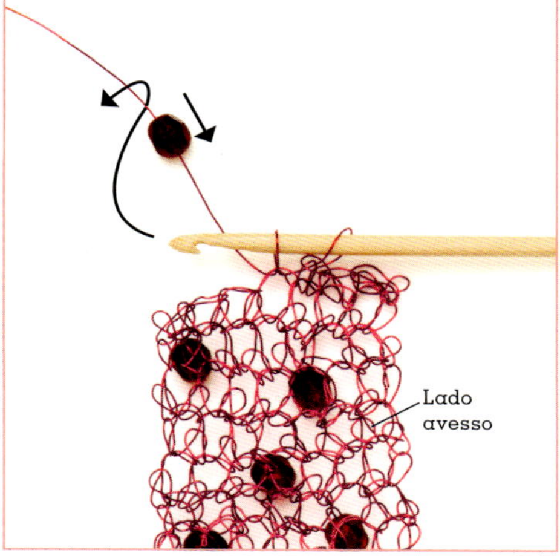

5 Trabalhe assim até a pulseira estar do comprimento desejado. Termine em 1 carr. do LD (sem contas) para que o LA fique voltado para você na carr. seguinte. Ponha a outra ponta da pulseira atrás da próx. carr. e faça a últ. carr. nas 2 camadas da pulseira, enfiando a agulha na carr. de base da 2ª camada, como mostrado.

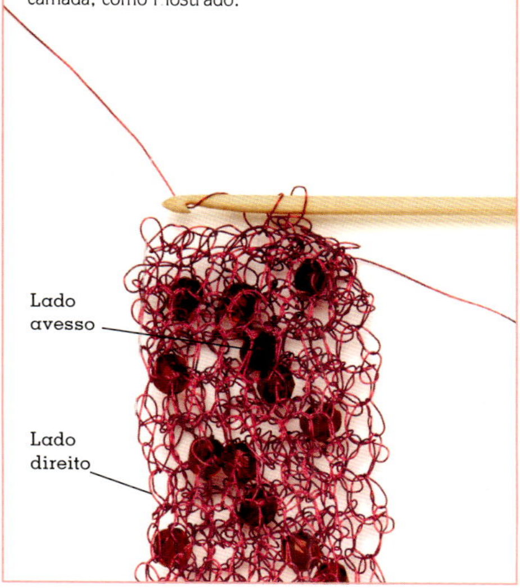

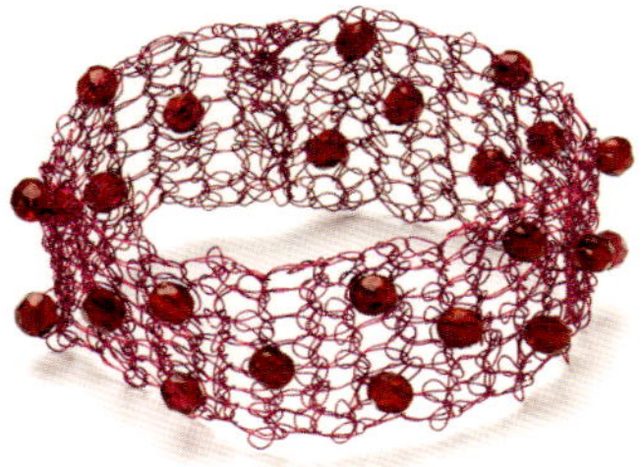

6 Depois de terminar a costura com p.b., corte o arame e arremate. Entremeie as pontas do arame na costura de p.b. com agulha de ponta cega e enrole o arame firmemente algumas vezes na borda do crochê. Corte o resto do arame perto da pulseira. Vire o LD para fora.

PULSEIRA ALTERNATIVA COM BOTÃO

Também é possível fazer pulseiras simples de crochê e decorá-las depois de prontas. Esta pulseira foi crochetada simples, sem contas. Foram costurados botões ao longo da faixa central da pulseira com um fio de seda em tom contrastante.

Crochê com tiras de pano

A maior vantagem do crochê com tiras de pano é a paleta de cores ilimitada; o fio pode ser feito com qualquer camiseta de algodão ou tecido para patchwork. Para experimentar a técnica, faça círculos com tiras de tecido e una-os em uma bolsa.

COMO PREPARAR AS TIRAS DE TECIDO

1 Para fazer 1 tira de tecido contínua de 2 cm de largura, corte ou rasgue o tecido de ourela a ourela, parando cada corte a cerca de 1,5 cm da borda.

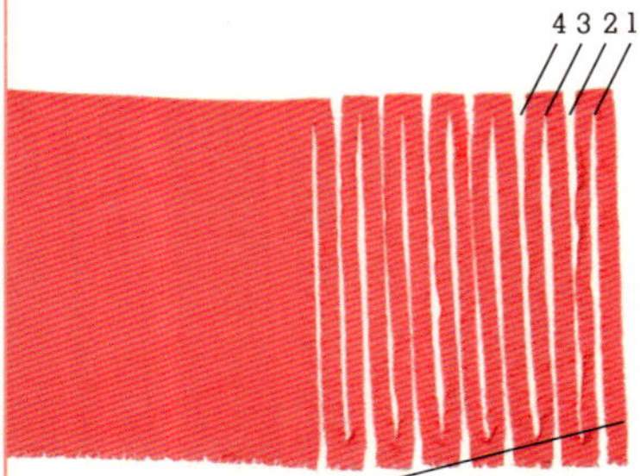

2 Ao cortar as tiras, enrole-as em bolas. O crochê de tiras usa muito tecido. Para começar o projeto, prepare um pouco de fio de tiras em cada cor de que precisa e faça mais conforme for necessário.

COMO CROCHETAR DOIS CÍRCULOS PARA UMA BOLSA

1 Para um tecido firme de crochê, use agulha de 10 mm e tiras de algodão ou tecido de patchwork de 2 cm de largura. O p.b. é o melhor para o crochê de tiras. Para começar 1 círculo, faça a volta 1 da receita de círculo plano nas pp. 142-3 (mas deixe a ponta do fio na parte de trás do trabalho e não tente fazer os pt. dessa volta sobre ela).

2 Continue a seguir a receita do círculo e use novas cores para fazer listas, se desejar. Trabalhe o círculo até estar do tamanho que deseja para a frente da bolsa. Faça outro círculo do mesmo tamanho. Com a agulha, puxe as pontas do fio por alguns pt. no avesso para prendê-las bem e corte as pontas.

3 Alinhe os 2 círculos com um forro que combine. (A borda do forro deve chegar à base do alto dos p.b. da últ. volta.)

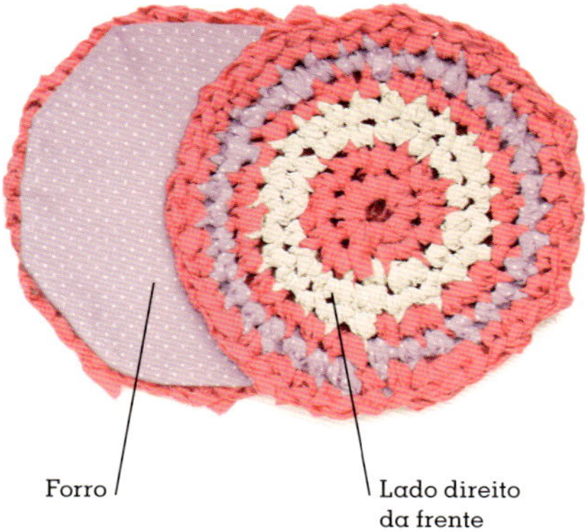

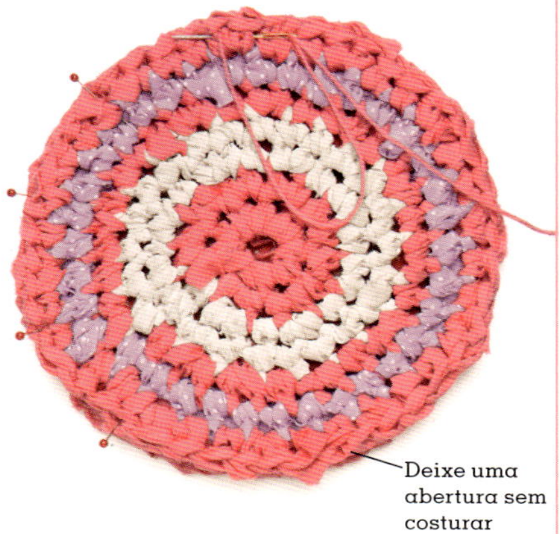

4 Com os avessos voltados para fora, alfinete a parte da frente e a de trás juntas. Com agulha de costura e linha combinando ou fio fino de algodão, costure a bolsa logo abaixo do alto dos p.b. da últ. volta, deixando uma abertura no alto.

5 Para a alça da bolsa, faça 1 trança longa com algumas tiras de tecido ou use uma corda pronta e longa.

Crochê com tiras de plástico

Reciclar as sacolas plásticas coloridas de compras é um bom modo de ajudar o meio ambiente. Pode-se criar fio plástico bem depressa usando a técnica de corte rápido mostrada aqui. E use-o para praticar o crochê com tiras de plástico fazendo uma bolsa simples.

COMO PREPARAR TIRAS DE PLÁSTICO

1 Use sacolas plásticas leves para cortar as tiras. Para cortar 1 tira contínua de 1 sacola, coloque-a em local plano e alise-a. Corte a costura da parte inferior da sacola e as alças do alto.

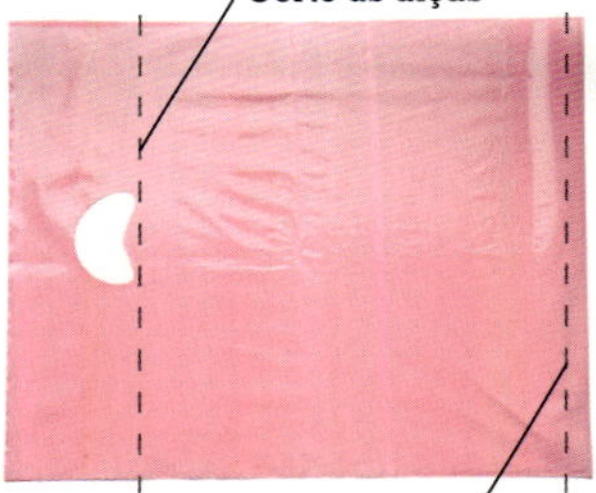

2 Dobre o tubo plástico em dois, levando a parte inferior até 3 cm do alto.

3 Dobre a sacola mais 2x, levando a parte inferior até 3 cm do alto em cada dobra.

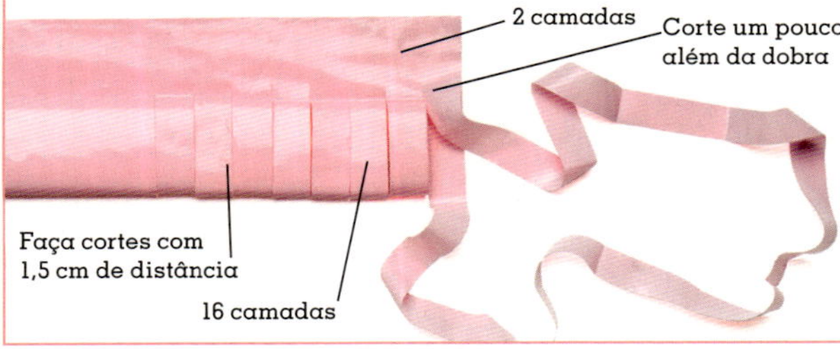

4 Faça cortes verticais pelas 16 camadas a intervalos de 1,5 cm, terminando cada corte a cerca de 1,5 cm das 2 camadas do alto. Faça cortes deste modo em toda a sacola dobrada.

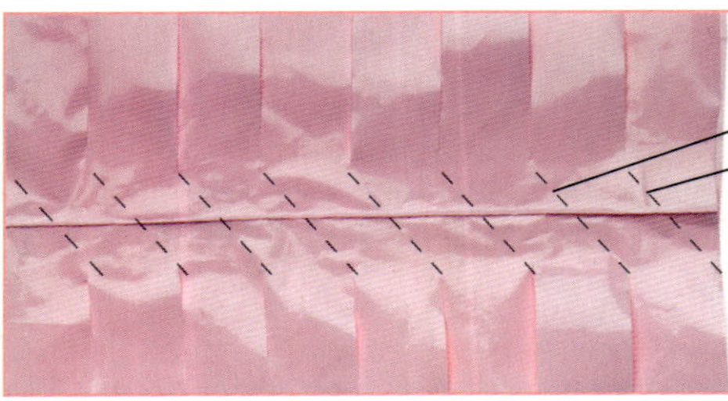

5 Abra a sacola para poder ver a área em que as tiras ainda se juntam. Para criar 1 tira contínua, faça cortes diagonais como mostrado e enrole a tira formando 1 bola.

COMO CROCHETAR UMA BOLSA DE MAQUIAGEM DE PLÁSTICO

1 Use agulha tamanho 5 mm para crochetar tiras de plástico preparadas como mostrado. Para uma bolsinha de maquiagem, trabalhe um tubo espiral de p.b. (p. 137).

2 Para acrescentar uma alça pequena no alto da bolsa, faça corr. extras antes de começar a próx. carr.

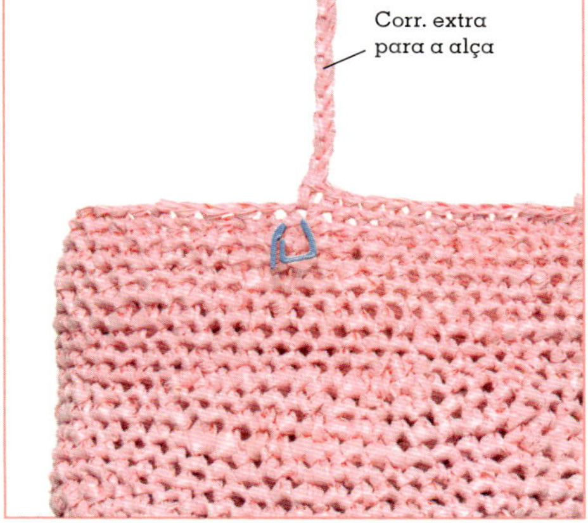

3 Na próx. volta, faça p.b. ao longo das corr. extras adicionadas para a alça. Faça mais voltas até a alça chegar à largura desejada. Mude para uma cor contrastante na últ. volta e arremate.

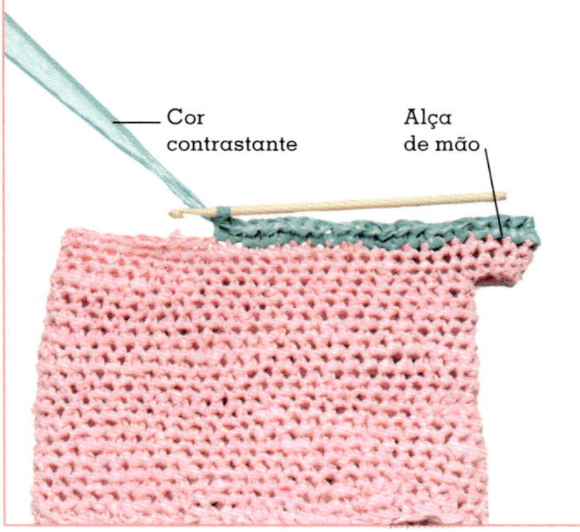

4 Costure a borda inferior com 1 carr. de p.b. pelas 2 camadas com tira de cor contrastante. Com linha de costura da mesma cor e agulha de costura, una as 2 camadas da alça, nivelando-as com a borda lateral da sacola para formar 1 alça aberta. Forre a bolsa com tecido combinando e ponha 1 zíper.

Acabamento

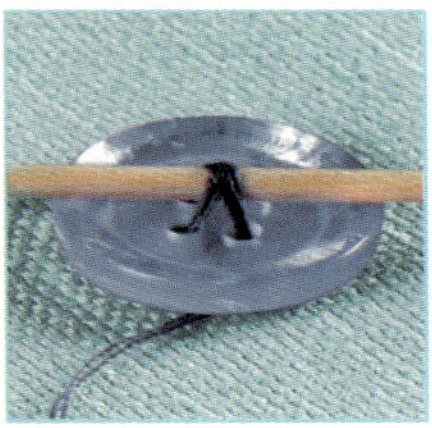

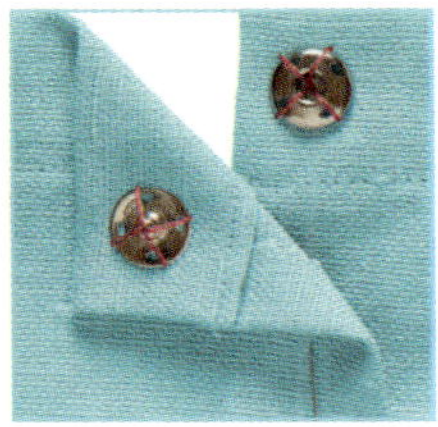

Formas de fechamento

Muitas formas de fechamento podem ser usadas em itens de crochê. Algumas são apenas funcionais e servem para manter roupas e acessórios fechados, mas outras vão além, dando acabamento decorativo. Sempre prenda os fechos com cuidado e atenção.

Botões

Os botões são encontrados em muitos tamanhos e formas e podem ser feitos de diversos materiais, como conchas, ossos, plástico, náilon e metal. Eles são costurados ao tecido por meio de furos em seu centro ou por dentro de uma haste chamada "pé", que fica na parte de trás do botão. Os botões normalmente são costurados à mão, embora os de 2 furos possam ser costurados à máquina.

TIPOS DE BOTÕES

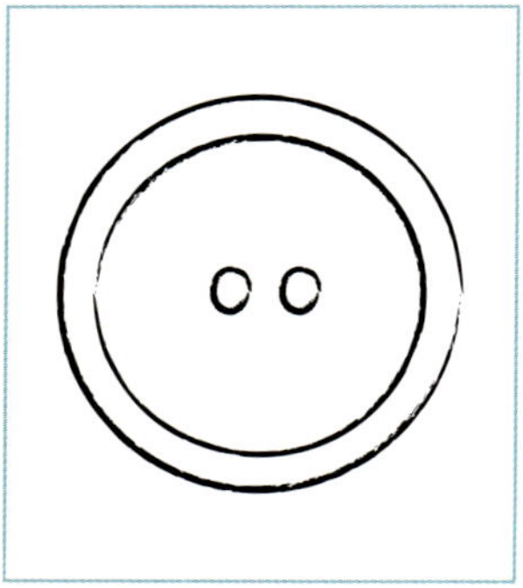

BOTÃO DE 2 FUROS

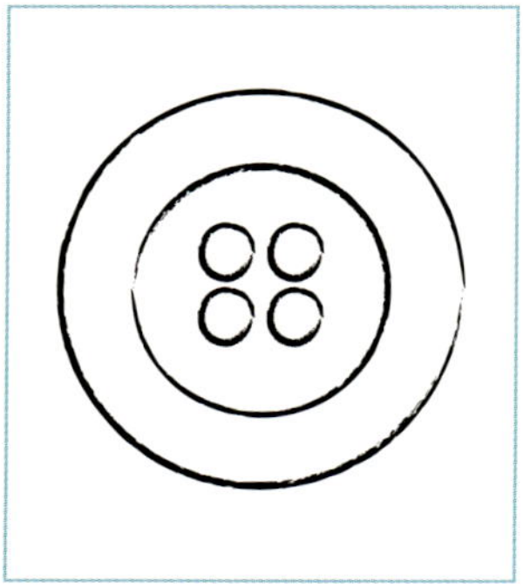

BOTÃO DE 4 FUROS

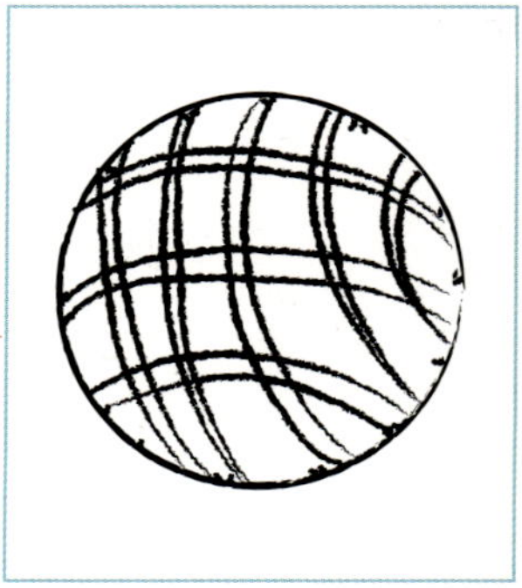

BOTÃO FORRADO

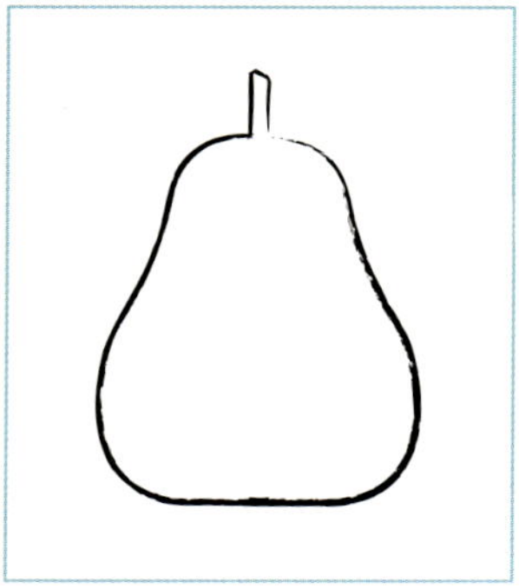

BOTÃO DIVERTIDO

BOTÃO DE REBITE

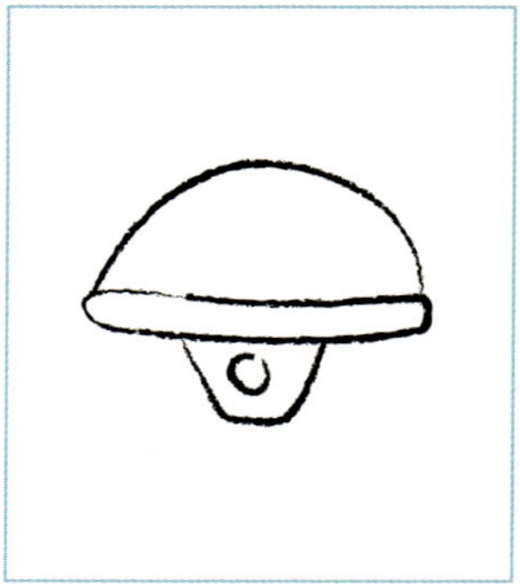

BOTÃO COM PÉ

Outras formas de fechamento

Existem muitas formas alternativas para fechar roupas, projetos de artesanato e outros itens que podem ser usadas isoladamente ou em conjunto com outras. Há colchetes de gancho ou de pressão, fitas de fechamento, zíperes e ilhoses em rendados, por exemplo.

OUTROS TIPOS DE FECHOS

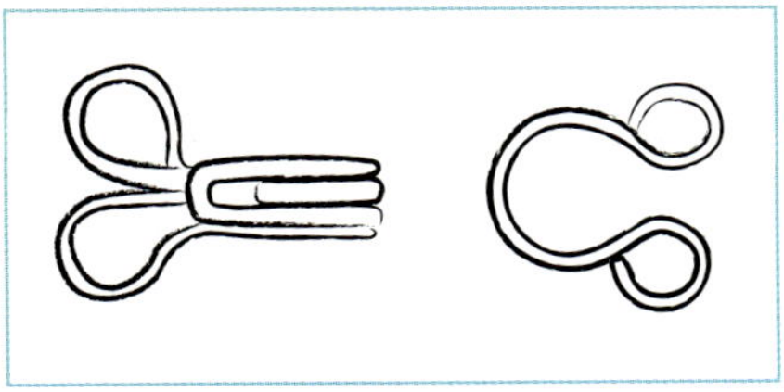

COLCHETE DE GANCHO

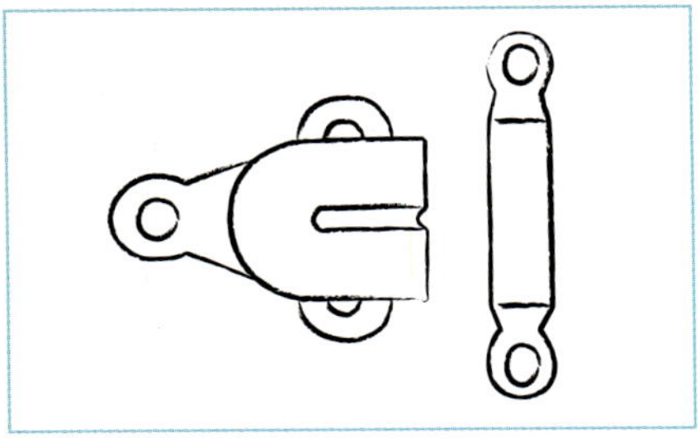

COLCHETE DE GANCHO PARA SAIA OU CALÇA

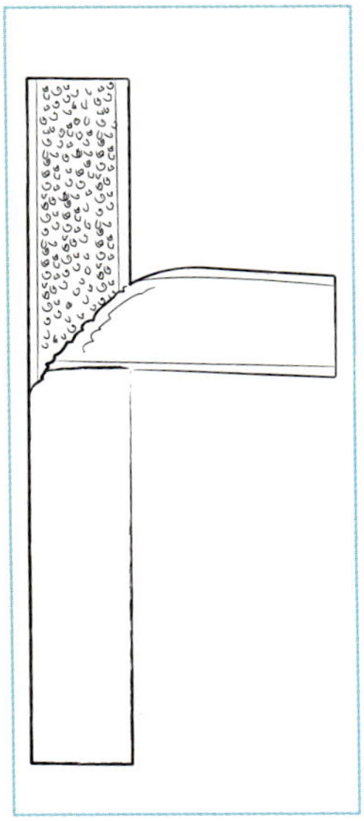

VELCRO®

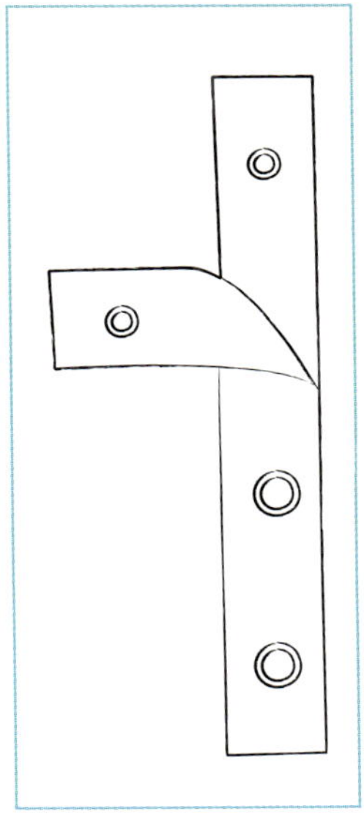

FITA DE PRESSÃO

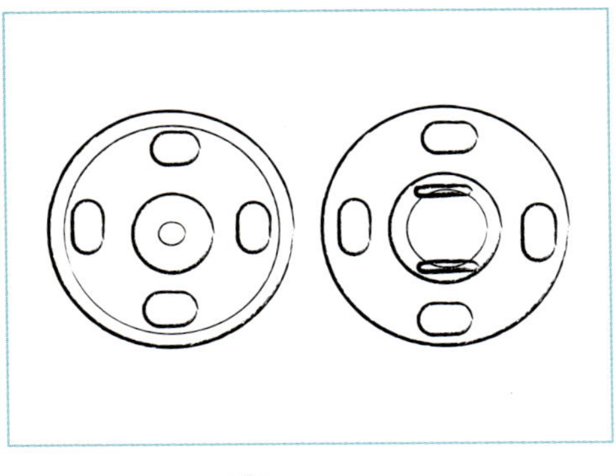

COLCHETE DE PRESSÃO

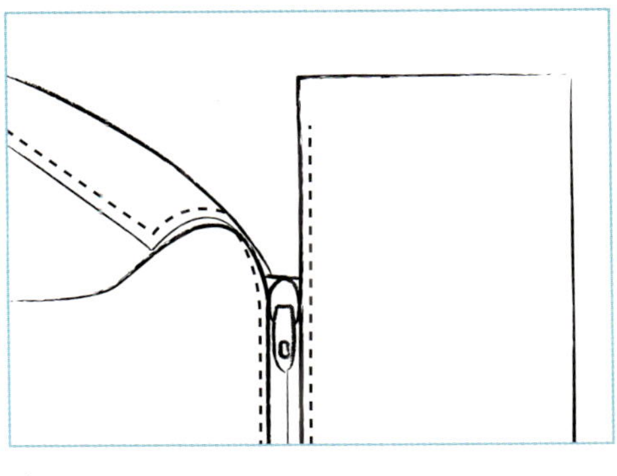

ZÍPER COM PONTA ABERTA

Como costurar um botão de 2 furos

Esse é o tipo mais comum de botão e é preciso fazer um "pé" de linha para costurá-lo no lugar. Um bastãozinho de madeira ajudará a prendê-lo.

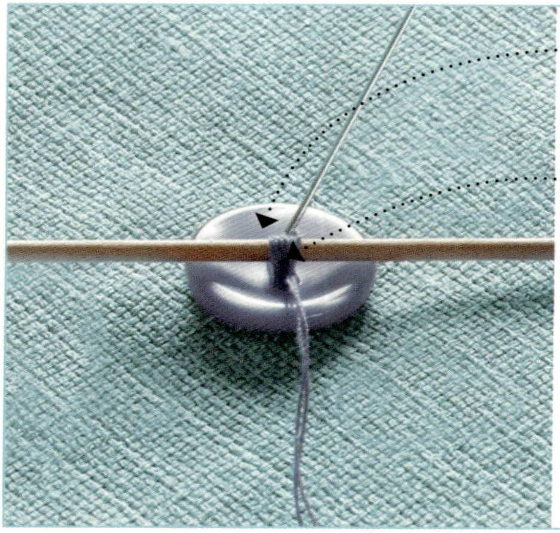

1 Posicione o botão no tecido. Use linha dupla na agulha. Dê 1pt. e faça 1 alça por ele para formar um pt. duplo [para prender a linha].

2 Ponha um bastãozinho no alto do botão. Passe a agulha com a linha pelos furos, passando por cima do bastão.

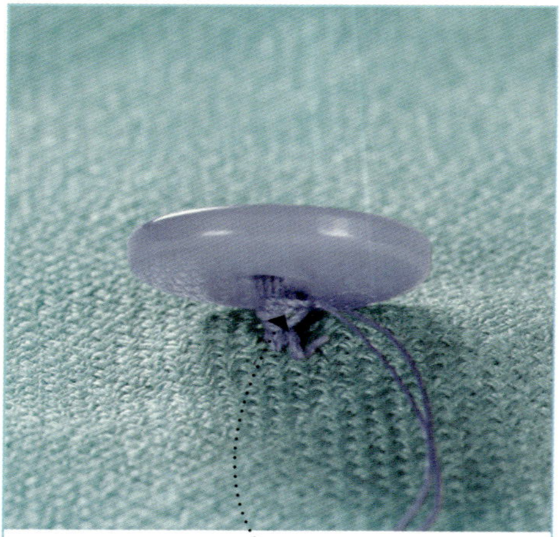

3 Remova o bastão.

4 Enrole a linha ao redor das alças de linha sob o botão, para formar o "pé".

5 Passe a linha para o avesso do tecido.

6 Faça pt. curtos e bem próx. (chamados de pt. de botão) sobre as alças de linha no avesso do trabalho.

Como costurar um botão de 4 furos

Um botão de 4 furos é preso do mesmo modo que o de 2 furos, mas a linha é passada pelos furos em diagonais alternadas, formando um X sobre a frente do botão.

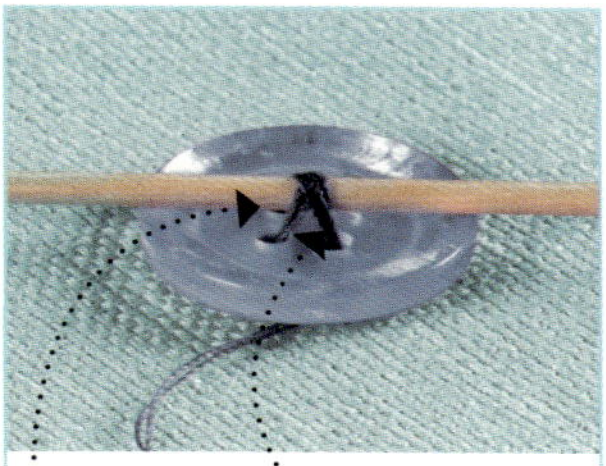

1 Posicione o botão no tecido. Ponha 1 bastãozinho sobre o botão.

2 Com a linha dupla, passe a agulha pelos furos alternados, sobre o bastão de madeira, criando um X.

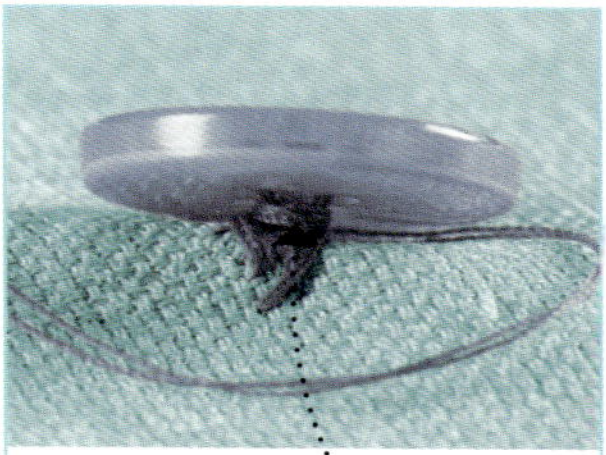

3 Remova o bastão.

4 Enrole a linha ao redor das alças de linha sob o botão, para formar o "pé".

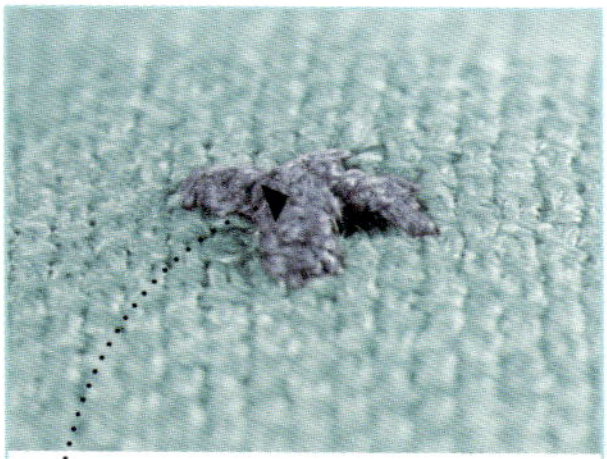

5 No avesso do tecido, dê pt. curtos e próx., sobre as alças de linha em forma de X.

Como costurar um botão com "pé"

Ao costurar esse tipo de botão, use o bastãozinho embaixo do botão para fazer um "pé" de linha no avesso do tecido.

1 Posicione o botão no tecido. Segure um bastão no avesso do tecido, atrás do botão.

2 Com linha dupla, prenda o botão ao tecido, passando pelo furo no pé.

3 Veja que o pt. passa pelo tecido e em volta do bastão que está no avesso.

4 Remova o bastão. Faça pt. de botão (curtos e próximos) sobre as alças de linha que formam o "pé".

Como costurar um botão reforçado

Um botão grande e pesado muitas vezes precisa de outro botão costurado no avesso e preso com a mesma linha que prende o botão maior. O botão menor ajuda a sustentar o peso do botão maior.

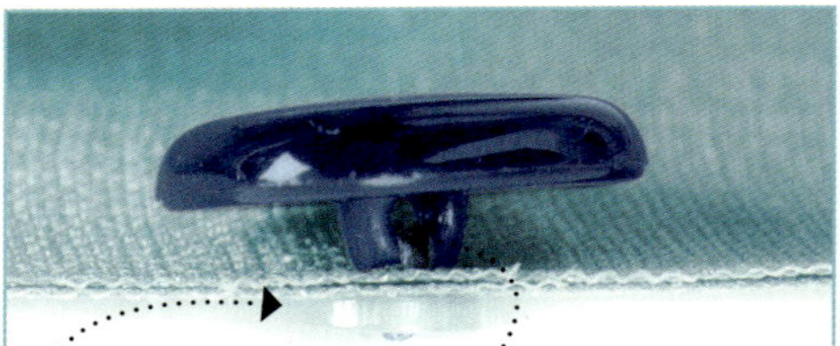

1 Posicione o botão maior no LD do tecido. Segure um botão menor por baixo do tecido, alinhado com o botão maior.

2 Use linha dupla na agulha. Costure o botão maior, passando a linha pelos 2 botões e prendendo-os juntos.

3 Depois de terminar, enrole a linha ao redor das alças de linha embaixo do botão maior. Dê 1pt. e passe 1 alça por ele para formar 1pt. duplo para prender a linha.

Botões muito grandes e em camadas

Existem alguns botões muito grandes, muitos deles mais decorativos do que funcionais. A superposição de botões de tamanhos variados dá um toque diferente a uma peça.

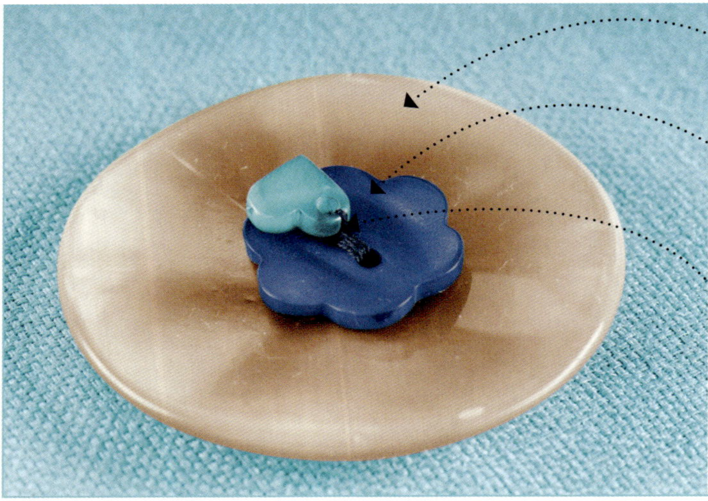

1 Primeiro posicione o botão muito grande sobre o tecido.

2 Ponha 1 botão menor sobre ele e prenda os 2 juntos ao tecido.

3 Ponha 1 botão pequeno de 1 furo sobre os outros 2 e prenda-o à linha, com pt. pequenos e bem próx. (chamados de pt. de botão) sobre as alças de linha.

Colchetes de gancho

Os colchetes de gancho mais comuns são feitos de metal e normalmente são pretos ou prateados. Colchetes de gancho de formas diferentes são usados em peças diferentes: colchetes de gancho grandes e amplos podem ser decorativos e presos no lado direito, enquanto os pequenos são discretos. Um gancho que se prenda a uma alça feita à mão cria um fechamento firme.

COMO PRENDER COLCHETES DE GANCHO

1 Prenda o gancho e o colchete no lugar com pt. longos, chamados de pt. de fixação. Verifique se estão alinhados entre si.

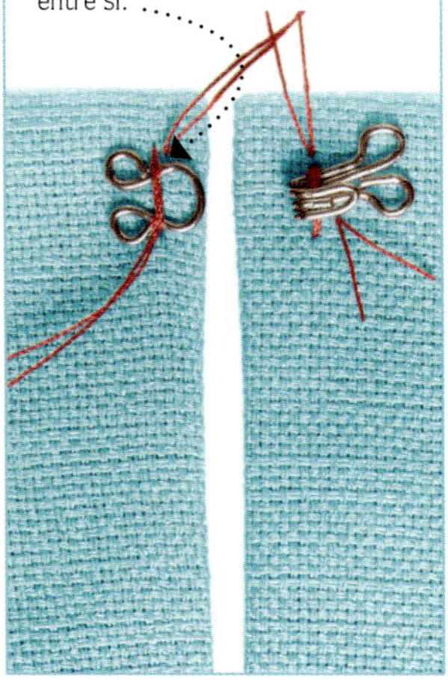

2 Prenda ao redor de cada ponta circular, com pt. curtos e próx. (chamados de pt. de botão), sobre as alças de linha.

3 Dê alguns pt. ao redor do meio do gancho para que ele não se movimente.

Colchetes de pressão

Um colchete de pressão é uma peça de encaixe, usada para prender uma abertura com superposição. O lado com a bolinha fica em cima e o lado com a reentrância fica embaixo. Eles podem ser redondos ou quadrados e são feitos de metal ou plástico.

1 Com pt. longos, chamados de pt. de fixação, firme no lugar as 2 partes do colchete.

2 Prenda com pt. curtos e próx. (chamados de pt. de botão), passando pelos furos na borda das 2 partes do colchete.

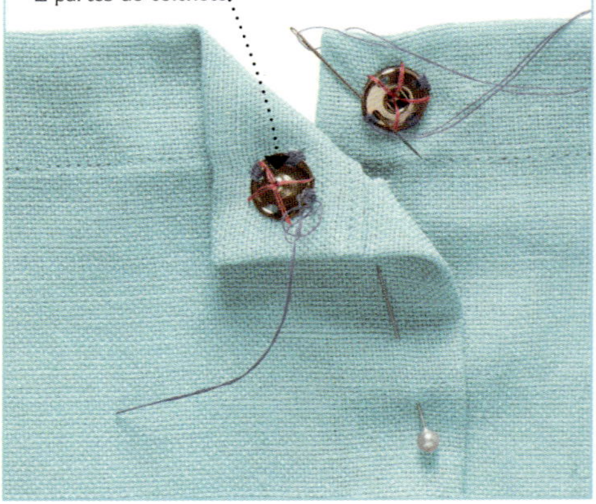

3 Remova os pt. de fixação.

COLCHETE DE PRESSÃO DE PLÁSTICO

O colchete de pressão de plástico pode ser branco ou transparente e, em geral, é quadrado. Prenda-o do mesmo modo que o de metal.

Ornamentos feitos à mão

Os ornamentos para o crochê são fáceis de fazer, mas prepare-os com calma para que fiquem perfeitos. A franja é usada em bordas de mantas e cachecóis; pingentes, em cantos de almofadas ou no alto de gorros. As instruções para fazer franjas e pingentes vêm a seguir, mas é possível usar pompons, feitos à mão ou comprados prontos, em muitos acessórios.

COMO FAZER FRANJA

1 Corte 2 pedaços de fio, com o dobro do comprimento desejado para a franja e mais 2,5 cm, pelo menos, para os nós.

2 Alinhe os 2 fios e dobre-os no meio. Com o avesso do tecido voltado para você, enfie 1 agulha de crochê da frente para trás, a 5 mm da barra. Puxe 1 alça.

Lado avesso

3 Com a agulha de crochê, puxe as pontas de fio pela alça na agulha. Puxe a alça para prender a franja.

4 Meça a franja depois de fazer esse 1º nó de franja para confirmar o tamanho e corrija o comprimento dos fios, se necessário.

5 Adicione nós de franja ao longo da borda do crochê a intervalos regulares. Para a franja mais cheia, use + de 2 fios ao mesmo tempo. Se tiver problemas para puxar a franja pelo crochê, tente usar 1 agulha menor ou maior.

6 Depois de terminar a franja, corte para alinhar as pontas, se necessário.

Lado direito

COMO FAZER UM PINGENTE

1 Corte 1 papelão de 8 cm de largura, com o dobro de comprimento desejado para o pingente. Dobre o papelão na metade e deixe a dobra no alto.

2 Enrole o fio ao redor do papelão, no sentido do comprimento, para formar o pingente.

3 Com agulha de ponta cega, passe 1 fio por baixo dos fios do pingente, no alto, e prenda bem firme.

4 Enfie a ponta da tesoura entre as 2 camadas de papelão, na parte de baixo do pingente. Corte as alças de fio.

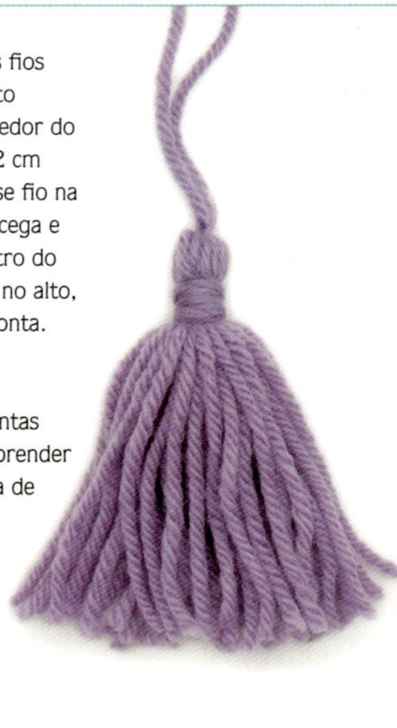

5 Enrole 1 dos fios longos no alto várias vezes ao redor do pingente, a uns 2 cm do alto. Enfie esse fio na agulha de ponta cega e passe-o pelo centro do pingente, saindo no alto, perto da outra ponta.

6 Use essas pontas longas para prender o pingente à peça de crochê.

Cuidados com o crochê

Você investiu tempo e esforço para fazer o crochê, agora tome cuidado ao limpá-lo e guardá-lo. Comece consultando as instruções no rótulo do fio.

Cuidados com o projeto

Mantenha o registro completo dos projetos, incluindo a receita, a amostra de tensão, um pedaço do fio e, o mais importante, o rótulo de cada um dos fios usados. As instruções para qualquer acabamento, fitas, zíperes ou botões de pressão também devem ser guardadas.

Preparação para a lavagem
Remova qualquer botão ou enfeite especial que possa ser danificado pela água ou lavagem a seco. Para manter a forma das aberturas, fixe-as bem com fio fino de algodão que possa ser facilmente retirado depois de seco. Meça a peça em todas as direções e marque as medidas para moldá-la corretamente enquanto estiver úmida.

Lavagem
Consulte as instruções de lavagem no rótulo do fio. Os fios identificados como "superwash" ou "lavável à máquina" podem ser lavados na máquina de lavar, no ciclo suave e com água fria. Porém, muitos rótulos recomendam lavar à mão.

Lave a peça de fio de fibra animal com muito cuidado, evitando usar água quente, esfregar e agitar, processos que podem provocar feltragem em fios de lã e danificar fibras.

Dissolva o detergente suave em uma pia grande cheia de água morna. Mergulhe apenas um item e movimente de leve para baixo e para cima. Deixe de molho por alguns minutos. Enxágue para retirar a espuma.

Esprema a água suavemente, pressionando a peça contra a pia. Não torça. Segurando a peça úmida por baixo, passe-a para uma toalha grande. Enrole-a na toalha para retirar o máximo de umidade.

Secagem
Seque o crochê estendido sobre uma toalha seca, virando-o de vez em quando para acelerar o processo e evitar mofo ou bolor.

Peças grandes, como mantas, podem ser secas no chão. Cubra o chão com um plástico grande e coloque toalhas em cima do plástico antes de estender a manta.

Molde o crochê úmido no tamanho e formas corretas antes de deixar secando e nunca o deixe sob luz solar direta nem perto de uma fonte de calor. Depois de completamente seco, pode blocar e passar a peça com vapor, se necessário (p. 117).

Armazenagem e controle de traças
Verifique de vez em quando se há sinais de traças. Se for guardar a peça por todo o verão, coloque um produto antitraças nas gavetas com peças de lã e siga as instruções.

Antes de consertar um furo em uma peça com traças, ensaque-a e coloque-a no freezer por uma noite, para matar os ovos. Peças grandes demais para o freezer, como mantas, podem ser expostas um dia inteiro ao sol para obter o mesmo resultado.

Projetos

Boina larga

Essa boina larga é perfeita para os dias mais frescos. Ela é feita em crochê circular, começando pelo alto. Você pode deixá-la mais ou menos larga acrescentando ou diminuindo carreiras e criar um modelo diferente com outro barrado ou sem barrado algum.

NÍVEL DE DIFICULDADE
Moderado

TAMANHO
Adulto (feminino)

FIO
Sirdar Click DK (70% acrílico, 30% lã) 50 g

1 bola

AGULHA DE CROCHÊ
Agulha de 4,5 mm

TENSÃO
Meça a tensão após terminar a Volta 3. O círculo terá cerca de 9 cm de diâmetro.

ABREVIAÇÕES ESPECIAIS
m.p.a.f.c.p.: meio ponto alto pela frente do corpo do ponto. Lç., enfie a agulha da frente para trás e volte para a frente ao redor do corpo do próx. pt. Lç. e puxe 1 alça. Lç. e puxe pelas 3 alças na agulha.

m.p.a.t.c.p.: meio ponto alto por trás do ponto. Lç., enfie a agulha de trás para a frente e volte para trás ao redor do corpo do próx. pt. Lç. e puxe 1 alça. Lç. e puxe pelas 3 alças na agulha.

RECEITA
Faça 4corr., p.bx. na 1ª corr. para formar 1 anel. **Volta 1** 3corr., faça 13p.a. no anel. P.bx. no alto das 3corr. para unir. (14 pt.) **Volta 2** 3corr., p.a. no mesmo pt. da junção. 2p.a. em cada pt. ao fim, p.bx. no alto das 3corr. para unir. (28 pt.) **Volta 3** 3corr., 2p.a. no próx. pt., *1p.a. no próx. pt., 2p.a. no próx. pt.; rep. do * ao fim, p.bx. no alto das 3corr. para unir. (42 pt.) **Volta 4** 3corr., 1p.a. no próx. pt., 2p.a. no próx. pt., *1p.a. em cada 1 dos próx. 2pt., 2p.a. no próx. pt.; rep. do * ao fim, p.bx. no alto das 3corr. para unir. (56 pt.) **Volta 5** 3corr., 1p.a. em cada 1 dos próx. 2pt., 2p.a. no próx. pt., *1p.a. em cada 1 dos próx. 3pt., 2p.a. no próx. pt.; rep. do * ao fim, p.bx. no alto das 3corr. para unir. (70 pt.)**Volta 6** 3corr., 1p.a. em cada 1 dos próx. 3pt., 2p.a. no próx. pt., *1p.a. em cada 1 dos próx. 4pt., 2p.a. no próx. pt.; rep. do * ao fim, p.bx. no alto das 3corr. para unir. (84 pt.) **Volta 7** 3corr., 1p.a. em cada 1 dos próx. 4pt., 2p.a. no próx. pt., *1p.a. em cada 1 dos próx. 5pt., 2p.a. no próx. pt.; rep. do * ao fim, p.bx. no alto das 3corr. para unir. (98 pt.) **Volta 8** 3corr., 1p.a. em cada 1 dos próx. 5pt., 2p.a. no próx. pt., *1p.a. em cada 1 dos próx. 6pt., 2p.a. no próx. pt.; rep. do * ao fim, p.bx. no alto das 3corr. para unir. (112 pt.) **Volta 9** 3corr., 1p.a. em cada 1 dos próx. 6pt., 2p.a. no próx. pt., *1p.a. em cada 1 dos próx. 7pt., 2p.a. no próx. pt.; rep. do * ao fim, p.bx. no alto das 3corr. para unir. (126 pt.) **Volta 10** 3corr., 1p.a. em cada 1 dos próx. 7pt., 2p.a. no próx. pt., *1p.a. em cada 1 dos próx. 8pt., 2p.a. no próx. pt.; rep. do * ao fim, p.bx. no alto das 3corr. para unir. (140 pt.) **Voltas 11-12** 3corr., faça 1p.a. em cada pt. ao fim, p.bx. no alto das 3corr. para unir. (140 pt.) ***Mais voltas iguais feitas aqui deixam a boina mais larga *** **Volta 13** 3corr., 1p.a. no próx. pt., 2p.a.j. *1p.a. em cada 1 dos 2 próx. pt.; 2p.a.j.; rep. do * ao fim, p.bx. no alto das 3corr. para unir. (105 pt.) **Volta 14** 3corr., 2p.a.j. *1p.a. no próx. pt.; 2p.a.j.; rep. do * ao fim, p.bx. no alto das 3corr. para unir. (70 pt.)

BORDA
Volta 15 2corr., 1m.p.a. em cada pt. ao fim, p.bx. no alto das 2corr. para unir. **Volta 16-18** 2corr., *m.p.a.t.c.p. no próx. pt.; m.p.a.f.c.p. no próx. pt.; rep. do * ao fim, p.bx. no alto das 2corr. para unir. **Volta 19** Pule os próx. 2pt., 5 m.p.a. no próx. pt. *Pule 2pt., p.bx. no próx. pt., pule 2pt., 5p.a. no próx. pt.; rep. do * ao fim, pule 2pt., p.bx. no 1º pt. da volta para unir. Arremate, esconda as pontas.

O barrado de leques é acrescentado à borda para um acabamento feminino. Outros barrados da seção "Técnicas" também podem ser usados.

Não se esqueça de medir a tensão depois das três primeiras voltas para garantir que a boina fique do tamanho certo.

Gorro

Esse gorro foi feito em crochê circular, começando no alto e aumentando a circunferência da cabeça até o tamanho desejado. Há duas listas contrastantes perto da borda, mas pode ser personalizado com listas e cores adicionais.

NÍVEL DE DIFICULDADE
Fácil

TAMANHO
Adulto (masculino)

FIO
A: Wendy Aran (100% lã) 400 g
B: Debbie Bliss Cashmerino Aran (55% lã merino, 33% microfibra, 12% cashmere) 50 g

A 1 **B** 1 bola

AGULHA DE CROCHÊ
Agulha de 5 mm

TENSÃO
11 pt. em 10 cm

ABREVIAÇÕES ESPECIAIS
m.p.a.f.c.p: meio ponto alto pela frente do corpo do ponto. Lç., enfie a agulha da frente para trás e volte para a frente ao redor do corpo do próx. pt. Lç. e puxe 1 alça. Lç. e puxe pelas 3 alças na agulha.
m.p.a.t.c.p.: meio ponto alto por trás do corpo do ponto. Lç., enfie a agulha de trás para a frente e volte para trás ao redor do corpo do próx. pt. Lç. e puxe 1 alça. Lç. e puxe pelas 3 alças na agulha.

RECEITA
Com a cor A, faça 4corr., p.bx. na 1ª corr. para formar 1 anel.
Volta 1 2corr., 11m.p.a. no anel, p.bx. no alto das 2corr. para unir. (12 pt.)
Volta 2 2corr., 2m.p.a. no próx. pt., *1m.p.a. no próx. pt., 2m.p.a. no próx. pt.; rep. do * ao fim, p.bx. no alto das 2corr. para unir. (18 pt.)
Volta 3 2corr., 1m.p.a. no próx. pt., 2m.p.a. no próx. pt., *1m.p.a. em cada 1 dos próx. 2pt., 2m.p.a. no próx. pt.; rep. do * ao fim, p.bx. no alto das 2corr. para unir. (24 pt.)
Volta 4 2corr., 1m.p.a. em cada 1 dos próx. 2pt., 2m.p.a. no próx. pt., *1m.p.a. em cada 1 dos próx. 3pt., 2m.p.a. no próx. pt.; rep. do * ao fim, p.bx. no alto das 2corr. para unir. (30 pt.) **Volta 5** 2corr., 1m.p.a. em cada 1 dos próx. 3pt., 2m.p.a. no próx. pt., *1m.p.a. em cada 1 dos próx. 4pt., 2m.p.a. no próx. pt.; rep. do * ao fim, p.bx. no alto das 2corr. para unir. (36 pt.) **Volta 6** 2corr., 1m.p.a. em cada 1 dos próx. 4pt., 2m.p.a. no próx. pt., *1m.p.a. em cada 1 dos próx. 5pt., 2m.p.a. no próx. pt.; rep. do * ao fim, p.bx. no alto das 2corr. para unir. (42 pt.) **Volta 7** 2corr., 1m.p.a. em cada 1 dos próx. 5pt., 2m.p.a. no próx. pt., *1m.p.a. em cada 1 dos próx. 6pt., 2m.p.a. no próx. pt.; rep. do * ao fim, p.bx. no alto das 2corr. para unir. (48 pt.) **Volta 8** 2corr., 1m.p.a. em cada 1 dos próx. 6pt., 2m.p.a. no próx. pt., *1m.p.a. em cada 1 dos próx. 7pt., 2m.p.a. no próx. pt.; rep. do * ao fim, p.bx. no alto das 2corr. para unir. (54 pt.) **Volta 9** 2corr., 1m.p.a. em cada 1 dos próx. 7pt., 2m.p.a. no próx. pt., *1m.p.a. em cada 1 dos próx. 8pt., 2m.p.a. no próx. pt.; rep. do * ao fim, p.bx. no alto das 2corr. para unir (60 pt.) ***Os aumentos podem continuar ou ser interrompidos antes conforme o tamanho da cabeça*** **Voltas 10-16** 2corr., 1m.p.a. em cada pt. ao fim, p. bx. no alto das 2corr. para unir.
Voltas iguais podem ser incluídas ou retiradas para ajustar o comprimento do gorro **Volta 17** Com a cor B, 2corr., faça 1m.p.a. em cada pt. ao fim, p.bx. no alto das 2corr. para unir.
Voltas 18-19 Com a cor A, 2corr., faça 1m.p.a. em cada pt. ao fim, p.bx. no alto das 2corr. para unir. **Volta 20** Com a cor B, 2corr., faça 1m.p.a. em cada pt. ao fim, p.bx. no alto das 2corr. para unir. **Volta 21** Com a cor B, 2corr., *m.p.a.f.c.p. no próx. pt.; m.p.a.t.c.p. no próx. pt.; rep. do * ao fim, p.bx. no alto das 2corr. para unir. Arremate, esconda as pontas.

O buraco do início deve estar quase fechado depois da primeira volta. Se não estiver, desmanche e comece de novo, com menos correntinhas.

As listas decorativas são feitas como parte da receita. Lembre-se de prender as pontas soltas ao trocar as cores.

Gorro de bebê

Esse gorrinho combina com meninas ou meninos. Adequado para crocheteiros intermediários, é feito em uma só peça: primeiro em crochê circular e, depois, os protetores de orelha são feitos em carreiras. Só as orelhinhas são crochetadas separadamente.

NÍVEL DE DIFICULDADE
Moderado

TAMANHO
Bebê de 9-12 meses

FIO
Debbie Bliss Baby Cashmerino (55% lã merino, 33% microfibra, 12% cashmere) 50 g

A 1 **B** 1 bola

AGULHA DE CROCHÊ
A: agulha de 3,75 mm
B: agulha de 3 mm
Marcador de pontos

A

B

TENSÃO
17 pt. em 10 cm

OBSERVAÇÕES ESPECIAIS
Ponto caranguejo: Faça o p.b. da esquerda para a direita, e não da dir. para a esq. (Canhotos devem trabalhar da dir. para a esq.) Não vire o trabalho após completar a volta de ponto baixo. 1corr., *enfie a agulha no próx. pt. à dir., não no ponto recém-completado, mas no próximo. Puxe 1 alça. Lç. e puxe pelas 2 alças na agulha; rep. do * até o fim da volta.

RECEITA
COROA DO GORRO
Agulha de 3,75 mm e cor A, faça 3corr. e faça 8m.p.a. na 3ª corr. a partir da agulha, p.bx. no 1º pt. para unir. (8 pt.)
Volta 1 2corr., m.p.a. no mesmo pt. 2m.p.a. em cada m.p.a. até o fim, p.bx. no alto das 2corr. para unir. (16 pt.)
Volta 2 2corr., m.p.a. no mesmo pt. *1m.p.a. no próx. pt., 2m.p.a. no próx. pt.; rep. do * ao fim, p.bx. no alto das 2corr. para unir. (24 pt.)
Volta 3 2corr., m.p.a. no mesmo pt. 2m.p.a. no próx. pt., *1m.p.a. em cada 1 dos próx. 2pt., 2m.p.a. no próx. pt.; rep. do * ao fim, p.bx. no alto das 2corr. para unir. (32 pt.) **Volta 4** 2corr., m.p.a. em cada 1 dos próx. 2pt., 2m.p.a. no próx. pt., *1m.p.a. em cada 1 dos próx. 3pt., 2m.p.a. no próx. pt.; rep. do * ao fim, p.bx. no alto das 2corr. para unir. (40 pt.) **Volta 5** 2corr., m.p.a. em cada 1 dos próx. 3pt., 2m.p.a. no próx. pt., *1m.p.a. em cada 1 dos próx. 4pt., 2m.p.a. no próx. pt.; rep. do * ao fim, p.bx. no alto das 2corr. para unir. (48 pt.)
Continue desse modo, fazendo 1m.p.a. adicional entre cada aum. por volta, até ter 72 pt. Faça mais 1 volta sem aumentar.
Próxima volta 2corr., 1m.p.a. em cada 1 dos próx. 7pt., 2m.p.a. no próx. pt., *1m.p.a. em cada 1 dos próx. 8pt., 2m.p.a. no próx. pt.; rep. do * ao fim, p.bx. no alto das 2corr. para unir. (80 pt.)
Trabalhe sem aumentar por aproximadamente 8 cm.

PROTETORES DE ORELHA
Carr. 1-2 2corr., 1m.p.a. em cada 1 dos próx. 14pt., vire. (15 pt.)
Carr. 3 2corr., 2m.p.a.jt., 1m.p.a. em cada pt. até os 3 últ. pt., 2m.p.a.jt., 1m.p.a. no últ. pt. Vire. (13 pt.)
Rep. a última carreira até ter 5 pt. Arremate o fio.
Junte o fio à volta inferior da coroa do gorro, 20pt. à esquerda do 1º protetor de orelhas. Faça o protetor de orelhas como o 1º. Arremate o fio A.

BORDA
Prenda o fio B a qualquer ponto na últ. volta da coroa do gorro. 1corr., trabalhe em p.b. ao redor de toda a borda, inclusive os protetores de orelhas, una a volta com 1p.bx. Não vire, mas trabalhe de volta na outra direção, usando o ponto caranguejo para fazer a borda. (veja Obs. Especiais). Arremate o fio B e esconda as pontas.

ORELHAS (faça 2 com a cor A e 2 com a cor B). Agulha de 3 mm, 2corr., faça 6p.b. na 2ª corr. a partir da agulha; p.bx. no 1º pt. para unir. (6 pt.)
Volta 1 2p.b. em cada p.b. até o fim, não junte. (12 pt.) **Volta 2** (1p.b. no próx. p.b., 2p.b. no próx. p.b.); rep. até o fim, não junte. (18 pt.) **Volta 3** (1p.b. em cada 1 dos próx. 2p.b., 2p.b. no próx. p.b.); rep. até o fim. P.bx. no alto do 1º pt. para unir. (24 pt.) **Volta 4** (1p.b. em cada 1 dos próx. 3p.b., 2p.b. no próx. p.b.); rep. até o fim. P.bx. no alto do 1º pt. para unir. (30 pt.)

ACABAMENTO
Bloque levemente as partes do gorro (p. 117). Costure cada parte de orelha de cor B a uma parte de cor A, com os avessos voltados um para o outro e com a cor B na frente. Costure 1 orelha de cada lado da coroa do gorro, acima dos protetores de orelha.

Duas camadas de voltas em espiral são costuradas para formar cada protetor de orelha, que é costurado diretamente na coroa do gorro.

Luvas sem dedos

Rendadas, bonitas e quentinhas, essas luvas são feitas rapidamente, e o fio, suavemente mesclado, é atraente. Este projeto é feito com ponto de rede em arco (p. 86) e uma variação do barrado de conchas em picô (p. 129), ambos do capítulo "Técnicas". Trabalhadas em carreiras, as luvas são costuradas na lateral, deixando uma abertura para o polegar.

NÍVEL DE DIFICULDADE
Moderado

TAMANHO
Adulto (feminino)

FIO
Rowan Creative Focus (75% lã, 25% alpaca) 100 g

1 bola

AGULHA DE CROCHÊ
Agulha de 5 mm

TENSÃO
3,5 repetições do padrão em 10 cm

RECEITA

LUVAS SEM DEDOS (FAÇA 2)
Faça 28corr. (frouxas). **Carr. 1** 1p.b. na 2ª corr. a partir da agulha, 3corr., pule a próx. corr., 1p.a. na próx. corr., *2corr., pule a próx. corr., 1p.b. na próx. corr., 2corr., pule a próx. corr., 1p.a. na próx. corr.; rep. do * até o fim, vire. **Carr. 2** 1corr., 1p.b. no 1º p.a., 2corr., 1p.a. no próx. p.b., *2corr., 1p.b. no próx. p.a., 2corr., 1p.a. no próx. p.b.; rep. do * até o fim, vire.
Rep. a carreira 2 até que a peça meça 17 cm. Não arremate.

BARRADO SUPERIOR
1corr., 1p.a. no 1º p.a., Faça [2p.b., 3corr., 2p.b.] em cada esp. de 2corr. até o fim, p.b. no últ. p.b.
Não arremate.

COSTURA E BARRADO INFERIOR
Junte os lados com p.bx. (p. 146), deixando uma abertura de 4 cm, ou o comprimento desejado, para o polegar. Quando os lados estiverem unidos, 2corr. e faça m.p.a. ao redor da borda inferior da peça. Arremate, esconda as pontas. A luva pode ser usada assim ou do avesso, para esconder a costura.

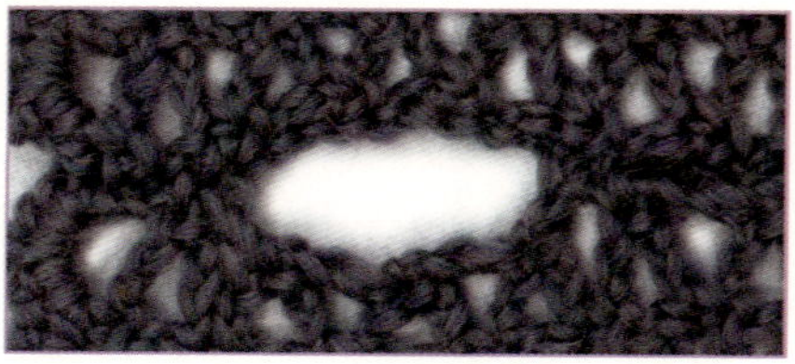

A abertura do polegar é formada deixando um espaço de 4 cm na costura quando os dois lados do quadrado de crochê são costurados.

O barrado em picô no alto de cada luva dá um belo acabamento.

Cachecol rendado

Esse cachecol rendado é feito com o ponto de leques alternados (p. 88). O padrão rendado é criado alternando-se alças de correntinhas e pontos altos. É um primeiro projeto fácil!

NÍVEL DE DIFICULDADE
Moderado

TAMANHO
18 cm x 180 cm ou o comprimento desejado

FIO
Sirdar Country Style DK (40% náilon, 30% lã, 30% acrílico)100 g

1 bola

AGULHA DE CROCHÊ
Agulha de 4 mm

RECEITA
Faça 33corr.
Carr. 1 1p.a. na 5ª corr. a partir da agulha, *2corr., pule as próx. 5corr., 3p.a. na próx. corr., 2corr., p.a. na próx. corr.; rep. do * mais 3 x.
Carr. 2 4corr., vire. 1p.a. no 1º esp. de 2corr., *2corr., faça (4p.a., 2corr., 1p.a.] no próx. esp. de 2corr.; rep. do * mais 2 x, 2 corr, faça 3p.a. no últ. esp. e 1p.a. na 3ª das 4corr. de virada da carreira anterior. Rep. a carreira 2 até que a peça tenha 180 cm ou o comprimento desejado.
Arremate, esconda as pontas.

Não é preciso adicionar barrado a nenhum dos lados ou pontas deste cachecol porque o ponto já forma um barrado.

O padrão alternado forma carreiras de espaços e pontos assimétricos, dando uma aparência rendada e leve ao cachecol.

Cachecol para o frio

Adequado para homens, esse cachecol tem uma aparência sóbria. Ele é feito trabalhando-se em carreiras de ida e volta com o ponto de barra em crochê (p. 70) e é um ótimo início para a técnica de crochetar ao redor do corpo de um ponto.

NÍVEL DE DIFICULDADE
Fácil

TAMANHO
18 cm x 130 cm ou o comprimento desejado

FIO
Rowan Colourspun (72% lã, 14% mohair, 15% poliamida) 50 g

4 bolas

AGULHA DE CROCHÊ
Agulha de 5 mm

OBSERVAÇÕES ESPECIAIS

p.a.f.c.: ponto alto pela frente do corpo do ponto. Lç. e enfie a agulha ao redor do corpo do próx. pt., levando a agulha da frente para trás e voltando para a frente, lç. e puxe 1 alça, lç. e puxe pelas 2 alças, lç. e puxe pelas 2 últimas alças.
p.a.t.c.: ponto alto por trás do corpo do ponto. Lç. e enfie a agulha ao redor do corpo do próx. pt., levando a agulha de trás para a frente e voltando para trás, lç. e puxe 1 alça, lç. e puxe pelas 2 alças, lç. e puxe pelas 2 últimas alças.

RECEITA
Faça 34corr.
Carr. 1 1p.a. na 4ª corr. a partir da agulha, 1p.a. em cada corr. até o fim, vire. **Carr. 2** 2corr., pule o 1º p.a., p.a.f.c. ao redor do próx. pt., p.a.t.c. ao redor do próx. pt.; rep. do * até o fim, p.a. no alto da corr. de virada no final, vire. Rep. a carr. 2 até que a peça meça 130 cm ou o comprimento desejado (compre + bolas de fio para um cachecol mais comprido). Arremate, esconda as pontas.

O fio suavemente matizado usado neste projeto forma listas sutis quando trabalhado em carreiras de ida e volta.

O ponto de barra em crochê forma cristas fundas que seguram o calor, tornando o cachecol quente e aconchegante.

Xale

Esse xale feminino e rendado usa uma variação do ponto de alças de correntinhas (p. 77) e também o barrado de picô e leques (pp. 129 e 131). O xale é feito em carreiras, começando do alto e diminuindo até a ponta inferior.

NÍVEL DE DIFICULDADE
Fácil

TAMANHO
135 cm x 105 cm

FIO
Sirdar Balmoral (72% lã, 25% alpaca, 3% seda) DK 50 g

5 bolas

AGULHA DE CROCHÊ
Agulha de 4,5 mm

RECEITA
Faça 181corr. (ou qualquer múltiplo de 3+1). **Carr. 1** Pule a 1ª corr., p.b. em cada corr. até o fim, vire. (180 pt.) **Carr. 2** *6corr., pule 2 pt., p.b. no próx. pt.; rep. do * até o fim, vire. **Carr. 3** e todas as seguintes P.bx. nas 3corr. do início, *6corr., p.b. na próx. alça de 6corr.; rep. do * até o fim, vire. Rep. a última carreira até que sobre 1 alça de 6corr. Arremate, esconda as pontas.

BARRADO SUPERIOR DE PICÔ
Para crochetar na extremidade superior do xale, prenda o fio em uma das pontas, 1 corr., p.b. no mesmo pt., *4corr., p.bx. na 4ª corr. a partir da agulha, p.b. em cada 1 dos 2 próx. pt.; rep. do * em toda a extremidade superior, terminando (4corr., p.bx. na 4ª corr. a partir da agulha, p.b.) tudo no últ. pt. Deixe o fio sem cortar.

BARRADO DE LEQUES
Trabalhe nos 2 lados res., *p.bx. na próx. alça de 6corr., 5p.a. no mesmo esp., p.bx. no mesmo esp.; rep. do * ao redor dos 2 lados, fazendo (p.bx., 10p.a., p.bx.) na alça da ponta inferior. Arremate, esconda as pontas.

O barrado de leques dá acabamento nas laterais longas do xale. Cada leque no barrado fica junto de um espaço no ponto rendado.

O barrado em picô é usado para dar acabamento ao alto do xale. O barrado pode ficar maior com o acréscimo de correntinhas.

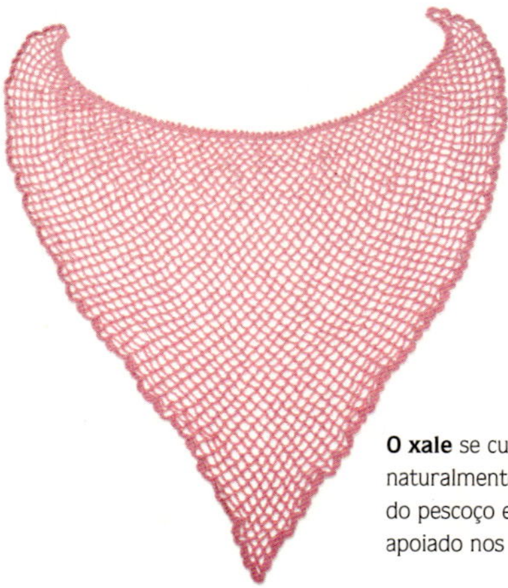

O xale se curva naturalmente ao redor do pescoço e fica bem apoiado nos ombros.

Colete

Uma peça incrível para se ter no armário, esse belo colete com textura ficará ótimo em qualquer cor. O projeto é mais adequado para crocheteiros intermediários ou avançados. Atenção especial deve ser dada à costura das partes.

NÍVEL DE DIFICULDADE
Moderado

TAMANHO
Adulto (feminino, aproximadamente 85 cm de busto)

FIO
Natura Just Cotton (100% algodão) 50 g

4 bolas

AGULHA DE CROCHÊ
Agulha de 4 mm

AVIAMENTOS
1 botão, cerca de 2 cm de diâmetro

TENSÃO
3,5 repetições do padrão em 10 cm

PONTOS ESPECIAIS USADOS

LEQUES

Carr. 1 1p.b. na 2ª corr. a partir da agulha, *pule as próx. 2corr., 5p.a. na próx. corr., pule as próx. 2corr., 1p.b. na próx. corr.; rep. do * ao fim, vire. **Carr. 2** 3corr. (conta como o 1º p.a.), 2p.a. no 1º p.b., *pule os próx. 2p.a., 1p.b. no próx. p.a., 5p.a. no próx. p.b. (entre os leques); rep. do *, termine a últ. rep. com 3p.a. no últ. p.b. (em vez de 5p.a.), vire. **Carr. 3** 1corr. (NÃO conta como 1pt.), 1p.b. no 1º p.a., 5p.a. no próx. p.b. (entre os leques), pule os próx. 2p.a., 1p.b. no próx. p.a.; rep. do *, faça o último p.a. no alto das 3corr. finais, vire. Repita as carreiras 2 e 3.

LEQUES E ALÇAS DE CORRENTINHAS

Carr. 1 1p.b. na 2ª corr. a partir da agulha, *pule as próx. 2corr., faça [1p.a., 1corr., 1p.a., 1corr., 1p.a.] todos na próx. corr., pule as próx. 2corr., 1p.b. na próx. corr.; rep. do * ao fim, vire. **Carr. 2** 4corr. (conta como 1p.a. e 1 esp. de 1corr.), 1p.a. no 1º p.b., pule o próx. p.a., 1p.b. no próx. p.a. (p.a. central do leque), *faça [1p.a., 1corr., 1p.a., 1corr., 1p.a.] todos no próx. p.b. (entre os leques), pule o próx. p.a., 1p.b. no próx p.a. (p.a. central do leque); rep. do *, termine com [1p.a., 1corr., 1p.a.] no últ. p.b., vire. **Carr. 3** 1corr. (NÃO conta como 1pt.), 1p.b. no 1º p.a., *faça [1p.a., 1corr., 1p.a., 1corr., 1p.a.] todos no próx. p.b., pule o próx. p.a., 1p.b. no próx. p.a. (p.a. central do leque); rep. do *, faça o últ. p.b. da últ. rep. na 3ª das 4corr. do início da carr. anterior, vire. Rep. as carr. 2 e 3 para formar padrão. Com a agulha de 4 mm, 170corr.
Carr. 1 1p.b. na 2ª corr. a partir da agulha, *pule as próx. 2corr., 5p.a. na próx. corr., pule as próx. 2corr., 1p.b. na próx. corr.; rep. do * ao fim, vire.

RECEITA
Agulha de 4 mm, faça 170corr. Trabalhe no pt. de leques por 26 cm, terminando com uma carr. 2. Mude para o ponto de leques e correntinhas. Faça 5 rep. do pt.; vire e trabalhe reto nesses pt. até medir 17 cm a partir da cava, terminando na borda da cava. Decote: Faça 3,5 rep. do pt., vire, deixe os outros pt. sem trabalhar e trabalhe até o fim. Faça 2,5 rep. do pt., vire, deixe os outros pt. sem trabalhar e trabalhe até o fim. Trabalhe nesses pontos até a frente medir 21 cm do início da cava. Prenda o fio para fazer a outra frente e trabalhe como o 1º lado, invertendo a receita. Prenda o fio para 4 rep. do pt. ao longo de uma das frentes, faça 10 rep. do pt., vire e trabalhe nesses pt. até medir igual a frente até 1 carr. abaixo do ombro. Trabalhe 2,5 rep. do pt., arremate, deixando os outros pt. sem fazer. Retome o ombro oposto e complete como o 1º.

ACABAMENTO
Bloque a peça levemente para dar forma (p. 117). Costure os ombros. Prenda o fio ao pescoço na borda da frente direita e faça 1 carr. de p.b. ao redor do pescoço. Faça 1 corrente com cerca de 8corr., ou o comprimento para passar o botão escolhido; costure 1 alça e a prenda à frente esquerda na altura do início da cava. Prenda 1 botão ao lado oposto na mesma altura da alça.

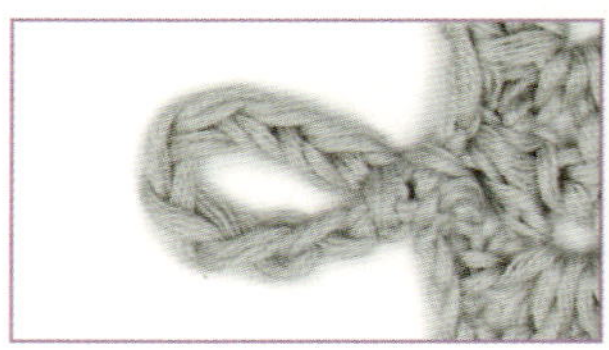

A alça de botão é formada por uma corrente curta dobrada e presa à frente esquerda do colete.

O ponto é mais solto no alto e mais denso na parte de baixo, criando uma diferença sutil de textura no colete.

Sapatinhos de bebê

Esses sapatinhos são feitos com fio muito macio, especial para peles delicadas, e ficam firmes nos pezinhos. Eles são feitos em círculo, começando pela sola. Use marcador de ponto durante o trabalho para marcar o primeiro ponto da volta.

NÍVEL DE DIFICULDADE
Moderado

TAMANHO
Recém-nascido

FIO
Sublime Cashmere Merino Silk DK (75% lã merino, 20% seda, 5% cashmere) 50 g

1 bola

AGULHA DE CROCHÊ
Agulha de 4 mm

TENSÃO
Meça a tensão depois de completar a sola de cada sapatinho. A sola deve ter no mínimo 8,5 cm de comprimento.

AVIAMENTOS
4 botões pequenos

RECEITA
SAPATINHOS (FAÇA 2)
Faça 9corr.
Volta 1 Pule 1corr., p.b. em cada corr. até o fim, 4p.b. na últ. corr. Trabalhe do outro lado das corr. até o fim, faça 4p.b. na últ. corr. (22 pt.)
Volta 2 *P.b. nos próx. 7pt., faça (1p.b. no próx. pt., 2p.b. no próx. pt.) 2 x; rep. do * mais 1x. (26 pt.)
Volta 3 *P.b. nos próx. 7pt., faça (1p.b. em cada 1 dos próx. 2pt., 2p.b. no próx. pt.) 2 x; rep. do * mais 1 x. (30 pt.)
Volta 4 *P.b. nos próx. 7pt., faça (1p.b. em cada 1 dos próx. 3pt., 2p.b. no próx. pt.) 2 x; rep. do * mais 1 x. (34 pt.)
Volta 5 Trabalhando só nas alças de trás, p.b. em cada p.b. até o fim. (34 pt.)
Volta 6 P.b. nos próx. pt., faça (1p.b. em cada 1 dos 3 próx. pt., 2p.b.jt.) 2 x, p.b. nos próx. 17pt. (32 pt.)
Volta 7 P.b. nos próx. 7pt., 2p.a.jt. 4 x, p.b. nos próx. 7pt., m.p.a. nos próx. 10pt. (28 pt.)

A sola do sapatinho é trabalhada em voltas sem juntar. Meça cada sola para conferir a tensão.

Volta 8 P.b. nos próx. 7pt., 2p.a.jt. 2 x, p.b. nos próx. 7pt., m.p.a. nos próx. 10pt., p.bx. no 1º pt. para fechar. (26 pt.) Não arremate o fio.
Primeira tira: 9corr., p.b. na 4ª corr. a partir da agulha e em cada 1 das próx. 5corr., p.bx. no pt. inicial. Arremate. **Segunda tira:** Prenda o fio do outro lado do sapatinho no pt. correspondente (últ. p.b. antes do m.p.a.) e siga as instruções da 1ª tira. Arremate, esconda as pontas. Prenda bem os botões, como mostrado.

A alça de botão no fim de cada tira precisa ficar bem firme ao redor do botão. Ajuste o tamanho aumentando ou diminuindo o número de corr.

Cardigã de bebê

Um belo cardigã deixará seu pequenino quente e confortável. A construção simples e inteligente incorpora as mangas no corpo do cardigã e, assim, não é necessário costurar, o que faz dessa peça um bom projeto inicial.

NÍVEL DE DIFICULDADE
Moderado

TAMANHO
Bebê de 0-6 (6-12) meses

FIO
Jarol Heritage DK (55% lã, 25% acrílico, 20% náilon) 100 g

A 2 **B** 1 bola

AGULHA DE CROCHÊ
Agulha de 4 mm

AVIAMENTOS
3 botões, cerca de 1 cm de diâmetro

TENSÃO
17m.p.a. em 10 cm

RECEITA
FRENTE (Faça 2)
Com a cor B e agulha de crochê de 4 mm, faça 22 (25) corr.
Carr. 1 1m.p.a. na 3ª corr. a partir da agulha, 1m.p.a. em cada corr. até o fim. Vire. 20 (23) pt. **Carr. 2** 2corr., 1m.p.a. em cada pt. da carreira. Vire. Mude para a cor A e trabalhe reto em m.p.a. até que a peça meça 15 (16) cm.
Próx. carr.: 27 (32) corr., 1m.p.a. na 3ª corr. a partir da agulha; depois, 1m.p.a. em cada corr. até o fim das corr. 25 (30) pt. aumentados para a manga. Trabalhe nos pt. do corpo. 45 (53) m.p.a.

As mangas são feitas como parte das peças das costas e da frente do cardigã.

Trabalhe reto nesses pt. até que a peça meça cerca de 20 (21) cm a partir da bainha, terminando na borda do braço.
Próx. carr.: Trabalhe em m.p.a. até os últ. 6 (8) pt., 1p.b. em cada pt.; vire, deixando os pontos restantes sem trabalhar para o decote.
Próx. carr.: P.bx. em 5pt., m.p.a. até o final da carreira. Trabalhe reto até que a peça meça 24 (25) cm até o ombro. Arremate o fio.

COSTAS
Com a cor B e agulha de crochê de 4 mm, faça 43 (47) corr.
Carr. 1 1m.p.a. na 3ª corr. a partir da agulha; depois, 1m.p.a. em cada corr. até o fim. Vire. 41 (45) m.p.a.
Carr. 2 2corr., faça 1m.p.a. em cada pt. da carr. Vire. Mude para a cor A e trabalhe reto em m.p.a. até a peça medir o mesmo que a frente até 1 carr. antes da cava. Arremate o fio.
Com a cor A, faça 25 (30) corr.; depois, trabalhe nos pt. do corpo em m.p.a., faça 27 (32) corr.
Próx. carr.: Faça 1m.p.a. na 3ª corr. a partir da agulha; depois, 1m.p.a. em cada corr. até o fim das corr. 25 (30) pt. aumentados para a manga. Trabalhe em m.p.a. nos pt. do corpo; depois, 1m.p.a. em cada corr. até o fim para a outra manga. 50 (60) pt. aumentados no total para as mangas. 91 (105) m.p.a. Trabalhe reto nesses pontos até a peça medir o mesmo que a frente até 1 carr. abaixo do ombro.
Próx. carr.: Trabalhe em 35 (40) pt. Arremate o fio, deixando os outros pt. sem fazer. Prenda o fio na borda da outra manga, trabalhe 35 (40) pt., arremate o fio, deixando os outros 21 (25) pt. sem trabalhar para o decote.

ACABAMENTO
Bloque todas as partes levemente. Costure os ombros, faça as costuras embaixo das mangas e as laterais.

BORDA DO DECOTE
Prenda a cor A na parte de baixo da borda da frente direita e trabalhe 1 borda em p.b. subindo pela frente e em volta do pescoço. No alto da frente esquerda, faça 5corr. para 1 alça de botão; faça 4p.b. descendo a borda, 5corr., 4p.b., 5corr., p.b. até embaixo da frente esquerda. Prenda botões na frente direita, na altura das alças de botão.

PUNHOS
Com a cor B, prenda o fio ao punho e faça 2 carr. de p.b. em círculo. Esconda as pontas de fio.

Carreiras de ponto baixo em cor contrastante acrescentam um belo toque final aos punhos e à barra do cardigã.

Bolas de brinquedo

Essas bolinhas são feitas com pequenas quantidades de algodão mercerizado de 4 fios, e são uma maneira excelente para usar sobras de fio. São trabalhadas com agulha pequena para obter uma tensão bem fechada e um tecido firme que segure o enchimento.

NÍVEL DE DIFICULDADE

Fácil

TAMANHO

5 cm de diâmetro

FIO

Rowan Siena 4-ply (100% algodão mercerizado) 50 g

A 1 **B** 1 **C** 1 bola

AGULHA DE CROCHÊ

Agulha de 2 mm

AVIAMENTOS

Enchimento para brinquedos

RECEITA

BOLA COM LISTA NO CENTRO

Com a cor C, faça 6p.b. com o laço mágico (p. 143). Puxe a ponta para fechar. **Volta 1** 2p.b. em cada p.b. até o fim. (12 pt.) **Volta 2** *1p.b. no próx. p.b., 2p.b. no próx. p.b.; rep. do * até o fim. (18 pt.) **Volta 3** *1p.b. em cada 1 dos próx. 2p.b., 2p.b. no próx. p.b.; rep. do * até o fim. (24 pt.) **Volta 4** *1p.b. em cada 1 dos próx. 3p.b., 2p.b. no próx. p.b.; rep. do * até o fim. (30 pt.) **Volta 5** *1p.b. em cada 1 dos próx. 4p.b., 2p.b. no próx. p.b.; rep. do * até o fim. (36 pt.) **Volta 6** *1p.b. em cada 1 dos próx. 5p.b., 2p.b. no próx. p.b.; rep. do * até o fim. (42 pt.) **Volta 7** *1p.b. em cada 1 dos próx. 6p.b., 2p.b. no próx. p.b.; rep. do * até o fim. (48 pt.)

Voltas 8-9 1p.b. em cada p.b. até o fim, termine o últ. p.b. com a cor A.

Volta 10 Com a cor A, faça 1p.b. em cada p.b. até o fim, termine o últ. p.b. com a cor B. **Voltas 11-12** Com a cor B, faça 1p.b. em cada p.b. até o fim, termine o últ. p.b. da volta 12 com a cor A. **Volta 13** Com a cor A, faça 1p.b. em cada p.b. até o fim, termine o últ. p.b. com a cor C.

Voltas 14-15 Com a cor C, faça 1p.b. em cada p.b. até o fim.

Volta 16 *1p.b. em 1 dos próx. 6p.b., 2p.b.jt.; rep. do * até o fim. (42 pt.)

Volta 17 *1p.b. em 1 dos próx. 5p.b., 2p.b.jt.; rep. do * até o fim. (36 pt.)

Volta 18 *1p.b. em 1 dos próx. 4p.b., 2p.b.jt.; rep. do * até o fim. (30 pt.)

Volta 19 *1p.b. em 1 dos próx. 3p.b., 2p.b.jt.; rep. do * até o fim. (24 pt.)

Volta 20 *1p.b. em 1 dos próx. 2p.b., 2p.b.jt.; rep. do * até o fim. (18 pt.)

Volta 21 *1p.b. no próx. p.b., 2p.b.jt.; rep. do * até o fim. (12 pt.) Coloque enchimento até ficar bem firme.

Volta 22 2p.b.jt. até o fim. (6 pt.) Arremate, deixando 1 ponta longa. Use a ponta para fechar o buraco, esconda as pontas.

BOLA TODA LISTADA

Siga a mesma receita, mas mude a cor do fio em cada volta, terminando o últ. pt. da volta anterior com a cor nova.

BOLA COM TRÊS BLOCOS DE COR

Com a cor B, faça 6p.b. com o laço mágico (p. 143). Puxe a ponta para fechar.

Volta 1 2p.b. em cada p.b. até o fim. (12 pt.)

Volta 2 *1p.b. no próx. p.b., 2p.b. no próx. p.b.; rep. do * até o fim. (18 pt.)

Volta 3 *1p.b. em cada 1 dos próx. 2p.b., 2p.b. no próx. p.b.; rep. do * até o fim. (24 pt.)

Volta 4 *1p.b. em cada 1 dos próx. 3p.b., 2p.b. no próx. p.b.; rep. do * até o fim. (30 pt.)

Volta 5 *1p.b. em cada 1 dos próx. 4p.b., 2p.b. no próx. p.b.; rep. do * até o fim. (36 pt.)

Volta 6 *1p.b. em cada 1 dos próx. 5p.b., 2p.b. no próx. p.b.; rep. do * até o fim. (42 pt.)

Volta 7 *1p.b. em cada 1 dos próx. 6p.b., 2p.b. no próx. p.b.; rep. do * ao fim, termine o últ. pt. com a cor A. (48 pt.)

Voltas 8-15 Com a cor A, faça 1p.b. em cada p.b. até o fim, termine o últ. p.b. da volta 15 com a cor C.

Volta 16 Com a cor C, *1p.b. em 1 dos próx. 6p.b., 2p.b.jt.; rep. do * até o fim. (42 pt.)

Volta 17 *1p.b. em 1 dos próx. 5p.b., 2p.b.jt.; rep. do * até o fim. (36 pt.)

Volta 18 *1p.b. em 1 dos próx. 4p.b., 2p.b.jt.; rep. do * até o fim. (30 pt.)

Volta 19 *1p.b. em 1 dos próx. 3p.b., 2p.b.jt.; rep. do * até o fim. (24 pt.)

Volta 20 *1p.b. em 1 dos próx. 2p.b., 2p.b.jt.; rep. do * até o fim. (18 pt.)

Volta 21 *1p.b. no próx. p.b., 2p.b.jt.; rep. do * até o fim. (12 pt.) Coloque enchimento até ficar bem firme.

Volta 22 2p.b.jt. até o fim. (6 pt.) Arremate, deixando 1 ponta longa. Use a ponta para fechar o buraco, esconda as pontas.

Os pontos de início e final das voltas em cores diferentes formam uma linha desencontrada na parte de trás da bola.

Ursinho

Esse ursinho é feito em voltas contínuas. A cabeça começa a ser crochetada a partir do topo, e o corpo, de baixo, até ficarem com o mesmo número de pontos. Após preenchidos, são unidos. Braços, pernas, orelhas e o cachecol, em outra cor, são feitos separadamente.

NÍVEL DE DIFICULDADE

Moderado

TAMANHO

15 cm

FIO

A (para o urso): Stylecraft Special DK (100% acrílico) 100 g

B (para o cachecol): Rowan Purelife DK (100% algodão orgânico) 50 g

A 1

B 1 bola

AGULHA DE CROCHÊ

A: Agulha de 3 mm (para o urso)

B: Agulha de 4 mm (para o cachecol)

A

B

AVIAMENTOS

Enchimento

Linha de bordar caramelo e preta

RECEITA

CABEÇA

Faça 6p.b. com o laço mágico (p. 143), puxe a ponta para fechar. **Volta 1** 2p.b. em cada p.b. ao fim. (12 pt.) **Volta 2** *1p.b. no próx. p.b., 2p.b. no próx. p.b.; rep. do * ao fim. (18 pt.) **Volta 3** *1p.b. em cada 1 dos próx. 2p.b., 2p.b. no próx. p.b.; rep. do * ao fim. (24 pt.) **Volta 4** *1p.b. em cada 1 dos próx. 3p.b., 2p.b. no próx. p.b.; rep. do * ao fim. (30 pt.) **Volta 5** *1p.b. em cada 1 dos próx. 4p.b., 2p.b. no próx. p.b.; rep. do * ao fim. (36 pt.) **Volta 6** *1p.b. em cada 1 dos próx. 5p.b., 2p.b. no próx. p.b.; rep. do * ao fim. (42 pt.) **Voltas 7-14** 1p.b. em cada p.b. ao fim. (42 pt.) **Volta 15** *1p.b. em 1 dos próx. 5p.b., 2p.b.jt.; rep. do * ao fim. (36 pt.) **Volta 16** *1p.b. em 1 dos próx. 4p.b., 2p.b.jt.; rep. do * ao fim. (30 pt.) **Volta 17** *1p.b. em 1 dos próx. 3p.b., 2p.b.jt.; rep. do * ao fim. (24 pt.) Arremate, deixando 1 ponta longa. Borde os olhos, nariz e boca. Coloque enchimento até ficar bem firme.

ORELHAS (Faça 2)

Faça 5p.b. com o laço mágico, puxe a ponta para fechar. **Volta 1** 2p.b. em cada p.b. ao fim. (10 pt.) **Voltas 2-3** 1p.b. em cada p.b. ao fim. (10 pt.) Arremate, deixando 1 ponta longa. Use a ponta para costurar orelhas na cabeça.

CORPO

Faça 6p.b. com o laço mágico, puxe a ponta para fechar. **Volta 1** 2p.b. em cada p.b. ao fim. (12 pt.) **Volta 2** *1p.b. no próx. p.b., 2p.b. no próx. p.b.; rep. do * ao fim. (18 pt.) **Volta 3** *1p.b. em cada 1 dos próx. 2p.b., 2p.b. no próx. p.b.; rep. do * ao fim. (24 pt.) **Volta 4** *1p.b. em cada 1 dos próx. 3p.b., 2p.b. no próx. p.b.; rep. do * ao fim. (30 pt.) **Volta 5** *1p.b. em cada 1 dos próx. 4p.b., 2p.b. no próx. p.b.; rep. do * ao fim. (36 pt.) **Volta 6** *1p.b. em cada 1 dos próx. 5p.b., 2p.b. no próx. p.b.; rep. do * ao fim. (42 pt.) **Voltas 7-14** 1p.b. em cada p.b. ao fim. (42 pt.) **Volta 15** *1p.b. em cada 1 dos próx. 5p.b., 2p.b.jt.; rep. do * ao fim. (36 pt.) **Voltas 16-17** 1p.b. em cada p.b. ao fim. (36 pt.) **Volta 18** *1p.b. em cada 1 dos próx. 4p.b., 2p.b.jt.; rep. do * ao fim. (30 pt.) **Voltas 19-20** 1p.b. em cada p.b. até o fim. (30 pt.) **Volta 21** *1p.b. em cada 1 dos próx. 3p.b., 2p.b.jt.; rep. do * ao fim. (24 pt.) **Voltas 22-23** 1p.b. em cada p.b. ao fim. (24 pt.) Arremate, deixando 1 ponta longa. Encha até ficar bem firme. Costure o corpo à cabeça.

PERNAS (Faça 2)

Faça 6p.b. com o laço mágico, puxe a ponta para fechar. **Volta 1** 2p.b. em cada p.b. ao fim. (12 pt.) **Volta 2** *1p.b. no próx. p.b., 2p.b. no próx. p.b.; rep. do * ao fim. (18 pt.) **Volta 3** *1p.b. em cada 1 dos próx. 2p.b., 2p.b. no próx. p.b.; rep. do * ao fim. (24 pt.) **Volta 4** *1p.b. em cada 1 dos próx. 3p.b., 2p.b. no próx. p.b.; rep. do * ao fim. (30 pt.) **Volta 5** 2p.b.jt. ao fim. (15 pt.) **Voltas 6-9** 1p.b. em cada p.b. ao fim. (15 pt.) Arremate, deixando 1 ponta longa. Encha até ficar bem firme, com a ponta costure as pernas ao corpo.

BRAÇOS (Faça 2)

Faça 6p.b. com o laço mágico, puxe a ponta para fechar. **Volta 1** 2p.b. em cada p.b. ao fim. (12 pt.) **Voltas 2-8** 1p.b. em cada p.b. ao fim. (12 pt.) Arremate, deixando 1 ponta longa. Encha até ficar bem firme e com a ponta costure os braços ao corpo.

CACHECOL

Faça 31corr. **Carr. 1** Pule 1corr., p.b. nas outras 30corr. (30 pt.) **Carr. 2** 1corr., p.b. em cada p.b. ao fim. Arremate, esconda as pontas.

A cabeça e o pescoço são feitos com o mesmo número de pontos e costurados com fio igual.

Os olhos, nariz e boca do urso são bordados na cabeça terminada, com linha de bordar caramelo e preta.

Marcador de livros

Feito com fio de algodão fino, esse é um ótimo presente de última hora. Se você nunca usou fio de algodão e agulha de crochê fina, tenha cuidado e paciência, pois o resultado será incrível. Depois de pronto, passe o marcador levemente a ferro.

NÍVEL DE DIFICULDADE
Moderado

TAMANHO
2 cm x 18 cm

FIO
DMC Petra (100% algodão mercerizado de fibra longa) 100 g

1 bola

AGULHA DE CROCHÊ
Agulha de 1,5 mm

RECEITA
Faça 51corr.
Carr. 1 Pule 1corr., p.b. nas demais corr. até o fim. (50 pt.) **Carr. 2-3** 1corr., vire. 1p.b. em cada p.b. até o fim. (50 pt.) **Carr. 4** 1corr., vire. 1p.b. no 1º pt., *pule 1pt., 5p.a. no próx. pt., pule 1pt., p.bx. no próx. pt.; rep. do * ao redor da peça, inclusive do outro lado da carr. de base, termine com p.b. no últ. pt., deixe o últ. lado curto sem trabalhar. Arremate e esconda as pontas.

PINGENTE
Corte 8 fios com 2 x o comprimento desejado para o pingente (amostra com 40 cm). Enfie a agulha no centro do lado curto não trabalhado, dobre os fios ao meio sobre a agulha, puxe uma alça, dobre todos os fios sobre a agulha e puxe as pontas. Corte por igual. Veja como fazer um pingente, p. 174.

O barrado de leques é feito dos dois lados do marcador, dando a aparência de simetria.

Um pingente, além de bonito, é muito fácil de fazer e facilita na hora de voltar à página em que você parou.

Sacola de barbante

Seja ecológico e faça a sua parte. Essa sacola de barbante é mais espaçosa do que a sacola plástica comum e pode ser usada inúmeras vezes. É feita em crochê circular e tem o fundo fechado para impedir que os objetos pequenos caiam.

NÍVEL DE DIFICULDADE
Fácil

TAMANHO
38 cm x 28 cm

FIO
Rowan Handknit Cotton
(100% algodão) 50 g

X 2 bolas

AGULHA DE CROCHÊ
Agulha de 4,5 mm

RECEITA
Faça 9corr.
Una com 1p.bx. na últ. corr. a partir da agulha para formar 1 anel.
Volta 1 3corr., 11p.a. no anel, p.bx. no alto das 3corr. (12 pt.) **Volta 2** 3corr., 1p.a. no mesmo pt., 2p.a. em cada pt. até o fim, p.bx. no alto das 3corr. (24 pt.) **Volta 3** 3corr., 2p.a. no próx. pt., *1p.a. no próx. pt., 2p.a. no próx. pt.; rep. do * ao fim, p.bx. no alto das 3corr. (36 pt.) **Volta 4** 3corr., 1p.a. no próx. pt., 2p.a. no próx. pt., *1p.a. em cada 1 dos próx. 2 pt., 2p.a. no próx. pt.; rep. do * ao fim, p.bx. no alto das 3corr. (48 pt.) **Volta 5** 3corr., 1p.a. em cada 1 dos próx. 2 pt., 2p.a. no próx. pt., *1p.a. em cada 1 dos próx. 3 pt., 2p.a. no próx. pt.; rep. do * ao fim, p.bx. no alto das 3corr. (60 pt.)
Volta 6 3corr., 1p.a. em cada 1 dos próx. 3 pt., 2p.a. no próx. pt., *1p.a. em cada 1 dos próx. 4 pt., 2p.a. no próx. pt.; rep. do * ao fim, p.bx. no alto das 3corr. (72 pt.) **Volta 7** 3corr., 1p.a. em cada 1 dos próx. 4 pt., 2p.a. no próx. pt., *1p.a. em cada 1 dos próx. 5 pt., 2p.a. no próx. pt.; rep. do * ao fim, p.bx. no alto das 3corr. (84 pt.)
Volta 8 *4corr., pule 2 pt., p.b. no próx. pt.; rep. do * ao fim, pule o últ. p.b., termine com 1p.bx. na base das 4corr. (28 alças de 4corr.) **Volta 9** P.bx. nas próx. 2corr., *4corr., p.b. na próx. alça de 4 corr.; rep. do * ao fim, termine p.bx. no 1º p.bx. do iníc. da volta. **Voltas 10-14** Rep. a volta 9. **Volta 15** P.bx. nas próx. 2corr., *6corr., p.b. na próx. alça de 4 corr.; rep. do * ao fim, termine p.bx. no 1º p.bx. do iníc. da volta. **Volta 16** P.bx. nas próx. 3corr., *6corr., p.b. na próx. alça de 6 corr.; rep. do * ao fim, termine p.bx. no 1º p.bx. do iníc. da volta. **Voltas 17-21** Rep. a volta 16. **Volta 22** P.bx. nas próx. 3corr., *4corr., p.b. na próx. alça de 6 corr.; rep. do * ao fim, termine p.bx. no 1º p.bx. do iníc. da volta.
Voltas 23-27 Rep. a volta 9. **Volta 28** *2corr., p.b. na próx. alça de 4corr.; rep. do * ao fim, p.bx. na base da 1ª alça de 2corr.

ALTO
Volta 29 1corr., *2p.b. na próx. alça de 2corr., p.b. no próx. p.b.; rep. do * ao fim, p.bx. na 1ª corr. para unir. (82 pt.)

ALÇAS
Volta 30 1corr., p.b. nos próx. 8 pt., 24corr. (a alça pode ser aumentada fazendo mais corr. aqui, se desejar) pule 23 pt., p.b. no 24º pt. e nos próx. 17, 24corr. (a alça pode ser aumentada fazendo mais corr. aqui, se desejar) pule 23 pt., p.b. no 24º pt. e nos próx. 10 pt., p.bx. no 1º pt. para unir. **Volta 31** 1corr., p.b. no mesmo pt. e nos outros pt. da alça, p.b. em cada corr. do alto da sacola, p.b. em cada pt. da próx. alça, p.b. em cada corr. do alto da sacola, p.b. para terminar a volta, p.bx. no 1º pt. para fechar. **Volta 32** 1corr., p.b. no mesmo pt. e em cada pt. em volta da sacola, p.bx. no 1º pt. para fechar. Arremate, esconda as pontas.

Pontos baixos em volta do alto do sacola dão estrutura e evitam que estique demais quando cheia.

Um fundo mais fechado e alças de correntinhas menores na parte inferior da sacola evitam que itens pequenos caiam.

Carteira

Essa carteira elegante é feita em fio de algodão mercerizado com brilho suave e tem espaço para guardar o essencial para sair à noite. Ela é feita em carreiras com o ponto de grupos e leques (p. 72) e forma seu próprio barrado e casas de botão. O projeto é rápido e fácil. Experimente fazer uma para sair hoje à noite.

NÍVEL DE DIFICULDADE
Fácil

TAMANHO
20 cm x 10 cm

FIO
Rico Essentials Cotton DK
(50% algodão, 50% acrílico) 50 g

1 bola

AGULHA DE CROCHÊ
Agulha de 3,5 mm

AVIAMENTOS
Botão de madrepérola de uns 2 cm

OBSERVAÇÕES ESPECIAIS
Grupo: sobre os próx. 5 pt., (que incluem 2p.a., 1p.b., 2p.a.), faça [lç. e enfie a agulha no próx. pt., lç. e puxe 1 alça, lç. e puxe pelas primeiras 2 alças na agulha] 5 x (6 alças na agulha), lç. e puxe pelas 6 alças na agulha.

RECEITA
Faça 46corr.

Carr. 1 2p.a. na 4ª corr. a partir da agulha, pule as 2 próx. corr., 1p.b. na próx. corr., *pule as próx. 2corr., 5p.a. na próx. corr., pule as próx. 2corr., 1p.b. na próx. corr.; rep. do * até as 3 últ. corr., pule as 2 próx. corr., 3p.a. na últ. corr., vire. **Carr. 2** 1corr., 1p.b. no 1º p.a., *2corr., 1 grupo nos próx. 5 pt., 2corr., 1p.b. no p.a. central do grupo de 5p.a.; rep. do *, faça o últ. p.b. da últ. rep. no alto das 3corr. finais, vire. **Carr. 3** 3corr., 2p.a. no 1º p.b., pule as próx. 2corr., 1p.b. no próx. pt. (alto do 1º grupo), pule as 2 próx. corr. *5p.a. no próx. p.b., pule as próx. 2corr., 1p.b. no próx. pt. (alto do próx. grupo); rep. do *, termine com 3p.a. no últ p.b., vire.

Rep. as carr. 2 e 3 até que a peça meça 25 cm, termine com 1 carr. 3. Dobre em 10 cm e costure (ou use p.bx. para juntar, p. 121) os 2 lados para formar a bolsa. Dobre a parte de cima e prenda um botão.

O ponto de grupos e leques forma seu próprio barrado decorativo, dispensando outro acabamento.

Você pode forrar a carteira com tecido ou colocar um retângulo de cartolina dentro para manter a forma.

Cesta para projetos

Essa cesta é feita em crochê circular, começando no centro do fundo. A borda do fundo e a dobra da borda são feitas crochetando apenas na alça de trás do ponto por uma volta. Para ajustar o tamanho, acrescente ou retire voltas de aumento ou iguais.

NÍVEL DE DIFICULDADE

Fácil

TAMANHO

13 cm x 16 cm

FIO

Stylecraft Special DK (100% acrílico) 100 g

A 1 **B** 1 bola

AGULHA DE CROCHÊ

Agulha de 4 mm

RECEITA

CESTA

Com o fio A, faça 2corr., 6p.b. na 2ª corr. a partir da agulha.

Volta 1 2p.b. em cada p.b. até o fim. (12 pt.) **Volta 2** *1p.b. no próx. p.b., 2p.b. no próx. p.b.; rep. do * até o fim. (18 pt.) **Volta 3** *1p.b. em cada 1 dos próx. 2p.b., 2p.b. no próx. p.b.; rep. do * até o fim. (24 pt.) **Volta 4** *1p.b. em cada 1 dos próx. 3p.b., 2p.b. no próx. p.b.; rep. do * até o fim. (30 pt.)

Volta 5 *1p.b. em cada 1 dos próx. 4p.b., 2p.b. no próx. p.b.; rep. do * até o fim. (36 pt.) **Volta 6** *1p.b. em cada 1 dos próx. 5p.b., 2p.b. no próx. p.b.; rep. do * até o fim. (42 pt.)

Volta 7 *1p.b. em cada 1 dos próx. 6p.b., 2p.b. no próx. p.b.; rep. do * até o fim. (48 pt.) **Volta 8** *1p.b. em cada 1 dos próx. 7p.b., 2p.b. no próx. p.b.; rep. do * até o fim. (54 pt.)

Volta 9 *1p.b. em cada 1 dos próx. 8p.b., 2p.b. no próx. p.b.; rep. do * até o fim. (60 pt.) **Volta 10** *1p.b. em cada 1 dos próx. 9p.b., 2p.b. no próx. p.b.; rep. do * até o fim. (66 pt.)

Volta 11 *1p.b. em cada 1 dos próx. 10p.b., 2p.b. no próx. p.b.; rep. do * até o fim. (72 pt.) **Volta 12** *1p.b. em cada 1 dos próx. 11p.b., 2p.b. no próx. p.b.; rep. do * até o fim. (78 pt.)

Volta 13 *1p.b. em cada 1 dos próx. 12p.b., 2p.b. no próx. p.b.; rep. do * até o fim. (84 pt.) **Volta 14** *1p.b. em cada 1 dos próx. 13p.b., 2p.b. no próx. p.b.; rep. do * até o fim. (90 pt.) **Volta 15** *1p.b. em cada 1 dos próx. 14p.b., 2p.b. no próx. p.b.; rep. do * até o fim. (96 pt.) **Volta 16** *1p.b. em cada 1 dos próx. 15p.b., 2p.b. no próx. p.b.; rep. do * até o fim. (102 pt.)

***Os aumentos podem ser interrompidos antes para 1 cesta menor ou continuados para 1 cesta maior ***

Volta 17 Trabalhe só nas alças de trás, p.b. em cada p.b. até o fim. (102 pt.)

Continue a trabalhar voltas iguais nas 2 alças (1p.b. em cada p.b. até o fim) até que a peça meça 13 cm a partir da volta 17, ou até a altura desejada.

DOBRA

Volta 1 Trabalhe apenas nas alças da frente, com a cor B, 1p.b. em cada p.b. até o fim. (102 pt.) **Volta 2** Com a cor A, 1p.b. em cada p.b. nas 2 alças até o fim. (102 pt.) **Volta 3** Com a cor B, 1p.b. em cada p.b. nas 2 alças até o fim. (102 pt)

Rep. as últ. 2 voltas mais 1x.

Arremate, esconda as pontas.

A borda decorativa com três listas contrastantes é crochetada como parte da cesta e, depois, dobrada.

Conforme as voltas aumentam no fundo da cesta, ela começa a parecer mais um hexágono.

Almofada redonda

Listas concêntricas em tons harmoniosos formam essa bela almofada. Dois círculos planos são trabalhados em crochê circular e depois costurados nas bordas. Projeto rápido e fácil, é ótimo para usar restos de fio!

NÍVEL DE DIFICULDADE
Fácil

TAMANHO
35 cm de diâmetro

FIO
Debbie Bliss Cashmerino Aran
(55% lã merino, 33% microfibra, 12% cashmere) 50 g

A 2 **B** 1 **C** 1 **D** 1 bola

AGULHA DE CROCHÊ
Agulha de 5 mm

AVIAMENTOS
Almofada redonda, 35 cm de diâmetro

RECEITA
FRENTE DA ALMOFADA
Com o fio A, faça 4corr., 12p.a. na 4ª corr. a partir da agulha, p.bx. para unir. (12 pt.)

Volta 1 3corr., p.a. no mesmo pt. *2p.a. no próx. pt.; rep. do * ao fim, p.bx. no alto das 3corr. para unir. (24 pt.)

Volta 2 3corr., 2p.a. no próx. pt., *1p.a. no próx. pt., *2p.a. no próx. pt.; rep. do * ao fim, p.bx. no alto das 3corr. para unir. (36 pt.)

Mude para o fio B.

Volta 3 3corr., 1p.a. no próx. pt., 2p.a. no próx. pt., *1p.a. em cada 1 dos próx. 2 pt., *2p.a. no próx. pt.; rep. do * ao fim, p.bx. no alto das 3corr. para unir. (48 pt.)

Mude para o fio C.

Volta 4 3corr., 1p.a. em cada 1 dos próx. 2 pt., 2p.a. no próx. pt., *1p.a. em cada 1 dos próx. 3 pt., *2p.a. no próx. pt.; rep. do * ao fim, p.bx. no alto das 3corr. para unir. (60 pt.)

Mude para o fio D.

Volta 5 3corr., 1p.a. em cada 1 dos próx. 3 pt., 2p.a. no próx. pt., *1p.a. em cada 1 dos próx. 4 pt., *2p.a. no próx. pt.; rep. do * ao fim, p.bx. no alto das 3corr. para unir. (72 pt.)

Mude para o fio A.

Volta 6 3corr., 1p.a. em cada 1 dos próx. 4 pt., 2p.a. no próx. pt., *1p.a. em cada 1 dos próx. 5 pt., *2p.a. no próx. pt.; rep. do * ao fim, p.bx. no alto das 3corr. para unir. (84 pt.)

Mude para o fio B.

Continue desse modo, fazendo 1p.a. adicional entre os aum. por volta e mudando de cor nessa ordem a cada volta, até ter 132 pt., terminando com o fio B.

Trabalhe + 1 volta com o fio B. (144 pt.) Arremate o fio.

PARTE DE TRÁS DA ALMOFADA
Faça o outro lado da almofada igual, mas todo com o fio A.

ACABAMENTO
Bloque as peças levemente (p. 117). Costure as 2 peças ao redor do círculo, deixando a almofada dentro delas.

O ponto alto, usado para a capa, forma um tecido bonito e rendado, que mostra um pouco da almofada por baixo.

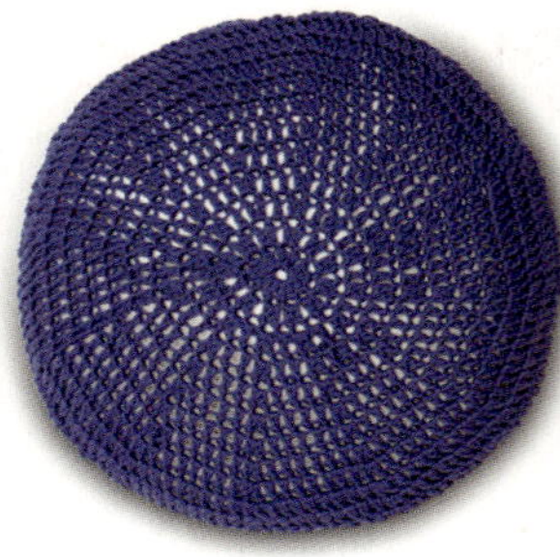

A parte de trás da almofada é feita com a mesma receita da frente, mas em uma só cor.

Almofada em chevron

Bom para iniciar um trabalho colorido, esse projeto usa o ponto zigue-zague (p. 94). A capa de almofada é feita em uma peça e, depois, costurada na lateral. As casas de botão são feitas como parte do projeto.

NÍVEL DE DIFICULDADE

Moderado

TAMANHO

40 cm x 30 cm

FIO

A: Sirdar Click DK (70% acrílico, 30% lã) 50 g

B: Sirdar Country Style DK (40% náilon, 30% lã, 30% acrílico) 50 g

A 2 **B** 1 bola

AGULHA DE CROCHÊ

Agulha de 4 mm

AVIAMENTOS

Almofada de 40 cm x 30 cm (ou o tamanho necessário para sua capa de almofada), 5 botões com 1,5 cm de diâmetro.

RECEITA

ALMOFADA

Com o fio B, faça 81corr. **Carr. 1** 1p.b. na 2ª corr. a partir da agulha, 1p.b. em cada corr. até o fim, vire. (80 pt.)
Carr. 2-3 1corr., 2p.b. no próx. pt., 1p.b. em cada 1 dos próx. 7p.b., pule os próx. 2p.b., 1p.b. em cada 1 dos próx. 7 pt., *2p.b. em cada 1 dos próx. 2pt., 1p.b. em cada 1 dos próx. 7pt., pule os próx. 2p.b., 1p.b. em cada dos próx 7pt.; rep. do * até o últ. pt., 2p.b. no últ. pt. Vire.
Mude para o fio A. **Carr. 4-6** 2corr., 2m.p.a. no próx. pt., 1m.p.a. em cada 1 dos próx. 7pt., pule os próx. 2 pt., 1m.p.a. em cada 1 dos próx. 7pt., *2m.p.a. em cada 1 dos próx. 2pt., 1m.p.a. em cada 1 dos próx. 7pt., pule os próx. 2p.b., 1m.p.a. em cada dos próx. 7pt.; rep. do * até o últ pt., 2m.p.a. no últ. pt. Vire. Mude para o fio B. **Carr. 7** 1corr., 2p.b. no próx. pt., 1p.b. em cada 1 dos próx. 7pt., pule os próx. 2p.b., 1p.b. em cada 1 dos próx. 7pt., *2p.b. em cada 1 dos próx. 2pt., 1p.b. em cada 1 dos próx. 7pt., pule os próx. 2p.b., 1p.b. em cada 1dos próx. 7pt.; rep. do * até o últ pt., 2p.b. no últ. pt. Vire. Mude para o fio A. Rep. as últ. 4 carr. até que a peça meça cerca de 70 cm, ou o comprimento desejado: longo o bastante para envolver bem a almofada com uma sobreposição. Termine com 1 carr. 7, depois rep. a carr. 7 mais 2 x com o fio B. Arremate.

ACABAMENTO

Bloque a peça levemente para dar forma (p. 117). Enrole a peça ao redor de uma almofada, com a sobreposição na metade da parte de trás. Verifique se a parte de cima, com 5 pontas completas, está em cima, sobrepondo-se à parte de baixo. Costure os 2 lados da almofada de baixo para cima; depois, costure os 2 lados de cima para baixo, sobrepondo a costura da parte de baixo. Prenda a aba do meio da almofada, costurando botões na barra inferior da peça, que é a 1ª dim. na carr. em cor A, em m.p.a., perto do fim de cada ponta. Prenda os botões e esconda as pontas.

O ponto forma um barrado de zigue-zague na capa da almofada. Os botões são simplesmente passados pelos buracos na peça.

Os botões são fixados na camada de baixo da capa da almofada, na ponta inferior de cada "V" do zigue-zague.

Cobertor para bebê

Esse cobertor para bebê é um grande quadrado tradicional de manta com o centro de miniquadrados e finalizado com barrado de leques. Cada nova cor é unida diretamente ao quadrado ou volta anterior; não é necessário costurar, basta esconder os fios no final.

NÍVEL DE DIFICULDADE
Fácil

TAMANHO
84 cm x 84 cm

FIO
Sirdar Wash 'n' Wear DK Double Crepe (55% acrílico, 45% náilon) 100 g

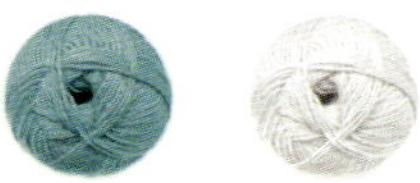

A 2 **B** 3 bolas

AGULHA DE CROCHÊ
Agulha de 4 mm

RECEITA
COMEÇANDO OS MINIQUADRADOS
Com a cor A, faça 4corr., p.bx. na 1ª corr. para formar 1 anel.
Volta 1 3corr., 2p.a. no anel, *2corr., 3p.a. no anel; rep. do * mais 2 x, 2corr., p.bx. no alto das 3corr. para unir. Arremate.
Junte o fio para o próx. miniquadrado. Com a cor B, faça 4corr., p.bx. na 1ª corr. para formar 1 anel. **Volta 1** 3corr., 2p.a. no anel, *p.b. em qualquer esp. de canto de 2corr. do 1º miniquadrado, 3p.a. no anel do quadrado atual; rep. do * + 1 vez. 2corr., 3p.a. no anel, 2corr., p.bx. no alto das 3corr. para unir. Arremate. Continue fazendo e unindo os miniquadrados ao crochetar, alternando as cores, até o tamanho desejado para o quadrado central.

O cobertor de amostra usou 6 x 6 miniquadrados.

COMECE O QUADRADO TRADICIONAL
Junte o fio A no próx. esp. de corr. depois de qualquer canto. **Volta 1** 3corr., 2p.a. no mesmo esp. *1corr., 3p.a. no próx. esp. de corr.; rep. do * ao canto, faça (3p.a., 2corr., 3p.a.) no esp. do canto. Rep. ao redor da peça. Arremate o fio A. **Voltas 2-3** Junte o fio B e rep. a volta 1. No final da volta 2, p.bx. no alto das 3corr., p.bx. em cada pt. até o próx. esp. de corr. da volta anterior. Depois comece como a volta 1. Arremate o fio B. **Volta 4** Prenda o fio A e rep. a volta 1. Rep. as voltas 1-3 para formar o quadrado, 1 volta do fio A e 2 voltas do fio B. Continue com voltas do quadrado tradicional até o tamanho desejado. O cobertor de amostra tem 24 voltas, terminando em 1volta 3.

BORDA
Volta 1 Prenda o fio B em qualquer ponto. P.b. em cada pt. e corr. ao redor do cobertor, fazendo 3p.b. em cada esp. de canto. P.bx. no 1º p.b. para unir. Arremate o fio B.
Volta 2 Prenda o fio A. 2corr., *5p.a. no próx. p.b., p.b. no próx. p.b. Rep. do * ao redor do cobertor. Arremate.

Um bloco central de miniquadrados é rodeado por voltas do quadrado tradicional de mantas.

A lista mais externa é a borda em leques. Ela dá acabamento ao cobertor, sem quebrar a sequência de listas.

Cobertor em patchwork

Esse belo cobertor é formado por quadrados individuais – uma variação do quadrado simples (p. 148) – que são unidos e finalizados com barrado. O tamanho do cobertor pode ser modificado aumentando ou diminuindo o número de quadrados em cada linha ou coluna.

NÍVEL DE DIFICULDADE
Fácil

TAMANHO
110 cm x 94 cm

FIO
Stylecraft Special DK (100% acrílico)
100 g

A 3 **B** 2 **C** 2 bolas

AGULHA DE CROCHÊ
Agulha de 4 mm

RECEITA
QUADRADO

Com a cor A, faça 4corr., p.bx. na 1ª corr. para formar 1 anel. **Volta 1** 3corr., 2p.a. no anel, *2corr., 3p.a. no anel; rep. do * + 2 vezes, 2corr., p.bx. no alto das 3corr. para unir. Arremate o fio A. **Volta 2** Junte o fio B em qualquer p.a. central do conjunto de 3p.a. da volta anterior. 3corr., *1p.a. em cada p.a. para o esp. de canto. Faça (2p.a., 4corr., 2p.a.) no próx. esp. de canto de 2corr.; rep. do * ao fim, faça 1p.a. em cada p.a. rest., p.bx. no alto das 3corr. para juntar. (7p.a. por lado do quadrado) **Volta 3** 3corr., *1p.a. em cada p.a. para o canto. Faça (2p.a., 4corr., 2p.a.) no esp. de canto de 4corr. Rep. do * até o fim, faça 1p.a. em cada p.a. rest., p.bx. no alto das 3corr. para juntar. (11p.a. por lado do quadrado) Arremate o fio B. **Volta 4** Junte o fio A em qualquer p.a. Rep. a volta 3 com o fio A. (15p.a. por lado do quadrado) Arremate o fio A.
Faça mais 27 quadrados usando o fio B nas voltas 2 e 3 (28 quadrados B no total) e 28 quadrados usando o fio C nas voltas 2 e 3.

COMO UNIR OS QUADRADOS

Coloque 2 quadrados com o lado direito para cima. Faça a costura com p.b. só nas alças de trás de cada pt. Una os quadrados em tiras de 8 quadrados. Coloque 2 tiras com os lados direitos para cima. Faça a costura com p.b. só nas alças de trás de cada pt. Cont. até unir todos os quadrados. A amostra usou 7 x 8 quadrados.

BORDA

Volta 1 Junte o fio A em qualquer p.a. 3corr., *1p.a. em cada p.a. para o esp. de canto. Faça (2p.a., 4corr., 2p.a.) em cada esp. de canto de 4corr. Rep. do * ao fim ao redor de todo o cobertor, faça 1p.a. em cada p.a. restante, p.bx. no alto das 3corr. para juntar.
Volta 2 Rep. a volta 1. Arremate. Esconda todas as pontas de fio.

Os quadrados do cobertor são unidos por meio de p.b. apenas nas alças de trás de cada ponto. Isso ajuda o cobertor a ficar plano.

Faça blocos de cores alternados, como mostrado acima, ou acrescente outros para criar suas próprias combinações de cores.

Glossário

Acrílico
Fibras artificiais fiadas em um fio com aparência de lã.

Alça de correntinha, espaço de correntinha
Sequência de correntinhas feita entre pontos básicos para criar um espaço no tecido.

Algodão mercerizado
Linha, tecido ou fio de algodão tratados para ficarem reforçados e com brilho. O fio é indicado para peças que precisem manter o formato, como uma bolsa.

Aumentos/aumentar
Acrescentar 1 ou mais pontos a fim de aumentar o número de pontos trabalhados e modelar o tecido.

Aviamento
Qualquer item de armarinho, exceto tecidos, como botão, zíper ou elástico. Os aviamentos geralmente constam na receita de crochê.

Blocagem
Processo de acabamento com o uso de água ou vapor para dar forma às peças de crochê.

Bobinas de fio
Pequenos acessórios de plástico para segurar o fio ao trabalhar intarsia, em que há muitos fios de cores diferentes.

Carreira de base
Sequência de correntinhas na base da peça de crochê.

Cashmere
Fio das cabras cashmere; o mais luxuoso de todos.

Colchete de gancho
Forma de fechamento com 2 partes de metal usada em 2 partes de tecido sobrepostas. Disponível em diversos estilos.

Colchete de pressão
Também chamado de botão de pressão, usado como fechamento leve e oculto.

Correntinha de virada
Sequência de correntinhas feita no início de carreira para levar a agulha até a altura necessária para o primeiro ponto.

Costura
A união formada quando 2 pedaços de tecidos são costurados.

Crochê filé
Forma de trabalho rendado criado pela combinação de quadrados ou retângulos de rede aberta e blocos sólidos.

Crochê rendado
Efeito rendado criado ao fazer espaços ou alças de correntinhas entre pontos básicos.

Diminuições/diminuir
Remover 1 ou mais pontos para reduzir o número de pontos trabalhados e modelar o tecido.

Enrolador de bolas
Acessório para enrolar meadas em bolas; também para enrolar 2 ou mais fios para fazer fio duplo. Frequentemente usado com uma meadeira.

Entremear pontas
Entretecer as pontas dos fios no crochê para disfarçá-las, a fim de finalizar a peça.

Fibras
O fio pode ser feito de fibras de pelo de animais, fibras feitas pelo homem (sintéticas) ou de matéria derivada de plantas. Depois de processadas, elas se transformam em fio.

Fio
Fibras que foram fiadas em 1 fio longo. Os fios podem ser feitos de fibras naturais, sintéticas ou a partir da mistura das duas. Ou ainda de materiais incomuns.

Fio aran
Também chamado de lã penteada, médio, 12 fios, Afegan (símbolo de fio 4). Fio médio adequado para blusas, mantas, gorros, cachecóis e luvas.

Fio de renda
Também chamado de 2 fios ou finíssimo (símbolo de fio 0). Um fio muito fino para crochê rendado.

Fio duplo (DK)
Fio médio, também chamado de 5-6 fios, ou lã penteada leve (símbolo de fio 3). Fio leve adequado para blusas, cachecóis finos, mantas e brinquedos.

Fio fino
Também chamado de 4 fios, ou para bebê (símbolo de fio 2), apropriado para blusas leves, roupas de bebê, meias e acessórios.

Fio fita
Fio largo, plano ou tubular, achatado quando enrolado em forma de bola. Pode ser trabalhado para criar um resultado liso ou com saliências.

Fio grosso ou volumoso
Também chamado de 14 fios, para artesanato ou tapetes (símbolo de fio 5). Próprio para tapetes, blusas, mantas, gorros e acessórios de inverno.

Fio retorcido
Fio feito com mais de 1 filamento de fibra fiada, p. ex. "4 fios" significa 4 fios retorcidos juntos. A maioria dos fios é retorcida para evitar que o fio final torça e resulte em crochê trabalhado diagonalmente.

Fio superfino
Também chamado de 3 fios, finíssimo ou bebê (símbolo de fio 1), apropriado para meias, xales e roupas de bebê.

Fio supervolumoso
Também chamado de 16 fios (e acima), fio volumoso ou mecha de fios (símbolo de lã 6), é adequado para mantas pesadas, tapetes e cachecóis grossos.

Fita métrica
Forma de régua flexível feita de plástico ou tecido.

Intarsia
Método para trabalhar com fios de cores diferentes para criar blocos de cor. Ao contrário do jacquard, mais de 2 cores podem ser usadas em 1 carreira. Uma bola ou pedaço separado de fio é usado para cada cor do motivo e levado verticalmente até a próxima carreira em que será necessário.

Jacquard
Tipo de trabalho colorido em crochê em ponto baixo, com até 2 cores por carreira, em que os fios que não estão em uso são levados pelo alto da carreira abaixo e cobertos com os pontos da outra cor, de modo a ficarem ocultos. Isso resulta em um tecido mais grosso e é melhor se feito com fio fino.

Lã
Fibra natural de animal, disponível em muitos pesos, fiações e texturas. É quente, confortável e resistente a dobras.

Lado avesso
O outro lado do tecido, o lado que normalmente não fica visível depois da peça pronta.

Lado direito
A frente do tecido, o lado que normalmente é visto depois da peça pronta.

Lanolina
Substância oleosa contida na lã de carneiro.

Meada
Fio em anel torcido que precisa ser enrolado em 1 ou mais bolas antes de ser usado.

Medalhão
Crochê plano trabalhado do centro para fora.

Mohair
Fio peludo fiado com o pelo de cabras angorás.

Náilon
Tecido sintético, pouco confortável.

Nó corrediço
Nó formado quando a primeira laçada é posta na agulha de crochê.

Novelo
Fio enrolado em forma longa e oblonga, pronto para ser trabalhado.

Ponto baixíssimo
O mais baixo de todos os pontos de crochê. Embora ele possa ser trabalhado em carreiras, o tecido resultante é tão denso que só é adequado para alças de bolsas. É muito usado em crochê, por exemplo, para unir 1 fio novo, para o trabalho invisível no alto de 1 carreira para chegar à nova posição e para unir voltas no crochê circular.

Rótulo do novelo
Em geral informa teor do fio, peso, comprimento, tamanho de agulha, tensão e instruções para lavagem.

Seda
Fio produzido pelo bicho-da-seda e usado para criar tecidos luxuosos.

Tensão
O número de pontos e carreiras em dada área, geralmente 1 quadrado de 10 cm. Também pode se referir à tensão relativa usada pelo crocheteiro.

Trabalho em cores
Qualquer método de incorporar cor no crochê, como listas, jacquard e intarsia.

Velcro®
Fechamento em 2 partes de tecido com 2 camadas: uma de ganchos e uma de alça; quando pressionadas, as 2 partes prendem-se uma à outra.

Volta
Carreira feita em círculo, com o último ponto da carreira unido ao primeiro para completar o círculo de base.

Zíper
Fechamento muito usado em roupas, consiste de 2 tiras de tecido com dentes especiais de metal ou plástico que se prendem por meio de um puxador. Zíperes estão disponíveis em muitas cores e pesos.

Índice

A

B

C

Sobre os autores e agradecimentos

Sobre os autores

Sally Harding, autora das seções "Materiais" e "Técnicas", é escritora, editora e designer, especializada em trabalhos manuais. Nascida nos Estados Unidos, atualmente mora em Londres. Ela foi editora técnica de tricô da *Vogue knitting* de 1982 a 1983, e há muitos anos edita os livros escritos pelo famoso designer têxtil Kaffe Fassett. Já publicou *Crochet style* (1987), *Fast knits fat needles* (2005) e *Quick crochet huge hooks* (2005).

Catherine Hirst, consultora técnica para este livro, também criou os seguintes trabalhos na seção "Projetos": Boina larga, Gorro, Luvas sem dedos, Cachecol rendado, Cachecol para o frio, Xale, Sapatinhos de bebê, Bolas de brinquedo, Ursinho, Marcador de livros, Sacola de barbante, Carteira e Cesta de projetos. Catherine é instrutora profissional de têxteis e artesanato em universidades e estúdios independentes em Londres, no Reino Unido e em outros países. Ela ensina tricô, crochê e bordado à mão para grupos e em aulas individuais. Seu trabalho foi apresentado em importantes publicações de artesanato, como *Mollie makes, Let's knit, Inside crochet, Handmade living, Simply crochet* e *Crafts beautiful*. Catherine é autora de *Teeny tiny crochet* (2012) e de *Granny square crochet* (2012). Visite seu site: www.catherinehirst.com.

Claire Montgomerie criou o Gorro de bebê, o Colete, o Cardigã de bebê, a Almofada redonda e a Almofada em chevron, todos na seção "Projetos". Claire é designer têxtil especializada em tricô e crochê, e cria tecidos, peças de vestuário, brinquedos e acessórios divertidos, inusitados e modernos. Seu objetivo principal é reinventar artigos tradicionais e antigos com agulhas, ao mesmo tempo em que mantém a complexidade e o charme dos objetos. Claire escreveu muitos livros sobre tricô e crochê e também é editora da revista inglesa de artesanato *Inside crochet.* Saiba mais sobre ela em www.montyknits.blogspot.com.

Erin McCarthy criou o Cobertor para bebê e o Cobertor em patchwork da seção "Projetos". Erin aprendeu a fazer crochê porque desejava produzir belas mantas e cobertores como os que vira em muitos blogs. O crochê é o hobby que lhe permite relaxar da rotina ocupada como professora de pessoas com necessidades especiais. Erin gostaria de agradecer a Catherine Hirst por ter-lhe ensinado tudo o que sabe sobre crochê!

Agradecimentos

A Dorling Kindersley gostaria de agradecer a:
Julie Stewart e Jennifer Pattison pela ajuda com as fotos, a Irene Lyford pela revisão do livro e a Marie Lorimer pela criação do índice remissivo.